Aristoteles | Rhetorik

Aristoteles
Rhetorik

Übersetzt und herausgegeben von Gernot Krapinger

Reclam

Griechischer Originaltitel: TEXNH PHTOPIKH

Meinen Lehrern
Herbert Wurm und Franz Ferdinand Schwarz (†)

RECLAMS UNIVERSAL-BIBLIOTHEK Nr. 19175
1999, 2019 Philipp Reclam jun. GmbH & Co. KG,
Siemensstraße 32, 71254 Ditzingen
info@reclam.de
Gestaltung: Cornelia Feyll, Friedrich Forssman
Druck und Bindung: Elanders Waiblingen GmbH,
Anton-Schmidt-Straße 15, 71332 Waiblingen
Printed in Germany 2025
RECLAM, UNIVERSAL-BIBLIOTHEK und
RECLAMS UNIVERSAL-BIBLIOTHEK sind eingetragene Marken
der Philipp Reclam jun. GmbH & Co. KG, Stuttgart
ISBN 978-3-15-019175-0
reclam.de

Drei Bücher der Rhetorik

Erstes Buch

1 [1354a] Die Rhetorik ist ein Gegenstück zur Dialektik.[1] Denn beide behandeln solche Themen, deren Erkenntnis gewissermaßen allen Wissenschaftsgebieten zuzuordnen ist und keinem bestimmten. Daher haben auch in irgendeiner Weise alle Menschen an beiden Anteil: Alle nämlich versuchen bis zu einem gewissen Grad, ein Argument einerseits zu hinterfragen, andererseits zu begründen, einerseits zu verteidigen, andererseits zu erschüttern. Die Mehrheit tut dies teils auf gut Glück, teils vermöge einer aus Gewohnheit erworbenen Fertigkeit. Da es aber auf beide Weisen möglich ist, so muss man es klarerweise auch methodisch zuwege bringen können; denn weshalb die einen aus Gewohnheit, die anderen wie von selbst ihr Ziel erreichen, lässt sich durchaus erforschen, ein solches Unterfangen ist aber, wie wohl alle zugeben, bereits Aufgabe von Wissenschaft. Diejenigen, die zur Zeit Redetheorien aufstellen, haben nur einen kleinen Teil von ihr mühevoll erarbeitet; denn nur die Überzeugungsmittel sind Bestandteil einer Theorie, alles andere ist Beiwerk; über die Enthymeme, die die Grundlage der Beweisführung darstellen, sagen sie nichts aus, sondern sie beschäftigen sich in den meisten Fällen mit Nebensächlichkeiten. Verleumdung, Mitleid, Zorn und dergleichen Seelenzustände fallen ja nicht in unser Thema, sondern sollen nur den Richter beeinflussen. Daher wüssten sie, wenn es sich bei allen Entscheidungen so verhielte wie gegenwärtig in einigen Staaten – besonders in den wohlgeordneten –, nichts zu sagen. Denn alle meinen zum einen, die Gesetze müssten es so befehlen, zum anderen halten sie sich auch daran und verhindern, wie es auch auf dem Areopag der Fall ist, ein Abschweifen vom Sachverhalt, und damit liegen sie richtig. Den Richter soll man nämlich nicht verwirren, indem man ihn zu Zorn, Neid oder Mitleid reizt. Das wäre ja geradewegs so, wie wenn man den Richtstab, den man verwenden wollte, krümmte. Überdies ist es offenkundig, dass der Streitpartei nichts weiter obliegt als darzulegen, dass ein Sachverhalt besteht oder nicht, geschehen ist oder nicht. Ob er aber bedeutend oder unbedeutend, gerechtfertigt oder ungerechtfertigt ist, darüber muss, soweit der Gesetzgeber es nicht entschieden hat, der Richter doch wohl selbst befinden, ohne sich von den Streitparteien darin belehren zu lassen. Am zweckmäßigsten ist es also, wenn gerecht erlassene Gesetze nach Möglichkeit alles selbst entscheiden und möglichst wenig den Richtern überlassen; erstens ist es doch leichter, nur einen oder ein paar wenige zu finden als viele, [1354b] die in der rechten Gesinnung Gesetze erlassen und Recht sprechen können, zweitens entspringen Gesetzeserlässe langen Überlegungen, Urteilssprüche hingegen dem Augenblick, so dass die Richtenden nur schwer gerecht, angemessen und gut entscheiden. Der Kern der Sache aber liegt darin, dass der Gesetzgeber nicht nach dem Einzelfall, sondern zukunftsorientiert und für die Allgemeinheit entscheidet, das Mitglied der Volksversammlung und der Richter hingegen bereits über gegenwärtig vorliegende und individuelle Fälle urteilen. Bei ihnen sind oft Parteinahme, Antipathie und persönliche Interessen im Spiel, so dass sie den wahren Sachverhalt nicht mehr ausreichend zu erkennen vermögen, sondern eigenes Freud und Leid das Urteil trüben. Was also das vorher Genannte betrifft, soll, wie gesagt, der Richter nur mehr in möglichst unbedeutenden Fällen entscheiden, das Urteil darüber aber, ob etwas vorgefallen ist oder nicht, sein wird oder nicht, ist oder nicht ist, muss zwangsläufig bei den Richtern bleiben, denn das alles kann der Gesetzgeber unmöglich vorhersehen. Wenn dies zutrifft, so führen offensichtlich diejenigen, die das vorher Genannte genau untersuchen, eine wissenschaftliche Erörterung über etwas, das außerhalb der Praxis liegt, z. B. was das Prooimion[2], was die

Exposition und was jeder der übrigen Teile enthalten müsse (denn damit bemühen sie sich um nichts anderes, [20] als in irgendeiner Weise den Richter zu beeinflussen), über kunstgemäße Überzeugungsmittel aber lehren sie nichts, und gerade das ist es, wodurch man im rhetorischen Schlussverfahren geübt werden könnte. Daher sagen sie, obwohl die Methode in der Volks- und Gerichtsrede dieselbe ist und die Beschäftigung mit politischen Reden schöner und dem allgemeinen Wohl dienlicher [25] ist als die mit Verträgen, auch über diese nichts aus, über das Prozessieren aber versuchen alle kunstmäßige Regeln aufzustellen, weil es bei politischen Reden weniger nützlich ist, etwas vom Sachverhalt Abweichendes darzulegen (und weil die Rede vor dem Volk weniger Unheil anrichtet als das Verfechten einer Sache vor Gericht, sondern allgemeinere Belange betrifft). Denn in der Politik urteilt der, der entscheidet, [30] über Dinge, die ihn selbst betreffen, so dass er nur nachweisen muss, dass es sich so verhält, wie der Redner in der Ratsversammlung behauptet. In den Gerichtsreden hingegen reicht das nicht, sondern es ist zweckdienlich, den Zuhörer für sich zu gewinnen; denn das Urteil betrifft die Angelegenheiten anderer, so dass man das eigene Interesse im Auge hat, nach Gunst zuhört und so den Streitparteien seine Stimme gibt, [1355a] aber nicht wirklich urteilt. Daher verbietet es auch vielerorts, wie wir oben[3] schon sagten, das Gesetz, vom Thema abzuschweifen, dort aber[4] achten die Entscheidungsträger von selbst ausreichend darauf. Da nun aber offensichtlich die wissenschaftliche Methode die Überzeugungsmittel zum Gegenstand hat, ein [5] Überzeugungsmittel aber eine Art von Beweis ist (dann nämlich sind wir am meisten überzeugt, wenn wir annehmen, etwas sei bewiesen), und da der rhetorische Beweis ein Enthymem und dieses auch – kurz gesagt – das bedeutendste Überzeugungsmittel, das Enthymem aber eine Art Schlussverfahren ist (über jedes Schlussverfahren aber hat in gleicher Weise die Dialektik Untersuchungen anzustellen, egal, ob die Gesamtwissenschaft oder ein Teilgebiet), ist es also klar, dass derjenige, der am besten zu beurteilen vermag, woraus und wie eine Schlussfolgerung zustande kommt, wohl auch am ehesten über Schlussfolgerungen Bescheid wissen dürfte, wenn er dazu in Betracht zieht, worüber denn das Enthymem handelt und welchen Unterschied es zu den Schlüssen aufweist. Denn zu sehen, was wahr ist und was der Wahrheit nahekommt, entspringt derselben Fähigkeit, gleichzeitig sind die Menschen von Natur aus hinlänglich zur Wahrheit bestimmt und treffen sie meistens auch. Daher bedeutet das Wahrscheinliche[5] zu treffen in der Mehrzahl der Fälle gleichviel wie die Wahrheit zu treffen[6]. Dass die anderen nicht zur Sache Gehörendes wissenschaftlich erörtern und deshalb eher zur Gerichtsrede tendieren, ist klar: Die Rhetorik ist nützlich, weil Wahrheit und Gerechtigkeit von Natur aus stärker sind als deren Gegenteile, so dass, wenn Entscheidungen ungebührlich ausfallen, diese unterliegen müssten. Das aber ist Grund zu Tadel. Ferner ist es bei manchen Leuten nicht einmal dann, wenn wir das gründlichste Wissen hätten, leicht, aus diesem Wissen schöpfend sie durch eine Rede zu überzeugen. Denn die wissenschaftliche Belehrung ist ein systematischer Vortrag, das aber ist unmöglich, vielmehr muss man Beweise und Argumente aus Gemeinplätzen wählen, wie wir es in den *Topika* über die Unterhaltung mit der Menge erörtert haben.[7] Sodann muss man auch das Gegenteil überzeugend vertreten können, genau so wie bei den Syllogismen, nicht um beides zu betreiben – zum Schaden darf man ja nicht raten –, sondern damit der wahre Sachverhalt nicht verborgen bleibt und wir, wenn ein anderer Argumente ungerechtfertigt einsetzt, ihn widerlegen können. Unter den übrigen Wissenschaften beweist keine durch Schlüsse Gegensätze; Dialektik und Rhetorik tun dies als einzige. Beide haben in gleicher Weise mit Gegensätzlichem zu tun. Die wahren Tatsachen allerdings verhalten sich nicht so, sondern stets sind die wahren und besseren von Natur aus leichter zu vertreten und, einfach gesprochen, glaubhafter. Zudem wäre es seltsam, wenn es schmachvoll wäre, mit dem Körper sich selbst nicht helfen zu können, [1355b] mit dem Geist sich nicht helfen zu können aber nicht schmachvoll wäre, was doch für den Menschen eigentümlicher ist als der Gebrauch seines Körpers. Angenommen, jemand richtete gewaltigen Schaden an, indem er seine dermaßen große Redegewalt auf unrechte Weise einsetzt, so ist dies allgemein gegen alle Werte gerichtet außer gegen die Tugend, und besonders gegen die nützlichsten wie Körperkraft, Gesundheit, Reichtum und Feldherrnkunst: Werden diese richtig eingesetzt, erzielt man wohl den größten Nutzen, bei unrechtem Gebrauch aber den größten Schaden. Dass also nun die Rhetorik ganz und gar nicht zu einer einzigen, genau begrenzten Gattung gehört, sondern dass sie, wie die Dialektik, auch nützlich ist, ist offenkundig, ferner, dass es nicht ihre Aufgabe ist, zu überreden, sondern zu erkennen, was, wie in allen übrigen Wissenschaften, jeder Sache an Überzeugendem zugrunde liegt[8] (es ist ja auch nicht Sache der Medizin, gesund zu machen, sondern, so weit wie möglich, dazu hinzuführen; denn es ist möglich, auch solche, die nicht gesund werden können, gleichwohl gut zu therapieren); dazu kommt, dass es ebenso Aufgabe der Rhetorik ist, Überzeugendes und scheinbar Überzeugendes zu erkennen, wie in der Dialektik einen echten und scheinbaren Schluss. Die sophistische Kunst nämlich liegt nicht in einer Fähigkeit, sondern in einer Absicht.[9] Nur hier wird es einen Redner vermöge seines Wissens und einen anderen hinsichtlich seiner Absicht geben, Sophist hingegen wird man nach seiner Absicht, Dialektiker aber nicht nach seiner Absicht, sondern nach seinem Können. Die Methode selbst wollen wir jetzt zu behandeln versuchen, und zwar wie und unter welchen Voraussetzungen wir das gesteckte Ziel erreichen können. Wir wollen also wiederum wie am Anfang definieren, was Rhetorik ist, und dann das Übrige [25] erörtern.

2 Die Rhetorik sei also als Fähigkeit definiert, das Überzeugende, das jeder Sache innewohnt, zu erkennen. Keine andere Wissenschaft hat diese Aufgabe, denn von diesen lehrt und stellt überzeugend jede nur die ihr zugrunde liegende Materie dar, z. B. die Medizin [30] die Gesundheit und die Krankheit, die Geometrie die Bedingungen und Formen der räumlichen Ausdehnung, die Arithmetik Zahlen und ähnlich auch die übrigen Wissenschaften und Wissensgebiete. Die Rhetorik hingegen scheint sozusagen an dem, was ihr vorgegeben ist, das Überzeugende sehen zu können. Daher sagen wir auch, dass ihr wissenschaftliches Betätigungsfeld nicht ein ihr eigenes, [35] abgegrenztes Gebiet umfasst. Von den Überzeugungsmitteln sind die einen redetechnisch, die anderen nicht.[10] Mit nicht redetechnisch bezeichne ich alles, was nicht durch uns selbst geschaffen ist, sondern bereits vorlag, wie Zeugen, Folterungen, Schriftsätze und dergleichen. Redetechnisch ist alles, was auf Grund einer Methode durch uns selbst geschaffen werden kann, so dass man vom einen davon nur [1356a] Gebrauch machen, das andere jedoch finden muss. Von den durch die Rede geschaffenen Überzeugungsmitteln gibt es drei Arten: Sie sind zum einen im Charakter des Redners angelegt, zum anderen in der Absicht, den Zuhörer in eine bestimmte Gefühlslage zu versetzen, zuletzt in der Rede selbst, indem man etwas nachweist oder zumindest den Anschein erweckt, etwas nachzuweisen. [5] Durch den Charakter geschieht dies, wenn die Rede so dargeboten wird, dass sie den Redner glaubwürdig erscheinen lässt. Den Anständigen glauben wir nämlich eher und schneller, grundsätzlich in allem, ganz besonders aber, wo es eine Gewissheit nicht gibt, sondern Zweifel bestehen bleiben. Doch auch das muss sich aus der Rede ergeben und nicht aus [10] einer vorgefassten Meinung über die Person des Redners. Nicht trifft zu, wie manche der Fachtheoretiker behaupten, dass in der Redekunst auch[11] die Integrität des Redners zur Überzeugungsfähigkeit nichts beitrage, sondern fast die bedeutendste Überzeugungskraft hat sozusagen der Charakter. Mittels der Zuhörer überzeugt man, wenn sie durch die Rede zu Emotionen [15] verlockt werden. Denn ganz unterschiedlich treffen wir Entscheidungen, je nachdem, ob wir traurig oder fröhlich sind, ob wir lieben oder hassen. Nur damit suchen, wie ich meine, die derzeitigen Theoretiker der Rhetorik sich zu beschäftigen. Die Einzelheiten hierüber werden behandelt, wenn wir über die Affekte sprechen.[12] Durch die Rede endlich überzeugt man, wenn man Wahres [20] oder Wahrscheinliches aus jeweils glaubwürdigen Argumenten darstellt. Da Überzeugung nur durch diese drei Mittel erfolgt, ist augenscheinlich, dass nur der sie erreichen wird, der Schlüsse ziehen, über Charakterzüge und Vorzüge und drittens über Affekte urteilen kann, welche es davon nun im Einzelnen gibt und von welcher Art sie sind, ferner woraus [25] und wie sie entstehen. Daraus ergibt sich, dass die Rhetorik gewissermaßen ein Schößling der Dialektik und der Beschäftigung mit Ethik ist, die die Bezeichnung »Staatskunst« verdient. Daher schlüpfen die Rhetorik und die, die teils aus Ungebildetheit, teils aus Großtuerei und anderen menschlichen Schwächen einen Anspruch auf sie erheben, [30] in den Mantel der Politik. Sie ist ja gewissermaßen ein Teil der Dialektik und ihr ähnlich, wie wir schon am Anfang ausgeführt haben. Keine von beiden ist eine Wissenschaft über ein abgegrenztes Gebiet, dessen Beschaffenheit sie bestimmten, sondern beide sind gleichsam Fähigkeiten, Worte zu finden. Somit ist über ihre Bedeutung und ihre gegenseitige Beziehung [35] wohl genug gesagt. [[Wie es nun aber in der Dialektik hinsichtlich des Beweises und Scheinbeweises Induktionsbeweis, Syllogismus und Scheinsyllogismus gibt, so ist es auch in der [1356b] Rhetorik: Das Beispiel ist ein Induktionsbeweis, das Enthymem[13] ein Syllogismus, und das scheinbare Enthymem ein scheinbarer Syllogismus. Denn ich bezeichne das Enthymem als rhetorischen Syllogismus, ein Beispiel[14] als rhetorischen Induktionsbeweis]]. Alle aber entwickeln Möglichkeiten der Überzeugung durch Beweisen, indem sie entweder Beispiele oder Enthymeme vorbringen, darüber hinaus gibt es nichts. Daher muss zwangsläufig, wenn man schon unbedingt einen beliebigen Sachverhalt durch Syllogismus oder Induktion beweisen muss – was uns aus den *Analytika*[15] bekannt ist –, jedes von diesem mit jedem von jenem identisch sein. Was indes der Unterschied zwischen Beispiel und Enthymem ist, ergibt sich aus den *Topika*[16] (dort ist ja schon früher von Syllogismus und Induktionsbeweis die Rede gewesen): Der anhand vieler ähnlicher Fälle geführte Nachweis, etwas verhalte sich so, ist in der Dialektik ein Induktionsbeweis, in der Rhetorik ein Beispiel, ebenso heißt der Nachweis, dass unter bestimmten Gegebenheiten [eben deshalb] entweder allgemein oder in den meisten Fällen etwas Unerwartetes eintreffe, gerade deshalb, weil diese Gegebenheiten vorliegen, im einen Fall Syllogismus, im anderen Enthymem. Und es ist tatsächlich[17] deutlich zu sehen, dass die rechte Art der Rhetorik beide Vorzüge hat, denn es verhält sich hier etwa so, wie schon in der *Methodik* dargelegt: Es gibt rhetorische Ausführungen von der Art eines Beispiels und solche von der Art eines Enthymems, und gleichermaßen bevorzugen die Redner die eine oder andere Form. Überzeugend sind zwar Reden, die sich auf Beispiele stützen, nicht weniger, solche aber, die sich der Enthymeme bedienen, erregen den Lärm der Zuschauer stärker. Den Grund dafür und, wie beides einzusetzen ist, wollen wir später erläutern. Jetzt wollen wir vielmehr beides klar definieren. Denn da das Überzeugende überzeugend im Hinblick auf irgendjemand ist und das eine sogleich von selbst überzeugend und glaubhaft ist, das andere dadurch, dass es scheinbar durch derartige Argumente bewiesen werden kann, und da kein Fachgebiet den Einzelfall betrachtet, wie etwa die Medizin das, was für Sokrates [30] gesund ist oder für Kallias, sondern was für einen oder mehrere Menschen wie sie gesund ist (das ist Aufgabe der Wissenschaft, Einzelfälle aber sind unendlich möglich und daher nicht Gegenstand der Wissenschaft), wird auch die Rhetorik nicht das, was einzelne Personen meinen, betrachten, z. B. ob etwas für Sokrates oder Kritias glaubhaft sei, sondern ob für Leute wie diese, ebenso wie in der Dialektik. Denn auch diese zieht ihre Folgerungen nicht [35] aufs Geratewohl (auch Narren haben ja ihre Vorstellungen), sondern aus Vorstellungen von Leuten, die Argumente brauchen, die Rhetorik wiederum aus [1357a] Gedanken derer, die sich regelmäßig beraten.[18] Sie ist gefragt in solchen Fällen, in denen wir beraten, ohne bestimmte Lösungsansätze bereit zu haben, und für derartige Zuhörer, die weder längere Zeit hindurch sich konzentrieren noch von einem distanzierten Standpunkt aus Überlegungen anstellen können. Wir aber beraten über Dinge, [5] die scheinbar Alternativen offenlassen, denn was unmöglich anders sein, werden oder sich verhalten kann, darüber berät niemand, wenn er dies annimmt. Denn darüber gibt es nichts mehr zu sagen. Syllogismus und Induktion sind möglich, teils aus bereits gezogenen Schlüssen, teils aus noch nicht gezogenen Schlüssen, wo aber ein Schluss gezogen werden muss, [10] weil es nicht der herkömmlichen Meinung entspricht. Von diesen beiden Arten ist die eine wegen ihrer Länge notwendigerweise schwer nachvollziehbar (wir gehen nämlich von einem einfachen Beurteilenden aus), die andere unglaubwürdig, weil sie nicht aus allgemeinen Meinungen und Ansichten resultiert, so dass Enthymem und Beispiel zwangsläufig Dinge betreffen, die, [15] wie so oft, sich auch anders verhalten können, und das Beispiel eine Induktion, das Enthymem ein Syllogismus ist, gefolgert aus wenigen und oft spärlicheren Prämissen als diejenigen des ersten Schlusses; denn wenn etwas bekannt ist, muss man es nicht nennen, der Zuhörer fügt es doch von selbst hinzu. Um etwa auszudrücken, dass Dorieus in einem Wettstreit den Siegeskranz [20] errungen hat, reicht es zu sagen: »Er hat bei den Olympischen Spielen gesiegt.« Dass der olympische Siegespreis ein Kranz ist, braucht man nicht hinzuzufügen, das wissen doch alle. Da unter den Prämissen für rhetorische Schlüsse wenige sind, die zwingend diese ergeben (denn das meiste, worüber Urteile getroffen und Überlegungen angestellt werden, kann sich ja auch anders verhalten. Denn [25] man berät und denkt nach über die eigenen Handlungen, Handlungen sind aber alle von solcher Art, und keine davon ergibt sich sozusagen aus einer unbedingten Notwendigkeit), und da das, was in den meisten Fällen zutrifft und möglich ist, nur wiederum aus anderen ebensolchen Prämissen gefolgert werden kann, Notwendigkeiten aber aus zwingenden Prämissen (auch das ist uns aus [30] den *Analytika* bekannt)[19], so ist klarerweise das, woraus Enthymeme gebildet sind, zum einen zwingende Notwendigkeit, zum anderen in den meisten Fällen zutreffend, denn Enthymeme werden aus Wahrscheinlichkeiten und Indizien gebildet, so dass jedes davon jedem des Vorhergehenden entspricht. Denn unter Wahrscheinlichkeit versteht man das, was zumeist zutrifft, aber nicht [35] in jedem Fall, wie manche sie definieren, sondern das, was sich bei Sachverhalten, die auch anders sein können, sich zu dem, bezüglich dessen [1357b] es wahrscheinlich ist, so verhält wie das Allgemeine zum Besonderen. Von den Indizien verhalten sich einige wie das Besondere zum Allgemeinen, andere wieder wie das Allgemeine zum Besonderen. Von diesen ist das Notwendige der Beweis, das nicht Notwendige [5] hat keine Bezeichnung zur Unterscheidung. Notwendig nenne ich das, woraus ein Syllogismus zustande kommt, daher ist so etwas unter den Indizien auch ein Beweis, denn wenn Leute meinen, eine Behauptung könne nicht widerlegt werden, meinen sie somit einen Beweis zu erbringen, so als sei etwas dargelegt und abgeschlossen. Nach altem Sprachgebrauch sind nämlich *tékmar* [Abschluss, Ziel, Zeichen] und *péras* [Ende, Grenze] dasselbe. Von den Indizien liegt dasjenige, das sich wie das Besondere zum Allgemeinen verhält, dann vor, wenn z. B. jemand behauptet, dass Sokrates weise und gerecht war, sei ein Indiz dafür, dass alle Weisen gerecht sind. Das ist zwar gewiss ein Indiz, aber ein widerlegbares, auch wenn die Behauptung stimmt, denn sie ist keine streng logische Schlussfolgerung. Ein anderes Indiz aber, das sich wie das Allgemeine zu einem Einzelfall verhält, wenn etwa jemand sagt, jemand sei krank, da er Fieber habe, oder jemand habe geboren, weil sie Milch habe, ist zwingend. Das ist unter den Indizien einzig ein Beweis, denn nur, wenn es wahr ist, ist es unwiderlegbar. Das Indiz, das sich wie das Allgemeine zum Besonderen verhält, wenn z. B. etwa einer sagt, dass ein Indiz für Fieber heftiger Atem sei: auch das ist widerlegbar, auch in dem Fall, dass es zutrifft, denn auch jemand ohne Fieber kann schwer atmen. Was Wahrscheinlichkeit, was Indiz, was Beweis ist und worin sich diese Begriffe unterscheiden, haben wir also jetzt besprochen. Ausführlichere Definitionen darüber und über die Ursache, dass das eine keine Grundlage eines streng logischen Schlusses ist, das andere aber sehr wohl, werden in den *Analytika*[20] getroffen. Dass das Beispiel eine Induktion ist und was diese zum Gegenstand hat, ist schon gesagt worden. Es verhält sich aber weder wie ein Teil zum Ganzen noch wie das Ganze zu einem Teil oder das Ganze zum Ganzen, sondern wie ein Teil zu einem Teil, Ähnliches zu Ähnlichem: wenn beides unter eine Gattung fällt, das eine aber bekannter ist als das andere, liegt ein Beispiel vor. Zum Beispiel: Dionysios[21] trachtet nach der Alleinherrschaft, weil er eine Leibwache fordert, denn auch Peisistratos[22] forderte vorher mit derselben Absicht eine Leibwache, und als er sie erhielt, wurde er Tyrann, ebenso Theagenes[23] in Megara. So werden auch alle anderen, die man kennt, ein Beispiel für Dionysios, von dem man noch nicht weiß, ob er die Forderung nach einer Leibwache in dieser Absicht stellt. All das lässt sich wie folgt verallgemeinern: Wer nach der Alleinherrschaft trachtet, fordert eine Leibwache. [1358a] Woraus nun die Überzeugungsmittel, die beweiskräftig zu sein scheinen, gebildet sind, wäre somit erörtert. Der größte Unterschied unter den Enthymemen, einer, der von fast allen gänzlich übersehen wurde, ist derselbe wie bei den Syllogismen in der dialektischen Methode; ein Teil folgt der Methode der Rhetorik [so wie ein Teil der Syllogismen der Methode der Dialektik], ein anderer Teil wiederum anderen Wissenschaften[24] und Fertigkeiten, die teils schon bestehen, teils noch nicht etabliert sind. Daher merken die Zuhörer diesen Unterschied auch nicht, und je mehr sie sich in gehöriger Weise damit befassen,[25] desto weiter entfernen sie sich von der Rhetorik und Dialektik. Das Gesagte werden weitere Ausführungen noch verdeutlichen. Wie ich nun meine, beinhalten dialektische und rhetorische Syllogismen das, was wir Topoi[26] nennen (dies sind allgemeine Gesichtspunkte über Recht, Physik, Politik und über vieles andere aus verschiedenen Bereichen, wie etwa der Topos »Mehr und Weniger«. Denn daraus wird man ebensowenig einen Syllogismus bilden können wie ein Enthymem über Recht, Natur oder irgendetwas anderes formulieren, dennoch ist all dies seiner Art nach verschieden). Besondere Topoi sind solche, die aus art- und gattungseigenen Aussagen abgeleitet sind, wie es einerseits Aussagen aus dem Bereich der Physik gibt, aus denen weder ein Enthymem noch ein Syllogismus für die Ethik aufgestellt werden können, [20] andererseits Aussagen über Ethik, aus denen weder Enthymeme noch Syllogismen für die Physik abgeleitet werden können. Das ist in allen Bereichen ähnlich, und diese allgemeinen Topoi werden in keinem Bereich Vernünftiges vermitteln, ihnen fehlt nämlich jede Grundlage. Was die spezifischen Topoi anlangt, so wird jemand, je besser er die Grundaussagen wählt, unbewusst ein von der Dialektik und [25] Rhetorik verschiedenes Wissen vermitteln. Wenn er nämlich auf Prinzipien stößt, so hat er es nicht mehr mit Dialektik oder Rhetorik zu tun, sondern mit der Wissensdisziplin, deren Prinzipien er vor sich hat. Die meisten Enthymeme werden aber aus derartigen Topoi, die speziell und auf einen bestimmten Gegenstand bezogen sind, gebildet, weniger aus allgemeinen Topoi. Wie in den *Topika*[27], so sind auch im Bereich der [30] Enthymeme fachspezifische Aussagen und Topoi, aus welchen sie gebildet werden müssen, auseinanderzuhalten. Fachspezifische Aussagen nenne ich die für jede Gattung spezifischen Grundaussagen, Topoi, was auf alle Gattungen zugleich anwendbar ist. Von den Begriffen wollen wir zuerst sprechen und zuvor noch einmal die rhetorischen Gattungen zum Thema machen, um sie nach ihrer Zahl zu unterteilen, und uns gesondert [35] ihre Grundlagen und Grundannahmen vornehmen.

3 Es gibt drei Arten der Beredsamkeit, dieser Zahl entsprechen auch die Arten von Zuhörern. Eine Rede besteht nämlich aus dreierlei: einem Redner, [1358b] einem Gegenstand, worüber er spricht, und einem Publikum; und der Zweck der Rede ist nur auf ihn, den Zuhörer, ausgerichtet. Ein Zuhörer muss mitdenken oder urteilen, urteilen entweder über Vergangenes oder Künftiges. Wer über Künftiges urteilt, ist z. B. ein Mitglied der Volksversammlung, [5] wer über Vergangenes, z. B. Richter [wer nur das rednerische Vermögen beurteilt, ein bloßer Betrachter];[28] daher wird man wohl von drei Redegattungen sprechen müssen, der Beratungs-, Gerichts- und Festrede[29]. Zur Beratung gehört das Zu- und Abraten[30], denn eines von beiden tun sowohl diejenigen, die privat beratschlagen, als auch die, die öffentlich als Volksredner auftreten, stets. In den Bereich der Rechtsprechung fallen Anklage und Verteidigung, denn zu einem davon müssen die Streitparteien greifen. Die Festrede gliedert sich in Lob und Tadel. Jede Redegattung befasst sich mit einer eigenen Zeitspanne: der beratende Redner mit der Zukunft (denn er berät ja durch Zuspruch oder Warnung über Künftiges), der Gerichtsredner mit der Vergangenheit, denn es ist immer schon geschehen, was Gegenstand der Anklage oder Verteidigung ist, der Festredner bevorzugt die Gegenwart, denn alle preisen und tadeln gegenwärtig Vorliegendes, erinnern allerdings oft zusätzlich an Vergangenes oder vermuten Zukünftiges. Jeder Gattung ist ein anderes Ziel gesetzt, entsprechend den drei Gattungen gibt es drei Ziele: Für die Beratungsredner ist Nutzen und Schaden ein Ziel (denn der, der zuredet, rät zum Besseren, der, der abrät, rät von etwas Schlechterem ab), alles andere, wie Recht und Unrecht, Ehrenhaftigkeit und Schande, wird fallweise ins Treffen geführt; für die Gerichtsredner Recht und Unrecht, alles weitere nehmen sie unter diesem Blickwinkel hinzu; für die, die loben und tadeln,[31] Ehrenhaftigkeit und Schande, alles andere stimmen auch sie auf diese beiden Zwecke ab. Dafür, dass jeder Redegattung die genannte Zielrichtung entspricht, gibt es einen Beweis: Über anderes streiten sie wohl kaum, z. B. ein Gerichtsredner, dass etwas passiert ist oder er einen Schaden angerichtet hat, dass er aber im Unrecht ist, wird er nie eingestehen, denn dann wäre ein Gerichtsverfahren nicht nötig. In ähnlicher Weise geben auch die beratenden Redner oft andere Zielsetzungen preis, dass sie aber Unvorteilhaftes raten oder von Vorteilhaftem abraten, werden sie nie zugeben. Ob es aber nicht unrecht ist, die Nachbarn zu unterjochen, schon gar, wenn sie sich nichts zuschulden kommen ließen, kommt ihnen kaum in den Sinn. Gleichfalls erwägen auch die Lobredner und Polemiker nicht, [1359a] ob jemand Nutzen gestiftet oder Schaden angerichtet hat, sondern rechnen es ihm oft noch als Lob an, dass er unter Missachtung des eigenen Vorteils etwas Ehrenhaftes vollbrachte. So loben sie Achill,[32] weil er dem Freunde Patroklos im Wissen, dass er selbst dann sterben müsse, zu Hilfe eilte, obwohl es ihm möglich gewesen wäre, weiter [5] am Leben zu bleiben. Für ihn war aber ein solcher Tod das Ehrenvollere, weiterzuleben aber nur nützlich. Aus dem Gesagten wird klar, dass man hierüber erst allgemein anerkannte Grundaussagen haben muss. Denn Beweise, Wahrscheinlichkeit und Indizien sind rhetorische Grundaussagen. Ein Syllogismus besteht zur Gänze aus Grundaussagen, das Enthymem jedoch ist [10] ein Syllogismus, der sich aus den genannten Grundaussagen zusammensetzt.

Da man Unmögliches weder je ausführen noch ausgeführt haben kann, sondern nur Mögliches, andererseits das, was nicht geschehen ist, oder das, was nicht sein wird, weder getan haben kann noch tun wird können, so müssen Rats-, Gerichts- und [15] Festredner allgemeine Thesen über Mögliches und Unmögliches haben, ob etwas geschehen ist oder nicht und ob etwas sein wird oder nicht. Da aber überdies alle, die loben und tadeln, zureden und abraten, anklagen und verteidigen, nicht nur vorher Gesagtes zu beweisen, sondern auch [20] Gutes oder Schlechtes, Schönes oder Hässliches, Gerechtes oder Ungerechtes als bedeutend oder unbedeutend zu erweisen versuchen, ob sie nun über Dinge an sich sprechen oder sie miteinander vergleichen, ist es offensichtlich, dass man auch über Größe und Kleinheit und über das Größere und das Kleinere allgemeine Grundvorstellungen haben muss, sowohl allgemein als auch speziell, wie z. B. [25] was ein größeres oder geringeres Gut, Unrecht oder Recht ist; so gilt es auch in den übrigen Fällen. Worüber wir uns unbedingt Grundaussagen aneignen müssen, ist also dargelegt. Dann ist für jede einzelne Redegattung einzeln zu umreißen, was die Beratungs-, die Fest- und drittens die Gerichtsreden behandeln.

4 Zuerst müssen wir erfassen, über welche Vorteile oder Übel der beratende Redner spricht, denn dies tut er nur bei solchen, die entweder eintreten können oder auch nicht. Über nichts, was aus Notwendigkeit besteht oder bestehen wird, oder nichts, was nicht besteht oder eintritt, wird es eine Beratung geben. Aber auch nicht über alles, was möglich ist: Denn von den Gütern, die entstehen können oder auch nicht, gibt es einige, die von Natur aus oder durch Zufall auftreten, bezüglich deren einen Rat zu geben keineswegs der Mühe wert wäre. Welche die Güter sind, über die man überhaupt beraten kann, ist klar. Von dieser Art sind diejenigen Güter, die ihrem Wesen nach auf uns zurückgeführt werden und deren Ursprung bei uns liegt, [1359b] denn wir überlegen nur so lange, bis wir herausfinden, ob wir etwas durchführen können oder nicht. Allerdings jetzt einzeln aufzuzählen und nach Gattungen zu gliedern, worüber man zu verhandeln pflegt, sodann nach Möglichkeit darüber den tatsächlichen Gegebenheiten entsprechend Definitionen zu treffen, dies brauchen wir zum gegenwärtigen Zeitpunkt nicht zu versuchen, da es nicht Gegenstand der Rhetorik ist, sondern einer Wissenschaft, die weit mehr der Vernunft und der Realität entspricht, und da ihr schon jetzt viel mehr als die ihr eigenen Gebiete zugewiesen sind. Das, worauf wir schon früher zu sprechen gekommen sind, trifft zu: Die Rhetorik besteht aus analytischem und [politischem][33] Wissen und ist teils der Dialektik, teils den sophistischen Reden hierin ähnlich. Je mehr aber jemand Dialektik oder Rhetorik nicht wie Fähigkeiten, sondern wie Wissenschaften zu betreiben sucht, desto mehr wird er, ohne sich dessen gewahr zu werden, ihre Natur verdunkeln, [15] indem er durch diese Erweiterung ihrer Inhalte sie zu Wissenschaften für bestimmte vorhandene Sachverhalte macht anstatt nur für Worte. Dennoch wollen wir, was sinnvoll ist, begrifflich voneinander trennen, und was für eine eingehende Erörterung der Politik zufällt, erörtern. Fast immer sind es fünf Bereiche, worüber [20] alle beraten und die Teilnehmer einer Beratung sprechen: Finanzhaushalt, Krieg und Frieden, ferner Landesverteidigung, Ein- und Ausfuhren und Gesetzgebung. Daher muss wohl, wer über Finanzen beraten will, Art und Höhe der Einkünfte des Staates kennen, [25] um fehlende ergänzen und zu geringe erhöhen zu können, weiters ebenso alle Ausgaben, um unnötige verhindern und zu große senken zu können, denn man wird ja nicht nur reicher, indem man zum Vorhandenen dazuerwirbt, sondern auch, indem man die Ausgaben vermindert. [30] Unmöglich kann man das nur aus der durch eigene Verhältnisse gewonnenen Erfahrung überblicken, vielmehr muss man notwendigerweise auch ein Kenner fremder Erkenntnisse sein, um darüber Rat zu erteilen. Was Krieg und Frieden betrifft, so muss man darüber Bescheid wissen, wie stark die Streitmacht eines Staates gegenwärtig ist und in welcher Stärke [35] sie möglicherweise aufgeboten werden kann, ferner von welcher Art sowohl die augenblicklich vorhandenen Streitkräfte als auch die allenfalls möglichen Verstärkungen sind, schließlich noch, wie ein Staat Kriege geführt hat und welche. Das muss man allerdings nicht nur vom Heimatstaat wissen, sondern auch von den Nachbarländern, vor allem von solchen, mit denen ein Krieg wahrscheinlich ist, um mit mächtigeren Frieden zu halten [1360a] und mit schwächeren nach eigenem Ermessen Krieg zu führen. Ferner ist zu bedenken, ob die Schlagkraft gleich ist oder nicht, denn auch das kann über Sieg oder Niederlage entscheiden. Darüber hinaus ist es notwendig, nicht nur studiert zu haben, wie die Kriege des eigenen Landes ausgegangen sind, sondern auch die der anderen. Denn naturgemäß erwächst Gleiches aus Gleichem. Ferner darf man bezüglich der Landesverteidigung nicht außer Acht lassen, wie man sie ausführt, sondern muss auch die Stärke und Art der Truppen und die Stellungen der Wachposten kennen (das ist ja für einen Ortsunkundigen unmöglich), um die Wachmannschaft, wenn sie zu schwach ist, zu verstärken, wenn sie überbesetzt ist, zu vermindern und wichtige Gebiete besser im Auge zu behalten.

Bezüglich der Ernährung sollte man weiters Bescheid wissen, wie groß und welcher Art der Bedarf für einen Staat ist, was vorhanden ist, was eingeführt werden muss, ferner welche Güter ein-, welche ausgeführt werden müssen, um mit den betreffenden Staaten Verträge und Bündnisse zu schließen. Nach zwei Seiten hin muss man die Bürger ständig vor Schaden bewahren: gegen Stärkere und gegen die, die für die genannten Dinge von Nutzen sind. Für die Sicherheit muss man all das zu beachten imstande sein, ganz besonders sich aber auf die Gesetzgebung verstehen.[34] An den Gesetzen nämlich hängt das Wohlergehen eines Staates. Daher muss man wissen, wie viele Verfassungsformen es gibt, welche jedem Staat zuträglich ist und durch welche Faktoren, ob nun verfassungsgemäße oder -widrige, er naturgemäß zugrunde geht. Mit »durch innere Faktoren zugrunde gehen« meine ich, dass mit Ausnahme der besten Verfassung alle übrigen durch zu großen und zu geringen Druck zugrunde gehen. Die Demokratie etwa wird nicht nur durch zu geringen Druck schwächer, so dass sie am Ende zur Oligarchie gerät, sondern durch heftige Überspannung.[35] Es ist so wie bei der Haken- und Stupsnase:[36] Nicht nur durch Nachlassen der Krümmung erlangt sie eine ausgeglichene Proportion, sondern durch Steigerung der jeweiligen Krümmung mutiert die Nase zu einer Form, die sie gar nicht mehr wie eine Nase aussehen lässt.

Was die Gesetzgebung betrifft, ist es für einen, der sich damit beschäftigt, nicht nur nutzbringend zu wissen, welche Verfassung aus der historischen Entwicklung vorteilhaft ist, sondern auch die der anderen Völker zu kennen und zu wissen, welche Verfassung zu welchem Volk passt.[37] Daraus wird klar, dass für die Gesetzgebung Reiseberichte nützlich sind [35] (denn daraus können wir die Gepflogenheiten der Völker ersehen), für die Kriegsberatungen sind es die Erkundungen der Geschichtsschreiber. All dies aber ist Aufgabe der Politik, nicht der Redekunst. Das wäre so weit das Wichtigste davon, was jemand, der sich der [1360b] Beratungsrede widmen will, wissen muss. Nun wollen wir uns aber den Ausgangspunkten des Zu- und Abredens bezüglich dieser und aller anderen Punkte wieder zuwenden.

5 Nahezu jedem liegt privat und öffentlich ein Ziel vor Augen, [5] welches zu erreichen sein Streben und Meiden bestimmt. Das sind hauptsächlich die Glückseligkeit und ihre Bestandteile.[38] Daher wollen wir z. B. erfassen, was Glückseligkeit einfach ausgedrückt ist und woraus sich ihre Teile zusammensetzen. Denn auf sie und alles, was auf sie [10] hinstrebt bzw. zu ihr im Gegensatz steht, ist jedes Zu- und Abraten gerichtet. Denn alles, was sie oder einer ihrer Bestandteile verschafft oder aus einem kleineren Teil einen größeren macht, soll man tun, alles, was schädigend oder hemmend auf sie wirkt oder ihr Gegenteil hervorruft, dagegen nicht. Glückseligkeit sei definiert als das rechte Handeln, das der Tugend entspringt, [15] oder Unabhängigkeit im Leben oder sehr angenehmes, ungefährdetes Dasein oder materielles und körperliches Wohl verbunden mit der Fähigkeit, es zu bewahren und zu nutzen. Es ist nahezu einhellige Ansicht, dass eine oder mehrere dieser Definitionen die Glückseligkeit sei. Wenn also die Glückseligkeit von dieser Art ist, sind ihre Bestandteile zwangsläufig [20] edle Abkunft, viele und gute Freunde, Reich-

tum, wohlgeratener und zahlreicher Nachwuchs, ein glückliches Altern, dazu noch körperliche Vorzüge wie Gesundheit, Schönheit, Kraft, Größe, sportliche Tüchtigkeit, Ansehen, Ruhm, Glück, Tugend [oder auch ihre Teile Vernunft, Tapferkeit, Besonnenheit und Gerechtigkeit]. So ist jemand ja wohl am wenigsten auf andere angewiesen, wenn ihm diese inneren und von außen zukommenden Güter zu Gebote stehen, denn neben diesen gibt es keine weiteren mehr. Innere Güter betreffen die Seele und den Körper, von außen kommen edle Abkunft, Freunde, Reichtum und Ehre hinzu. Daneben sollten noch, wie wir meinen, Einfluss und Glück vorhanden sein, dann wäre das Leben wohl am sichersten. Wir wollen nun in ähnlicher Weise das Wesen jedes dieser Punkte zu erfassen suchen. Edle Abkunft bedeutet für ein Volk oder einen Staat, autochthon und uralt zu sein, weiters dass ihre ersten Herrscher berühmt geworden sind und seit ihnen noch viele andere durch ihre nachahmenswerten Vorzüge. Bei Einzelpersonen rührt edle Abkunft teils von Männern, teils von Frauen her, Vollbürtigkeit von beiden Seiten, und wie auf staatlicher Ebene heißt edle Abkunft hier, dass die Urahnen berühmt waren wegen ihrer Tugend oder ihres Reichtums oder einer sonstigen Auszeichnung und aus dem Geschlecht viele berühmte Männer und Frauen, Junge und Ältere hervorgegangen sind.

[1361a] Was es bedeutet, viele und wohlgeratene Kinder zu haben, ist vollkommen einsichtig. Für einen Staat ist dies erfüllt, wenn er eine große Menge tüchtiger junger Leute hat, tüchtig hinsichtlich körperlicher Qualitäten wie Größe, Schönheit, Kraft und Wettkampfstärke. Geistige Vorzüge der Jugend sind Besonnenheit und Mut. Für den Privatbereich heißt Kindergedeihen und -reichtum, viele eigene Kinder mit den genannten Vorzügen zu haben, Knaben und Mädchen. Bei den Mädchen besteht der körperliche Vorzug in Schönheit und Größe, der seelische in Besonnenheit und Fleiß, ohne in Unter-

würfigkeit zu verfallen. In gleicher Weise muss man privat wie öffentlich danach streben, dass jeder dieser Vorzüge bei Männern und Frauen vorhanden ist. Denn wo es diesbezüglich bei den Frauen nicht zum Besten steht, wie in Sparta,[39] dort ist nahezu die Hälfte unglücklich. Teile des Reichtums sind eine Menge Geld und Land, der Besitz von Ländereien, die an Zahl, Größe und Schönheit anderen überlegen sind, dazu noch der Besitz von Geräten, Sklaven und Viehherden, ebenfalls herausragend durch Menge und Schönheit, all dies natürlich persönliches Eigentum, sicher, zur freien Verfügung und nützlich. Nützlich ist eher das Ertragreiche, zur freien Verfügung das, was Genuss bringt. Ertragreich nenne ich das, woher Einkünfte erfließen, genussbringend das, woher uns nichts Nennenswertes kommt außer der Möglichkeit, es zu benutzen. Der Begriff der Sicherheit bedeutet, dort, wo man gerade ist, so zu besitzen, dass der Gebrauch des Besitzes dem eigenen Willen unterliegt; der Begriff des Eigentümers ist dann gerechtfertigt, wenn man zur Veräußerung – mit Veräußerung meine ich Schenkung und Verkauf – berechtigt ist. Überhaupt besteht Reichtum eher im Gebrauch als im Besitz. Denn Handhaben und Gebrauch derartiger Dinge ist Reichtum. Guter Ruf heißt, von allen als tüchtig angesehen zu werden oder solches etwa an sich zu haben, wonach alle streben, oder zumindest die meisten oder die Tüchtigen oder die Vernünftigen. Ehre ist ein Hinweis darauf, im Rufe eines Wohltäters zu stehen; mit Recht werden am meisten die geehrt, die Gutes getan haben, nicht freilich einer, der nur in der Lage ist, Gutes zu tun. Wohltat führt entweder zur Sicherung und allen Voraussetzungen der Existenz oder zu Reichtum oder einem der anderen Güter, deren Erwerb überhaupt, zu einer bestimmten Zeit oder an einem bestimmten Ort nicht leicht ist. Viele kommen ja wegen scheinbarer Kleinigkeiten zu Ehren, ausschlaggebend aber sind Ort und Zeit ihrer Ausführung. Bestandteile der Ehre[40] sind

Opfer, Gedenkinschriften im Versmaß oder in Prosa, Ehrengaben, geweihte Bezirke, Vorsitz, Staatsbegräbnisse, Standbilder, Unterhalt aus öffentlichen Mitteln, des Weiteren Ehrungen der Barbaren wie die Proskynesen, auch ehrenhalber eingeräumte Vortritte, Geschenke, die bei allen Völkern ehrenvoll sind, denn ein Geschenk ist Übertragung von Eigentum und Zeichen der Ehre, weshalb auch Geldgierige und Ehrsüchtige darauf aus sind. [1361b] Es hat für beide das, wonach sie verlangen: Eigentum für die Geldgierigen, Ehre für die Ehrsüchtigen.

Vortrefflichkeit des Körpers meint Gesundheit, die darin besteht, dass wir frei von Krankheiten sind, wenn wir unseren Körper einsetzen. Viele sind nämlich nur so, wie man es von Herodikos[41] sagt, gesund: Sie möchte wohl niemand ihrer Gesundheit wegen glücklich preisen, weil sie sich alle oder zumindest die meisten menschlichen Freuden versagen. Schönheit ändert sich mit jedem Lebensalter: Die Schönheit des Jünglings besteht darin, einen Körper zu haben, der Strapazen im Laufen und in Kraftanstrengungen aushalten kann, eine wahre Augenweide; daher sind die Fünfkämpfer sehr schön, weil sie von der Natur zu Kraft und Schnelligkeit zugleich geschaffen sind. Die Schönheit des Mannes, der in der Blüte seiner Jahre steht, zeigt sich in kriegerischen Anstrengungen, er gilt als gefälliger und furchterregender Anblick zugleich. Der alte Mann ist schön, wenn er die notwendigen Anstrengungen hinreichend bewältigen kann und ohne Beschwerden ist, weil er nichts an sich hat, was das Alter verunstaltet. Kraft ist die Fähigkeit, etwas anderes nach Belieben zu bewegen, dies aber geschieht notwendig durch Ziehen, Stoßen, Heben, Drücken oder Pressen, so dass der Starke durch alle oder einige dieser Tätigkeiten stark ist. Vorzug der Größe bedeutet, die meisten an Höhe, Länge und Breite dermaßen zu übertreffen, dass durch dieses Übermaß die Bewegungen trotzdem nicht langsamer werden. Sportliche Vortrefflichkeit des Körpers resultiert aus Größe, Kraft und Schnelligkeit, denn auch der Schnelle ist in gewisser Weise stark. Wer nämlich seine Beine in einer bestimmten Art schnell über weite Strecken bewegen kann, ist ein Läufer, wer drücken und niederhalten kann, [25] Ringkämpfer, wer durch seinen Schlag stoßen kann, Faustkämpfer, wer beides beherrscht, Pankratiast, wer dies alles kann, Fünfkämpfer. Gutes Alter heißt, langsam und schmerzfrei zu altern, nicht schnell – aber auch nicht langsam und dafür unter Schmerzen; ein glückliches Älterwerden beruht auf körperlichen Vorzügen und auf Glück; denn wer nicht frei von Krankheiten [30] und nicht rüstig ist, wird nicht frei von Leiden und Schmerzen sein, und nur mit Glück wird er im Alter lange leben. Es gibt aber auch eine andere Möglichkeit, ohne Kraft und Gesundheit lange zu leben, denn viele leben ohne körperliche Vorzüge lange, aber das genau zu erörtern ist hier nicht angebracht. [35] Was es heißt, viele gute Freunde zu haben, ist ganz klar, wenn »Freund« folgendermaßen definiert wird: Ein Freund ist einer, der das, was er für den anderen als gut erachtet, auch um dessentwillen in die Tat umsetzt. Wer viele solche Menschen hat, ist reich an Freunden, handelt es sich dabei noch um gute Menschen, ist er reich an guten Freunden. Von Glücksbegünstigung können wir sprechen, wenn die Güter, deren Ursache das Glück ist, [1362a] sich einstellen und anhalten, alle in ihrer Gesamtheit, die meisten oder die wichtigsten. Das Glück ist, ebenso wie gewisse Fertigkeiten, Ursache einiger Güter, aber auch vieler außerhalb dieser Fertigkeiten wie derer, die die Natur hervorbringt (denn Güter des Glücks können sogar im Widerspruch zur Natur stehen). Eine Fertigkeit ist zwar Ursache der Gesundheit, [5] von Schönheit und Größe ist es aber nur die Natur. Überhaupt kommen solche Güter vom Glück, die Neid nach sich ziehen. Aber auch die Ursache unerwarteter Güter ist das Glück, wie wenn z. B. alle anderen Brüder hässlich sind, einer aber schön ist, oder alle anderen den Schatz nicht sahen, einer aber ihn fand, oder das Geschoß den Nächststehenden traf, einen anderen aber nicht, oder wenn einer, der immer einen bestimmten Ort aufsucht, als Einziger diesmal nicht kam, die aber, die nur dieses eine Mal sich dorthin aufmachten, zugrunde gingen. Vorfälle solcher Art scheinen ja allesamt glückliche Zufälle zu sein. Über die Tugendhaftigkeit ist, da sie ein Topos ist, der am besten zum Lob gehört, dann eine Definition zu treffen, wenn wir über die Lobrede sprechen.

6 Worauf man also als etwas Eintretendes oder bereits Bestehendes beim Zureden wie beim Abraten abzielen muss, ist jetzt offenkundig; beim Abraten ist das Gegenteil des hier Dargelegten der Fall. Da aber dem Beratungsredner das Vorteilhafte als Ziel gesetzt ist (beraten wird aber nicht über das Ziel selbst, sondern über die Mittel, die zum Ziel führen; diese Mittel aber sind in der Praxis das, was Nutzen bringt), das Vorteilhafte aber ein Gut ist, so müssen wir wohl die Grundlagen des Guten und Vorteilhaften erst einmal allgemein erfassen. Als Gut gelte also das, was als solches um seiner selbst willen erstrebenswert ist, und das, weswegen wir anderes erstreben, schließlich das, wonach alles trachtet, oder alles, was Empfindung oder Verstand hat, oder alles, sofern es Verstand haben könnte. Woran immer der Verstand einem jeden Anteil geben könnte und woran der Verstand in jeder einzelnen Situation einem jeden tatsächlich Anteil gibt, ist für jeden Einzelnen ein Gut. Auch das ist ein Gut, bei dessen Vorhandensein man wohlgestimmt und frei von Zwängen ist, schließlich die innere Unabhängigkeit und das, was solches bewirkt oder bewahrt und wem solches nachfolgt, deren Gegenteil aber verhindert und zerstört. »Nachfolgen« ist auf zweierlei Weise zu verstehen: entweder zugleich oder zu einem späteren Zeitpunkt: wie dem Lernen das Verstehen später, dem Gesundsein das Leben zur gleichen Zeit. »Bewirken«

ist dreifach aufzufassen, weil ja das Gesundsein (immer)[42] Gesundheit bewirkt, Nahrung oder Körpertraining in den meisten Fällen. Da dies feststeht, ist zwangsläufig das Erlangen von guten wie der Verlust von schlechten Dingen gut, denn dem einen folgt sogleich die Beseitigung eines Übels, dem anderen später der Besitz eines Gutes nach; des Weiteren das Erlangen eines größeren Gutes anstatt eines kleineren und das eines kleineren Übels anstatt eines größeren. [1362b] In welchem Maße das Größere das Geringere übertrifft, in dem Maße besteht das Erlangen des einen und der Verlust des anderen. Auch die Tugenden müssen ein Gut sein, denn die, die über sie verfügen, sind mit ihnen bestens ausgestattet und bewirken und tun Gutes. Über jede einzelne Tugend, was und von welcher Art sie ist, müssen wir gesondert sprechen. Auch die Lust muss ein Gut sein, denn alle Lebewesen streben von Natur aus nach ihr. Deshalb müssen auch das Lustvolle und das Schöne Güter sein. Ersteres nämlich bewirkt Lust, das Schöne ist teils lustvoll, teils um seiner selbst willen erstrebenswert. Im Einzelnen betrachtet müssen folgende Dinge Güter sein: Glückseligkeit, denn sie ist um ihrer selbst willen wünschenswert, genügt sich selbst und ist der Maßstab, nach dem wir unsere Handlungen disponieren. Gerechtigkeit, Tapferkeit, Besonnenheit, Großmut, Großzügigkeit und andere Haltungen dieser Art: Sie sind Vorzüge der Seele. Gesundheit, Schönheit und dergleichen: Das sind Vorzüge des Körpers, und sie bewirken viele andere Güter, wie etwa die Gesundheit das Vergnügen und das Leben überhaupt, weshalb sie auch als das höchste Gut gilt, weil sie zwei der Güter, die von den meisten am höchsten geschätzt werden, bewirkt: Lust und Leben. Reichtum: Er ist die Tugend des Erwerbs und bewirkt ebenfalls viele Güter. Freund und Freundschaft: Ein Freund ist um seiner selbst willen wünschenswert und bringt viele weitere Güter hervor. Ehre und Ansehen: Beides ist angenehm, führt zu vielen Annehmlichkeiten und zieht in der Regel das nach sich, weshalb man geehrt wird. Schließlich die Fähigkeit zu reden und die Fähigkeit zu handeln: Denn auch all solche Tugenden bringen Gutes hervor. Dazu kommen noch Talent, gutes Gedächtnis, Lernfähigkeit, Geistesgegenwart und dergleichen mehr, [25] denn dies sind Fähigkeiten, die Güter hervorbringen. Dasselbe gilt für alle Wissenschaften und Fertigkeiten. Und das Leben selbst: Wenn ihm auch kein anderes Gut folgen soll, ist es um seiner selbst willen erstrebenswert. Schließlich noch Gerechtigkeit: Sie ist ja etwas, das der Gemeinschaft dient. Das sind nun mehr oder weniger die allgemein anerkannten Güter. Bei den [30] Umstrittenen unter ihnen kommt man zu folgenden Schlüssen: Wessen Gegenteil schlecht ist, das ist ein Gut ebenso wie das, wessen Gegenteil den Feinden nützt, so etwa, wenn feige sein den Feinden zum größten Vorteil gereicht, so ist ganz offensichtlich, dass Tapferkeit für die Bürger sehr vorteilhaft ist. Ja überhaupt scheint das Gegenteil von dem, was die Feinde wollen oder worüber sie sich freuen, [35] nützlich zu sein. Daher heißt es treffend: »Da mag Priamos wohl sich freun«.[43] Das trifft nicht immer zu, aber doch meistens, denn nichts hindert, dass bisweilen dasselbe auch den Feinden nützt. Daher kommt es, dass man sagt: Unglück führt die Menschen zusammen, wenn beiden Seiten dasselbe [1363a] schadet. Ferner ist ein Gut, wovon kein Übermaß vorhanden ist, alles, was das nötige Maß übersteigt, ist ein Übel; dann ist alles ein Gut, was viel Mühe oder Aufwand erfordert, denn das erscheint ja schon als ein Gut, und solches wird als Zweck aufgefasst, und zwar als Zweck für vielerlei Bemühungen, [5] ein Zweck ist aber ein Gut. Daher heißt es: »und sie würden zum Ruhm für Priamos« und »schimpflich, so lange zu bleiben«,[44] schließlich auch das Sprichwort vom Wasserkrug an der Tür.[45] Ein Gut ist ferner, was die Menge begehrt und was augenscheinlich umkämpft ist. Was alle erstreben, ist ja anerkannt[46] ein Gut, und die Mehrheit ist fast als Gesamtheit zu sehen. Ebenfalls ist ein Gut, was gelobt wird, denn kein Mensch lobt, was nicht gut ist, und das, was Feinde [und schlechte Menschen] loben, denn dieser Auffassung sind schon alle; ferner was die loben, denen es schlecht ergangen ist. Sie stimmen ja wohl schon deshalb zu, weil es offensichtlich ist, so wie die schlecht sind, die von den Freunden getadelt werden, und die [gut], die von den Feinden nicht getadelt werden. Daher fühlten sich die Korinther von Simonides verspottet, wenn er sagt: »Den Korinthern macht Ilion keine Vorwürfe«. Ferner ist ein Gut, dem ein Verständiger oder ein Tüchtiger, Mann oder Frau, den Vorzug gegeben hat, wie z. B. Athene dem Odysseus[47], Theseus der Helena[48], die Göttinnen dem Alexandros[49] und Homer dem Achill. Überhaupt ist alles ein Gut, was man sich vornimmt. Man nimmt sich vor, das zu tun, worüber wir schon gesprochen haben, Böses den Feinden gegenüber, Gutes den Freunden und das, was möglich ist. Letzteres ist zweifach zu verstehen, einerseits als das, was geschehen könnte, andererseits als das, was leicht geschieht. Leicht geschieht alles, was ohne Schmerz oder in kurzer Zeit geschieht, denn Schwieriges ist durch Schmerz oder Länge der Zeit bestimmt. Und man nimmt sich vor, etwas zu tun, wenn es so wird, wie man es will. Man will aber entweder überhaupt kein Übel oder eines, das geringer ist als das damit verbundene Gut. Letzteres wird der Fall sein, wenn man die Strafe gar nicht merkt oder sie gering ist. Dann nehmen wir Menschen uns auch das Besondere vor, das, was noch niemand getan hat, und das Außergewöhnliche – die Ehre ist ja so größer –, weiters das, was uns entspricht, das heißt, was unserer Herkunft und unseren Befähigungen entspricht; auch das, was man zu vermissen meint, auch wenn es nur gering ist, denn nichtsdestoweniger nimmt man sich vor, gerade das zu tun; ferner das, was leicht zu realisieren ist, denn da es leicht ist, ist es ja in die

Tat umsetzbar. Leicht zu bewerkstelligen sind Dinge, die alle, die meisten, uns Gleichrangige oder Unterlegene erfolgreich verrichten[50]; ferner das, womit man sich bei den Freunden beliebt oder bei Feinden verhasst macht, und all das, was die, die man bewundert, sich zu tun vornehmen; ferner das, wozu wir Talent und worin wir Erfahrung haben, was wir ja leichter zu schaffen glauben; zudem das, was kein gewöhnlicher[51] Mensch sich vornimmt, denn es findet größeres Lob; weiters das, wonach gerade unser Verlangen steht, denn das erscheint nicht nur angenehm, sondern auch besser zu sein. [1363b] So zieht jeder das zu erreichen vor, wozu er neigt, z. B. der Siegeshungrige den Sieg, der Ehrgeizige Ehre, der Geldgierige Geld und so fort. Was also das Gute und Zuträgliche betrifft, so sind hieraus die Überzeugungsmittel zu schöpfen.

7 Da aber beide Teile oft über die Tatsache des Nutzens übereinstimmen, aber über dessen Ausmaß streiten, wäre im Anschluss einiges über das größere Gut und den höheren Nutzen zu sagen. Es sei das Übertreffende ebenso groß oder etwas größer, das Übertroffene das, was in etwas anderem enthalten ist. Größeres und Zahlreicheres ist immer auf Geringeres bezogen, Groß und Klein, Viel und Wenig auf eine durchschnittliche Größe, und das Große übertrifft, das dahinter Zurückbleibende ist klein, und in gleicher Weise verfahre man bei viel und wenig. Da wir nun das gut nennen, was um seiner selbst, nicht um etwas anderen willen gesucht wird, wonach alles strebt und was alles, sofern es im Besitz von Verstand und Vernunft ist, für sich erwählen würde, ferner alles, was jenes hervorbringt oder bewahrt, oder das, dem Derartiges folgt [der Grund aber, weswegen etwas geschieht, ist der Zweck, Zweck ist aber auch, weswegen alles Übrige geschieht], und da für jeden das gut ist, was auf ihn so wirkt, ist notwendig das, was mehr ist als eines oder wenigeres, das größere Gut, wenn dieses eine oder wenigere mit hinzugezählt werden; es ist

ja mehr, was hingegen in ihm enthalten ist, wird übertroffen. Und wenn das Größte von etwas das Größte von etwas anderem übertrifft, dann überragt auch Ersteres Zweiteres. Und wie sehr die eine Art die andere übertrifft, so übertrifft auch das Größte der einen Art das Größte der anderen; wenn z. B. der größte Mann größer als die größte Frau ist, dann sind generell die Männer größer als die Frauen. Wenn aber die Männer [25] generell größer als die Frauen sind, ist auch der größte Mann größer als die größte Frau. Analog gilt das bei den Größen der einzelnen Arten und ihrer größten Vertreter unter ihnen. Ferner gilt als Gut, wenn das eine dem anderen folgt, der umgekehrte Fall aber nicht zutrifft[52] (dies geschieht entweder gleichzeitig, gleich darauf oder eventuell), denn [30] der Nutzen dessen, was folgt, ist im Nutzen dessen, worauf es folgt, enthalten. Das Leben ist zugleich eine Folge der Gesundheit, nicht aber umgekehrt; aus dem Lernen folgt später das Wissen, Raub ist aber nur möglicherweise Folge des Tempelraubs, denn wer aus Tempeln raubt, raubt wohl auch sonst. Das, was etwas, das einem Größeren gleichkommt, übertrifft, ist größer, denn notwendig übertrifft es auch das ein wenig [35] Größere. Und das, was ein größeres Gut hervorbringt, ist größer, denn das ist die Bedeutung von »etwas Größeres hervorbringen«. Ebenso (ist größer)[53] das Gut, dessen Ursache größer ist. Wenn nämlich die Gesundheit erstrebenswerter ist als das Vergnügliche, so ist sie auch das höhere Gut und steht über dem Vergnügen. Und [1364a] was um seiner selbst willen erstrebenswert ist, ist ein größeres Gut als das, was es nicht ist; so z. B. ist Kraft ein größeres Gut als die Gesundheit, denn Letztere wird nicht um ihrer selbst willen erstrebt, Erstere sehr wohl, was ja die Definition des Guten ausmacht. Ebenso verhält es sich, wenn das eine ein Zweck ist, das andere nicht, denn Ersteres wird um etwas anderen willen, Letzteres um seiner selbst willen erstrebt, wie etwa sportliche Betätigung [5] körperliches Wohlbefinden erzielen soll. Ferner ist das, was weniger des anderen oder mehrerer anderer Dinge bedarf, das größere Gut, denn es ist unabhängiger. Weniger benötigt das, was weniger oder leichter verfügbare Dinge braucht. Dies ist auch der Fall, wenn das eine ohne das andere nicht existiert oder nicht entstehen kann, das andere aber ohne das eine schon, denn unabhängiger ist das, was nichts bedarf, so dass es ein größeres Gut zu sein scheint. Ferner ist, wenn das eine ein Prinzip ist, das andere nicht, Ersteres ein größeres Gut und aus dem selben Grund, wenn das eine eine Ursache ist, das andere nicht. Denn ohne Ursache und Prinzip kann es kein Sein und kein Werden geben. Bei zwei Prinzipien ist dieses größer, das aus dem größeren Prinzip hervorgeht, bei zwei Ursachen das aus der größeren Ursache. Umgekehrt ist bei zwei Prinzipien das Prinzip des Größeren größer, bei zwei Ursachen die Ursache des Größeren größer. Aus dem Gesagten wird klar, dass etwas auf zweierlei Arten größer scheinen kann: Wenn das eine ein Prinzip ist, das andere aber nicht, wird das eine größer erscheinen, und ebenso wird das eine, wenn es kein Prinzip ist, das andere aber schon, größer erscheinen, denn der Zweck ist größer und nicht das Prinzip, so wie Leodamas[54] in seiner Anklage gegen Kallistratos sagte, dass der Anstifter größeres Unrecht begehe als der Täter, denn ohne den entsprechenden Rat wäre die Tat nicht ausgeführt worden. In seiner Anklage gegen Chabrias hingegen behauptete er das Gegenteil, denn das Unrecht wäre nicht geschehen, wenn es keinen Täter gäbe, ein Komplott schmiede man nämlich zu dem Zwecke, dass es in die Tat umgesetzt werde. Das Seltenere ist ferner ein größeres Gut als das, was im Überfluss vorhanden ist, wie z. B. Gold im Verhältnis zu Eisen, obwohl es weniger zu gebrauchen ist. Der Besitz von Gold ist etwas Wertvolleres, weil er schwieriger zu erlangen ist. Anders betrachtet ist aber das im Überfluss Vorhandene ein größeres Gut als das Seltene, weil die Brauchbarkeit überwiegt, denn Häufigkeit übertrifft Seltenheit, deshalb heißt es auch: »Das Beste ist das Wasser«.[55] Ferner ist allgemein das Schwierigere ein größeres Gut als das Leichtere, denn es ist seltener; in anderer Hinsicht ist das Leichtere ein größeres Gut als das [30] Schwierigere, denn es ist so, wie wir es wollen. Dann ist größer auch das, dessen Gegenteil oder Verlust schwerwiegender ist. Die Tugend ist größer als die Untugend, Laster größer als kein Laster, denn Tugend und Laster sind Zwecke, die Gegenteile nicht.[56] Ferner das, wessen Wirkung edler oder schändlicher ist. Und wovon Vor- und Nachteile größer sind, davon sind auch die Wirkungen [35] größer, denn wie die Ursachen und Anfänge, so die Folgen daraus, wie die Folgen, so wiederum deren Ursachen und Anfänge. Dann alles, dessen Steigerung erstrebenswerter oder edler ist, [[wie etwa scharfe Augen erstrebenswerter sind als eine feine Nase; der Sehsinn [1364b] steht ja über dem Geruchssinn. Und Freunde zu lieben ist in höherem Maße edel als Geld zu lieben, und im entsprechenden Verhältnis steht daher die Freundesliebe zur Liebe zum Geld]]. Umgekehrt ist aber auch von besseren und edleren Dingen die jeweilige Steigerung besser und edler. Dann ist auch das ein größeres Gut, wonach zu verlangen edler und [5] besser ist, denn größeres Verlangen richtet sich nach Größerem, und daher sind auch die Wünsche nach Edlerem und Besserem edler und besser. Ferner sind, wenn die Wissenschaften edler und bedeutsamer sind, es auch die Gegenstände, denn wie sich die Wissenschaft verhält, so verhält sich auch die Wahrheit. Jede Wissenschaft bestimmt ihre Inhalte, [10] und bei den Wissenschaften über edlere und bedeutsamere Dinge ist es deshalb analog. Und was wohl die Verständigen – entweder alle, viele, die meisten oder die Einflussreichsten unter ihnen – als ein Gut oder ein größeres Gut[57] bestimmen oder bereits bestimmt haben, das muss sich auch so verhalten, sei es generell oder je nach Verstand der betreffenden. Das trifft allgemein auch auf andere Bereiche zu: Auch Wesen, Quantität und Qualität verhalten sich so, wie Wissenschaft und Einsicht es wohl jeweils bestimmen. Das haben wir schon im Hinblick auf Güter festgehalten, denn als Gut ist das definiert, was jedes einzelne erwählen würde, wenn es Einsicht hätte. Folglich ist klarerweise das ein größeres Gut, wofür die Einsicht stärker spricht. Ferner ist das den besseren Menschen Innewohnende ein größeres Gut, entweder generell oder nur auf dem Gebiet, auf dem sie besser sind, wie etwa Mut vor der Stärke kommt. Dann das, was der Bessere wählen würde, entweder generell oder dort, wo er besser ist, wie z. B. eher als das Zufügen das Erleiden von Unrecht, denn das würde der Gerechtere wohl vorziehen. Weiters das Angenehmere eher als das weniger Angenehme, denn auf Annehmlichkeit ist alles aus und angenehmes Empfinden begehren wir um seiner selbst willen. Daher ist all dies als Gut und Zweck definiert worden.[58] Angenehmer aber ist das, was mit weniger Leid verbunden ist und länger angenehm bleibt. Auch das Schönere ist ein größeres Gut als das weniger Schöne. Das Schöne ist ja entweder das Angenehme oder das um seiner selbst willen Erstrebenswerte. Größere Güter sind auch die, welche wir entweder uns selbst oder unseren Freunden vermehrt zuteilwerden lassen wollen; von denen das aber am wenigsten zutrifft, diese sind größere Übel. Auch das Langzeitige ist höher zu werten als das Kurzfristige, das Beständigere als das Unbeständigere, denn der Nutzen des einen ist höher durch die Zeitdauer, des anderen dadurch, dass es unserem Willen unterliegt. Der Nutzen von etwas Beständigerem ist ja dann, wenn wir es wollen, viel höher. Und so wie aus Reihen verwandter Begriffe oder aus ähnlichen Flexionsstufen eine Folgerung abgeleitet werden kann, so geschieht das auch in anderen Bereichen: Wenn beispielsweise mutiges Verhalten edler und erstrebenswerter ist als besonnenes, so ist auch Mut erstrebenswerter als Besonnenheit und mutig zu sein erstrebenswerter als besonnen zu sein. Ferner ist das, was alle wählen, das höhere Gut als das, was nicht alle wählen, das, was die Mehrheit wählt, als das, was die Minderheit wählt, [1365a] denn gut war stets das, wonach alle streben, so dass auch das ein größeres Gut ist, wonach man mehr strebt. Zudem ist ein größeres Gut das, was Streitpartner, Feinde, Richter oder die, die diese zu solchen bestimmen, für sich wählen. Denn im einen Fall wäre es, als ob alle Menschen übereinstimmten, im anderen, als ob die bevollmächtigten und kompetenten das täten. Manchmal ist es das größere Gut, woran alle teilhaben, da es eine Schande ist, nicht daran teilzuhaben, manchmal wiederum das, woran niemand oder nur wenige teilhaben, denn das ist ja das Seltenere. Ferner das Lobenswertere, denn das ist das Edlere, ebenso das, dessen Ehre größer ist, denn Ehre ist eine Art Wertmaßstab. Weiters das, worauf höhere Strafen stehen, und das, was größer ist als das, was allgemein als groß anerkannt ist oder so erscheint. Größer aber erscheint ein und dasselbe, wenn es in seine Bestandteile zerlegt ist, denn dann scheint es eine größere Anzahl von Dingen zu übertreffen. So, sagt der Dichter, sei auch Meleagros überredet worden, sich wieder zum Kampf zu begeben:

> Leiden, wie sie den Menschen werden, deren Stadt wird erobert:
> Männer schwinden dahin, die Stadt zu Asche macht das Feuer,
> andere schleppen die Kinder davon.[59]

Auch das Zusammensetzen und der stufenweise Aufbau[60] nach der Art des Epicharmos[61] bewirken dies, weil es dasselbe ist wie eine Aufgliederung (das Zusammensetzen weist ja auf großen Überfluss hin), und weil es als Grundstein und Ursache großer Dinge erscheint. Da aber das Schwierigere und Seltenere größeren Stellenwert hat, [20] machen auch bestimmte Situationen[62], Lebensalter, Ort, Zeit und Mittel Dinge groß. Wenn nämlich etwas über Mittel, Lebensalter und ebenbürtige Menschen hinausgehend oder etwas auf eine bestimmte Weise, an einem bestimmten Ort oder zu einer bestimmten Zeit vollbracht wird, wird dies ein großes Maß an Schönem, Gutem, Gerechtem und deren Gegenteilen aufweisen. Daher auch das Epigramm [25] auf den Sieger in Olympia:

> Früher, auf den Schultern das harte Tragholz,
> trug ich Fische von Argos nach Tegea.[63]

Auch Iphikrates[64] pries sich selbst, indem er auf seinen Aufstieg aus bescheidenen Anfängen hinwies. Weiters ist das ohne eigenes Zutun Entstandene höher zu werten als das Hinzuerworbene, denn es ist schwieriger; [30] daher sagt auch der Dichter: »Nur ich selbst habe mich gelehrt«.[65] Ebenso der größte Teil von etwas Großem. So sagt auch Perikles in seiner Leichenrede, die Jugend sei der Stadt genommen, wie wenn man dem Jahr den Frühling nähme.[66] Und das größere Gut ist auch all das, was bei größerem Bedarf nützlich ist, z. B. im Alter und bei Krankheiten, und von zwei Gütern das, [35] welches seinem Zweck näher ist, ebenso übertrifft der spezielle Zweck den generellen; ferner ist das Mögliche ein größeres Gut als das Unmögliche, Ersteres ist aus sich selbst heraus ein Gut, Zweiteres nicht; ferner das, was im Zweck des Lebens liegt, denn Zwecke sind größere Güter als das, was sich nur auf sie bezieht. Und [1365b] ein größeres Gut ist das, was auf Wahrheit, als das, was auf Schein ausgerichtet ist. »Auf Schein ausgerichtet« ist als das definiert, was man wohl nicht wählen würde, sollte man dabei unbemerkt von anderen bleiben. Daher scheint es wohl auch wünschenswerter zu sein, Wohltaten zu empfangen als welche zu erweisen, denn zu Ersterem wird man sich auch im Verborgenen entschließen, selbst aber Wohltaten zu erweisen, dazu offenbar nicht, wenn niemand davon Notiz nimmt. Sodann ist das ein größeres Gut, was man lieber sein will als scheinen, denn es kommt der Wahrheit näher. Daher sagt man auch,[67] Gerechtigkeit sei etwas Geringes, da es wünschenswerter ist, gerecht zu scheinen als es zu sein. Bei der Gesundheit ist es aber keineswegs so. Ein größeres Gut ist auch, was für vielerlei nützlich ist wie z. B. für das Leben, für ein gutes Leben, für das Wohlbefinden und für den Erfolg. Daher scheinen Reichtum und Gesundheit die größten Güter zu sein, denn sie beinhalten all dieses. Ferner ist das größere Gut das, was mit weniger Leid und mehr Vergnügen verbunden ist; mehr als nur ein Gut nämlich liegt hier vor, so dass sowohl das Vergnügen als Gut vorliegt als auch Leidlosigkeit. Von zwei Gütern ist das als größer anzusehen, was, ein und demselben beigefügt, dieses insgesamt zu einem größeren Gut macht; weiters Dinge, die nicht im Verborgenen existieren, als die, bei denen dies nicht der Fall ist, denn sie tendieren zur Wahrheit. Daher ist wohl tatsächlicher Reichtum allem Anschein nach ein größeres Gut als scheinbarer. Auch als Gut zu bewerten ist das, was geschätzt wird, und zwar manches in seiner Singularität, manches zusammen mit anderen Dingen. Daher ist die Strafe nicht dieselbe, ob man einen Einäugigen oder einen, der noch zwei Augen hat, blendet.[68] Im ersten Fall wird ihm ja etwas genommen, was er besonders geschätzt hat. Somit ist etwa dargelegt, woraus beim Zu- und Abraten die Überzeugungsmittel zu schöpfen sind.

8 Der wichtigste und ausschlaggebende Punkt, was die Fähigkeit zu überreden und richtig zu raten betrifft, liegt darin, alle Regierungsformen zu erfassen und die Gepflogenheiten, Rechtsordnungen und Vorteile einer jeden auseinanderzuhalten, denn alle lassen sich durch das überzeugen, was nützt, Nutzen bringt jedoch das, was die Staatsform bewahrt. Maßgeblich ist auch noch das, was die jeweilige Regierungsgewalt erlässt; das ist aber je nach Staatsform unterschiedlich, denn es gibt ebenso viele Regierungsgewalten wie Staatsformen, nämlich vier:[69] Demokratie, [30] Oligarchie, Aristokratie und Monarchie. Und so ist das herrschende und das entscheidungsbefugte Element immer ein Teil des Staates oder aber die Gesamtheit. Demokratie ist die Staatsform, in der durch Los, Oligarchie, in der nach Vermögensverhältnissen, und Aristokratie, in der nach Erziehung Ämter zugewiesen werden. Mit Erziehung meine ich die, die auf Konvention [35] beruht. Denn diejenigen, die den Konventionen treu bleiben, sind in der Aristokratie an der Herrschaft. Natürlich scheinen diese dann die besten zu sein, woher die Aristokratie auch ihren Namen hat. Die Monarchie ist [1366a] ihrem Namen nach die Verfassung, in der ein einziger Herr über alle ist. Sie hat entweder eine gewisse Ordnung und heißt Königtum oder ist der Willkür unterworfen und heißt Tyrannis. Keineswegs darf das Ziel einer jeden Staatsform im Ungewissen bleiben. Man trifft ja Entscheidungen im Blick auf ein Ziel. Ziel der Demokratie ist Freiheit, [5] der Oligarchie Reichtum, der Aristokratie alles, was mit Erziehung und der etablierten Rechtsordnung in Zusammenhang steht, der Tyrannis Selbstschutz. Demzufolge ist ganz klar, dass man Gepflogenheiten[70], Rechtsordnungen und Vorteile, die am Ziel der jeweiligen Regierungsform orientiert sind, genau auseinanderhalten muss, da dies Maßstab für Entscheidungen ist. Da man aber nicht nur durch argumentative, sondern [10] auch durch eine ethische Rede überzeugt (je nachdem, wie der Redner sich präsentiert, fassen wir zu ihm unser Zutrauen, das aber ist der Fall, wenn er Charakter oder Freundlichkeit aufweist oder beides aufzuweisen scheint), wird es wohl nötig sein, dass wir eine Vorstellung von der Eigenart der jeweiligen Staatsverfassung haben, denn die jeder Staatsform eigene Wesensart ist notwendigerweise das Überzeugendste an ihr. Die Wesensarten wird man ebenfalls in der genannten Weise gewinnen, denn sie [15] offenbaren sich im politischen Programm[71], dies aber ist auf ein Ziel bezogen.

Wonach man also – ob Zukünftiges oder Gegenwärtiges – trachten muss, wenn man zu etwas raten will, woraus man die Überzeugungsmittel zum Vorteilhaften schöpfen soll, weiters wodurch und wie wir bei den Charakteristika und Gesetzesordnungen der Staatsverfassungen [20] nicht ratlos dastehen werden, ist nun ausreichend abgehandelt, soweit es für den gegenwärtigen Zeitpunkt angemessen scheint. Genauer dargestellt ist all das in den *Politika*.[72]

9 Hierauf wollen wir über Tugend und Laster, über das Edle und Unedle sprechen. Das fasst ja der, der lobt, und der, der tadelt, ins Auge. [25] Damit wird einhergehen, dass wir, wenn wir darüber sprechen, zugleich auch das erklären, woraus auf unsere charakterlichen Anlagen geschlossen werden kann, was ja die zweite Form von Überzeugungsmitteln war. Mit eben diesen Mitteln nämlich werden wir sowohl uns als auch andere als charakteristisch glaubwürdig darstellen können. Da es aber vorkommt, dass man sowohl im Scherz als auch im Ernst [30] oft nicht nur einen Menschen oder Gott, sondern auch Unbelebtes oder ein beliebiges anderes Lebewesen preist, so müssen wir auch darüber ebenso Grundaussagen treffen. So wollen wir also, insoweit es zur Veranschaulichung dient, auch darüber sprechen. Edel ist also, was um seiner selbst willen erstrebens- und somit lobenswert oder was gut und somit angenehm ist, [35] weil es eben gut ist. Wenn das nunmehr das Edle ist, muss auch die Tugend edel sein, denn was gut ist, ist auch lobenswert. Die Tugend ist, wie es scheint, eine Fähigkeit, Güter zu verschaffen und zu erhalten, und die Fähigkeit, viele große Dinge – ja,[73] eigentlich alle nur denkbaren [1366b] in jeglicher Hinsicht – zu erweisen. Teile der Tugend aber sind: Gerechtigkeit, Tapferkeit, Mäßigkeit, Edelmut, innere Größe,

Freigebigkeit, Sanftmut, Einsicht und Weisheit.[74] Die größten Tugenden müssen die sein, die für die Mitmenschen am nützlichsten sind, wenn die Tugend wirklich die Fähigkeit ist, Gutes zu vollbringen. Daher stehen die Gerechten und Tapferen im höchsten Ansehen, denn die eine Fähigkeit ist im Krieg, die andere im Frieden den Mitmenschen nützlich. Hierauf die Freigebigkeit: Die Freigebigen haben eine offene Hand und kämpfen nicht um Geld, wonach ihre Mitmenschen besonders streben. Die Gerechtigkeit ist eine Tugend, durch die jeder das erhält, was ihm zusteht und wie es dem Gesetz entspricht, Ungerechtigkeit hingegen eine, durch die man fremdes Gut nicht dem Gesetz gemäß erlangt. Tapferkeit ist die Tugend, durch die wir unter Gefahren, und wie das Gesetz es erfordert, edle Taten vollbringen und dem Gesetz dabei dienen, Feigheit aber das Gegenteil davon. Mäßigkeit ist die Tugend, durch die wir uns den leiblichen Freuden gegenüber so verhalten, wie das Gesetz es erfordert. Das Gegenteil davon ist Zügellosigkeit.[75] Freigebigkeit ist die Tugend, mit Geld Gutes zu tun, [Geiz das Gegenteil]. Großzügigkeit stellt die Tugend dar, große Wohltaten zu vollbringen, das Gegenteil ist Knauserigkeit. Edelmut[76] ist die Tugend, die durch Vermögensaufwand Großes bewirkt, Kleinmütigkeit und Engherzigkeit das Gegenteil. Einsicht ist eine Tugend des Geistes, durch die wir im Blick auf die Glückseligkeit die genannten Güter und Übel richtig abwägen können. Über Tugend und Laster im Allgemeinen und ihre Teilbereiche sei für den gegenwärtigen Zeitpunkt genug gesagt, über das Restliche einen Überblick zu gewinnen, ist nicht schwer, denn es ist offensichtlich, dass das, was Tugend hervorbringt, edel sein muss (es ist ja auf Tugend ausgerichtet), weiters das, was aus der Tugend entsteht, solches ist nämlich Kennzeichen und Auswirkung der Tugend. Da aber die Kennzeichen eines Gutes und alle Umstände, die dieses Gut bewirkt oder erleidet, edel sind, müssen notwendig alle Auswirkungen der Tapferkeit oder Kennzeichen [30] derselben oder alles, was tapfer vollbracht ist, edel sein; ebenso ist es auch mit Gerechtem und gerechten Taten (erfährt man Gerechtigkeit, ist das nicht so, denn nur bei dieser Tugend ist das, was einem zu Recht widerfährt, nicht immer edel, sondern bei Bestrafung ist die zu Recht erfolgte schändlicher als die zu Unrecht erfolgte); und bei den anderen Tugenden ist es ebenso. Ferner ist gut, worauf als Lohn [35] Ruhm steht, wofür eher Ruhm als Geld winkt, weiterhin jede Entscheidung, die jemand nicht um seiner selbst willen trifft. Sodann das gemeinhin Gute und was jemand, ohne auf den Eigennutz zu schauen, für das Vaterland getan hat, ferner das von Natur aus Gute und das, was für niemand persönlich [1367a] gut ist, denn das wird um seiner selbst willen getan; weiters das, was jemandem im Tode eher als Gut bleiben kann als zu Lebzeiten, denn die Güter zu Lebzeiten haben eher Eigennutz an sich. Gut sind auch Taten den Mitmenschen zuliebe, denn darin liegt weniger Eigennutz, ferner jedes gute Werk an anderen, [5] nicht für sich selbst, und an den Wohltätern, denn das ist nur recht und billig, dann die Wohltaten, denn diese vollbringt man nicht im Eigeninteresse; ferner das Gegenteil all dessen, wofür man sich schämt, denn aller Schändlichkeiten – einerlei, ob in Wort, Tat oder Absicht – schämt man sich, wie Sappho Alkaios, als dieser schrieb: »Etwas sagen will ich, doch [10] mich hindert der Anstand«, erwiderte:

> Wenn zu Edlem und Erhabenem Verlangen dich hielte
> und nicht böse Worte die Zunge sagen wollt',
> dann füllte nicht Scham deine Augen,
> sondern du sprächest das Rechte nur.[77]

[15] Ferner ist edel, worum man furchtlos kämpft, denn das widerfährt einem bei Gütern, die zum Ruhm führen.[78] Dann

sind Tugenden und Taten der von Natur aus Vortrefflicheren edler, so wie die eines Mannes gegenüber denen einer Frau, ferner die, die anderen mehr Vergnügen bereiten als einem selbst. Daher ist auch das Gerechte und die Gerechtigkeit etwas Gutes[79]; des Weiteren Rache an den Feinden, nicht Aussöhnung, denn Vergeltung ist gerecht, das Gerechte edel und nicht zu unterliegen Zeichen männlichen Wesens. Auch Sieg und Ruhm gehören zum Edlen. Denn sie sind erstrebenswert, selbst ohne etwas einzubringen, und beweisen darin ihre Größe an Tugend, weiters das, wessen man sich erinnert, je mehr, umso edler, und das, was einem nicht mehr zu Lebzeiten folgt [und Ehre tut dies]; auch das Außergewöhnliche und das nur einem einzigen zu Gebote Stehende ist edler, denn das ist unserer Erinnerung einprägsamer; und Besitz, der nichts einbringt, denn er zeichnet einen freien Menschen in höherem Maße aus; und auch das ist edel, was einzelnen Völkern eigen ist, ferner Merkmale dessen, was bei Einzelnen in Ansehen steht, z. B. ist es in Sparta[80] edel, langes Haar zu tragen, denn es ist Zeichen eines Freien[81]. Es ist ja nicht leicht, mit langem Haar die Arbeit eines Tagelöhners zu verrichten, und es ist edel, keine Handwerkstätigkeit auszuüben,[82] denn einem Freien entspricht es nicht, im Dienste eines anderen zu leben. Man muss aber bei Lob und Tadel auch Eigenschaften, die den vorhandenen nahe sind, ins Treffen führen, als wären sie dieselben, z. B. den Vorsichtigen kaltblütig und durchtrieben, den Dummkopf brauchbar oder den Gefühllosen einfühlsam nennen, und so belege man jeden Einzelnen stets mit der Eigenschaft, die als nächste positive folgt, z. B. den Jähzornigen und Tobsüchtigen bezeichne man als unkompliziert, den Selbstgefälligen [1367b] als edelmütig und vornehm und die, die in einer Tugend über das rechte Maß schlagen, stelle man so dar, als wäre das nicht der Fall, z. B. den Draufgänger tapfer, den Prasser großzügig. Der Menge wird dies einleuchten, und zugleich ist es aus folgendem Grund fernab jeder Logik: Wer nämlich, wo kein Zwang vorliegt, die Gefahr sucht, scheint dies wohl noch bei weitem eher zu tun, wo ein Gut vorliegt, und ist jemand jedermann gegenüber freigebig, ist er das auch seinen Freunden gegenüber, denn das rechte Maß der Tugend ist überschritten, tut man allen Gutes. Es ist auch darauf zu achten, vor wem man Lob ausspricht. So sagte auch Sokrates[83], es sei nicht schwierig, die Athener vor Athenern zu loben. Überhaupt soll man auch betonen, dass das, was bei Einzelnen jeweils hochgeschätzt wird, tatsächlich existiert, z. B. bei Skythen, Lakoniern oder Philosophen. Überhaupt muss man das, was in Ehre steht, mit dem Edlen in Verbindung bringen, da beides ja miteinander verwandt zu sein scheint. Weiterhin ist alles das edel, was der Erwartung entspricht, z. B. alles, was der Vorfahren oder ihrer früheren Leistungen würdig ist, denn beglückend und edel ist es, Ehre noch dazuzuerwerben; aber auch das zählt zum Edlen, wenn jemand entgegen der Erwartung eine Wendung zum Besseren und Edleren vollzieht, wenn er z. B. im Glück maßvoll, im Unglück aber großmütig ist oder wenn er, zu größerer Macht gekommen, besser oder versöhnlicher wird. Davon sprechen auch Iphikrates: »Woher bin ich wohin gelangt«, und die Sieger in Olympia: »Vormals, auf meinen Schultern der drückende …«, und Simonides: »Sie, deren Vater, Mann und Brüder allesamt Tyrannen waren«.[84] Da Lob den Taten entspringt[85] und es zur Wesenseigenheit eines ernstzunehmenden Menschen[86] gehört, mit Überlegung zu handeln, so muss man in der Rede auch zu zeigen versuchen, dass jemand mit Überlegung handelt. Es ist zweckmäßig, wenn es den Anschein hat, er habe schon oft so gehandelt. Daher sind auch zufällige und bloß glückliche Ereignisse so darzustellen, als wären sie purer Absicht entsprungen, denn wenn viel Ähnliches vorgebracht wird, wird dies als Zeichen von Tugend und Absicht erscheinen. [[Die Lobrede ist die Rede, die die Größe der Tugend ans Licht bringt. Daher muss man an den Taten aufzeigen, dass sie ebenso[87] sind. [Das Enkomion ist eine Rede über Taten,] das Umfeld macht diese glaubhaft, wie edle Abkunft und [30] gute Erziehung, denn es ist wahrscheinlich, dass von Guten Gute abstammen und einer, der trefflich erzogen worden ist, sich zu einem ebenso Trefflichen entwickelt. [Daher preisen wir solche, die Taten vollbracht haben.] Die Taten sind Zeichen einer inneren Haltung, denn wir loben wohl auch einen, der nichts vollbracht hat, wenn wir annehmen können, er habe die Anlage dazu. [Selig- und Glücklichpreisung sind untereinander identisch, aber mit Lobrede und Enkomion eben nicht, sondern [35] wie Glück die Tugend, so umfasst auch die Glücklichpreisung Lobrede und Enkomion.] Lob- und Beratungsrede haben ein gemeinsames Erscheinungsbild: Was man nämlich beim Beraten zur Grundlage der Darstellung macht, das [1368a] wird, ändert man die Vortragsweise, zur Lobrede. Da wir also vor Augen haben, was man tun und wie man sein muss, so müssen wir nur das, was wir (in der Beratungsrede)[88] als Ratschläge vorbringen, im Ausdruck anpassen und ändern, z. B. darf man sich nichts darauf einbilden, was man durch Glück, sondern was man durch Eigenleistung bewerkstelligt. [5] Auf diese Weise ausgedrückt, kann es ein Ratschlag, auf die andere Weise ein Lob sein: »Er bildete sich nicht auf das durch Glück, sondern nur auf das aus eigener Kraft Geleistete etwas ein.« Folglich achte man, wenn man loben will, darauf, was man vorschlägt, will man aber etwas vorschlagen, darauf, was man loben könnte. Die Formulierung wird notwendigerweise vollkommen voneinander verschieden sein, wenn man etwas, das verhindern soll, in etwas, das nicht [10] verhindern soll, ändert.]] Auch viele Mittel der Steigerung soll man verwenden, z. B. wenn jemand etwas als Einziger, als Erster, mit wenigen oder auch, was er als besondere Leistung vollbracht hat. All das ist ja edel; verwenden[89] soll man auch alles, was sich aus der Zeit und aus gegebenen Umständen ergibt, besonders wenn es der Erwartung nicht entspricht und wenn jemand oft auf dieselbe Weise erfolgreich war, denn das wird bedeutend erscheinen, nicht aufgrund des Zufalls, sondern durch persönliche Leistung; dann, wenn man wegen einer Person Anspornendes und Ehrendes erfunden und eingerichtet hat, [[und, wie im Falle des Hippolochos[90], auf den als Ersten ein Lobgedicht verfasst worden ist,]] oder im Falle von Harmodios und Aristogeiton durch die Errichtung ihrer Statuen auf der Agora. Ähnlich ist es auch beim Gegenteil. Und wenn man nicht genug Material über die zu lobende Person hat, vergleiche man ihn mit anderen, was Isokrates wegen seiner mangelnden[91] Erfahrung in Gerichtsreden ständig getan hat. Vergleiche sind mit berühmten Personen anzustellen, denn erhebend ist es und schön, wenn jemand noch besser ist als bereits geachtete Menschen. Die Steigerung fällt vernünftigerweise in die Kategorie der Lobreden, denn sie gehört zwar zur Überlegenheit, aber zur Überlegenheit des Schönen. Folglich ist einer, auch wenn man den Betreffenden nicht mit berühmten Männern vergleichen kann, doch mit dem gewöhnlichen Volk zu vergleichen, da ja die Überlegenheit auf Tugend hinzuweisen scheint. Überhaupt ist von den Erscheinungsformen, die allen Reden gemein sind, die Steigerung für Festreden am geeignetsten, denn diese nehmen alle Taten als unbestritten hin, so dass nur noch übrigbleibt, ihnen Größe und Schönheit zu verleihen. Für Beratungsreden eignen sich wiederum Beispiele am besten, denn aus der Vergangenheit beurteilen wir durch Mutmaßung die Zukunft; für Gerichtsreden Enthymeme, denn Geschehenes lässt auf Grund der Unklarheit am stärksten Ursache und Beweis erwarten. Woraus nun nahezu alle Lob- und Tadelreden schöpfen, was man bei Lob und Tadel beachten muss und woraus sich Enkomien und Schmähreden zusammensetzen, ist damit besprochen. Hat man das vor Augen, ist das Gegenteil davon klar, denn der Tadel schöpft aus den Gegenteilen.

10 [1368b] Um über Anklage und Verteidigung zu reden, wäre es nun an der Zeit (zu erörtern), aus wie vielen und welchen Prämissen Schlussfolgerungen gezogen werden müssen. Man muss dazu drei Punkte erfassen: erstens aus welchen und wie vielen Motiven Menschen Unrecht tun, zweitens in welcher Gemütsverfassung sie dabei sind, und drittens [5] die Art und die Lebensumstände der Opfer. Nach der Definition von »Unrecht tun« wollen wir der Reihe nach darüber sprechen. Gelten soll: Unrecht tun ist willentliches Zufügen von Schaden wider das Gesetz. An Gesetzen gibt es besondere und allgemeine. Unter einem besonderen verstehe ich ein geschriebenes Gesetz, nach dem Bürger in einem Gemeinwesen leben, unter einem allgemeinen ein ungeschriebenes, das von allen anerkannt zu werden scheint.[92] Willentlich [10] tun wir das, was wir bewusst und ohne Zwang tun. Was man willentlich tut, tut man nicht immer in voller Absicht, was man in voller Absicht tut, tut man bewusst.[93] Denn keiner ist davon in Unkenntnis, was er beabsichtigt. Das, weswegen man zu schaden und übel wider das Gesetz zu handeln beabsichtigt, heißt Schlechtigkeit und Unbeherrschtheit. Wenn nämlich Leute schlechte Eigenschaften – [15] eine oder mehrere – haben, so sind sie darin, worin sie schlecht sind, auch ungerecht, z. B. der Geizige im Umgang mit Geld, der Zügellose[94] in körperlichen Freuden, der Weichling[95] in Vergnügungen, der Feigling[96] in Gefahren [Gefahrengenossen lässt er aus Furcht im Stich], [20] der Ehrgeizige[97] wegen der Ehre, der Jähzornige im Zorn, der Siegesbegierige wegen des Sieges, der Verbitterte wegen der Rache, der Unvernünftige, weil er hinsichtlich Recht und Unrecht einer Täuschung unterliegt, der Schamlose[98] wegen der Geringschätzung seines Rufes, ähnlich alle Übrigen, jeder hinsichtlich seiner vorliegenden schlechten Eigenschaft. Aber hierüber herrscht Klarheit, teils aus den Ausführungen über die Tugenden, teils aus den folgenden Erörterungen über die Affekte. Es bleibt noch zu sagen, weswegen, in welcher Verfassung und an wem jemand unrecht handelt. Zuerst nun wollen wir klären, wonach man strebt und was man meidet, wenn man Unrecht vorhat. Es ist offenkundig, dass der Ankläger bedenken muss, was und wie viel davon, wonach alle begehren, wenn sie dem Nächsten Unrecht antun, beim Prozessgegner vorliegt, der Verteidiger hingegen, was und wie viel davon nicht vorliegt. Alle Menschen vollziehen ihre Handlungen[99] teils von sich aus, teils nicht. Im ersten Fall handeln sie entweder aus Zufall oder Zwang, von den Zwangshandlungen geschehen die einen durch Gewalt, die anderen von Natur aus. Daher tut man alles, was man nicht von sich aus tut, aus Zufall, von Natur aus oder auf Grund von Gewalt. Was die Menschen aber von sich aus tun und wovon [1369a] sie selbst die Ursache sind, das tun sie entweder gewohnheitsmäßig oder aus einem Streben heraus und zwar teils aus einem vernünftigen, teils aus einem unvernünftigen. Es gilt aber auch das Wollen als ein Streben nach einem Gut (keiner will ja etwas, wenn er es nicht für gut hält), unvernünftige Bestrebungen sind Zorn und Begierde. Daher tun die Menschen mit Notwendigkeit alles, was sie tun, aus sieben Ursachen: Zufall, Natur, Gewalt, Gewohnheit, Überlegung, Affekt und Begierde. Eine weitere Unterteilung nach Lebensalter, seelischer Disposition oder irgendwelchen anderen Faktoren erübrigt sich hier, denn wenn es einmal so ist, dass junge Leute aufbrausend oder voll Begierde sind, so handeln sie dementsprechend nicht auf Grund ihrer Jugend, sondern im Affekt aus Leidenschaftlichkeit. Ebensowenig handelt man wegen Reichtum oder Armut, sondern für die Armen trifft es sich, dass sie aus Mangel Geld begehren, für die Reichen aber, dass sie aus Überfluss nach nicht notwendigen Genüssen[100] trachten. Aber auch diese werden nicht aus [15] Reichtum oder Armut so handeln, sondern aus Begierde. Ähnlich werden auch die Gerechten, Ungerechten und die Übrigen, die angeblich nur nach ihrer seelischen Verfassung handeln, nur aus folgenden Gründen handeln: aus Überlegung oder Affekt, die einen allerdings aus edler Haltung und Empfindung, die anderen aus gegenteiliger. So ergibt sich, [20] dass eine solche innere Haltung solche Handlungen, eine andere wieder andere nach sich zieht. Denn ebenso begleiten den Besonnenen wegen seiner Besonnenheit in dem, was Genuss bringt, sogleich edle Ansichten und Begierden, den Zügellosen in denselben Situationen gegenteilige Ansichten und Begierden. Daher soll man solche Einteilungen beiseite lassen [25] und vielmehr prüfen, was üblicherweise jeweils welche Folgen hat, denn wenn jemand weiß oder schwarz, groß oder klein ist, so ist damit nicht zwangsläufig eine der genannten Konsequenzen verbunden, wenn jemand aber jung oder alt, gerecht oder ungerecht ist, macht das sehr wohl einen Unterschied, wie überhaupt alles, was vorkommt und dazu beiträgt, einen Unterschied im Charakter der Menschen hervorzurufen: So wird es z. B. ein Unterschied sein, ob jemand sich reich oder arm dünkt, [30] glücklich oder unglücklich. Darüber reden wir allerdings später, jetzt wollen wir zuerst die noch ausstehenden Punkte behandeln.

Durch Zufall geschieht solches, dessen Ursache nicht bestimmbar ist und was nicht zu einem Zwecke, nicht immer, nicht meistens und nicht nach vorgegebenem Schema geschieht. Darüber herrscht schon Klarheit auf Grund [35] der Definition des Zufalls. Auf natürliche Weise geschieht alles, was die Ursache [1369b] in sich trägt und wessen Ursache bereits festgelegt ist. Es läuft nämlich immer oder zumeist so ab. Was wider die Natur geschieht, bedarf keiner genaueren Erörterung, ob es nach einem Naturgesetz oder einer anderen Ursache geschieht. Es scheint ja wohl auch der Zufall Ursache solcher Dinge zu sein. Aus Zwang geschieht aber, was durch die Handelnden selbst entgegen Verlangen oder Überlegung geschieht, aus Gewohnheit das, was man tut, weil man es schon oft getan hat. Aus Überlegung wird das gemacht, was unter den genannten Gütern[101] als nützlich erscheint, Gütern, die entweder Zweck oder Mittel zum Zweck sind, sooft etwas um des Nutzens willen geschieht, denn so manch Nützliches tun ja auch die Zügellosen, aber nicht wegen des Nutzens, sondern aus Lust am Vergnügen. Aus Begierde und Zorn entspringen Taten der Vergeltung. Zwischen Vergeltung und Strafe aber besteht ein Unterschied: Die Strafe[102] ist für den Leidtragenden da, die Vergeltung aber für den Täter, damit Genugtuung geleistet wird. Was Zorn nun ist, wird im Abschnitt über die Affekte klar werden; aus Begierde tut man, was vergnüglich[103] zu sein scheint. Es gehört auch das Herkömmliche und das Gewohnte zum Vergnüglichen, denn vieles, was von Natur aus nicht vergnüglich ist, tut man gern, wenn man sich daran gewöhnt. Daher kann man zusammenfassend sagen: Was man aus Eigeninteresse tut, ist alles entweder gut oder scheinbar gut, vergnüglich oder scheinbar vergnüglich. Weil man aber alles, was man aus Eigeninteresse tut, von sich aus tut, nicht von sich aus hingegen alles, was man nicht aus Eigeninteresse tut, ist wohl alles, was man von sich aus verrichtet, gut oder scheinbar gut, vergnüglich oder scheinbar vergnüglich. Denn ich rechne auch Befreiung von Übeln oder scheinbaren Übeln oder Austausch eines kleineren Guts gegen ein größeres zu den Gütern (es ist beides doch irgendwie erstrebenswert) und Befreiung von Schmerzhaftem oder scheinbar Schmerzhaftem oder Austausch eines größeren Schmerzes gegen einen kleineren gleichermaßen zu den Vergnüglichkeiten. So müssen wir also Ausmaß und Qualität des Nützlichen und Vergnüglichen richtig erfassen. Über Ersteres

[30] haben wir schon früher im Rahmen der Beratungsrede gesprochen, über das Vergnügliche wollen wir dies jetzt tun! Die Definitionen[104] müssen wir als hinreichend ansehen für den Fall, dass sie in jedem einzelnen Punkt weder ungenau noch übergenau sind.

11 Grundlegend gelte für uns Folgendes: Die Lust[105] ist eine Art Bewegung der Seele und ihre massive und spürbare Zustandsänderung in die ihr [35] grundgelegte Natur, Schmerz das Gegenteil davon. Wenn nun Lust etwas [1370a] von dieser Art ist, dann ist das Lustvolle offenkundig das, was den besagten Zustand herstellt; das, was ihn aber beseitigt oder den gegenteiligen Zustand hervorruft, ist das Unlustbereitende. Also muss der Übergang in den naturgemäßen Zustand in den meisten Fällen vergnüglich sein, ganz besonders dann, wenn [5] das, was natürlich zustande gekommen ist, seinen naturgemäßen Zustand[106] wiedererlangt hat. Ebenso ist es mit den Gewohnheiten[107], denn auch das, woran man sich gewöhnt hat, geschieht, als sei es schon von Natur aus so entstanden. Die Gewohnheit ist nämlich in gewisser Hinsicht der Natur ähnlich, denn nahe beieinander liegen »oft« und »immer«, Natur aber bedeutet in etwa »immer«, Gewohnheit »oft«. Ferner ist das angenehm, was nicht gewaltsam geschieht, denn Gewalt ist wider die Natur. [10] Daher sind Zwänge betrüblich und zu Recht heißt es: »Jeder Zwang ist doch ein verdrießlich Ding«.[108] Sorgen, Mühen und Anstrengungen sind selbstverständlich betrüblich, weil sie zwanghaft und erzwungen sind, wenn man nicht an sie gewöhnt ist – also ist es die Gewöhnung, die sie angenehm macht. Ihre Gegenteile sind angenehm. Daher gehören Muße, Freizeit, [15] Sorglosigkeit, Spiel, Erholung und Schlaf zu den vergnüglichen Dingen, denn nichts davon hat mit Zwang zu tun. Ferner ist alles angenehm, wonach man ein Verlangen hegt. Das Verlangen ist ja das Streben nach Angenehmem. [[Von den Begierden[109] sind die einen unvernünftig, die anderen mit der Vernunft in Einklang. Unvernünftig nenne ich alle Begierden, die nicht aus [20] einer inneren Entscheidung kommen. Von solcher Art sind die, die sozusagen natürlich sind, wie die, die mit unserer Körperlichkeit gegeben sind, z. B. die nach Nahrung, [Hunger und Durst,] und so gibt es nach jeder Art von Nahrung ein entsprechendes Verlangen, ferner die Begierden, die Geschmack, Sexualität, überhaupt Tast-, Geruchs-, Hör-[110] [25] und Sehsinn betreffen. Vernünftig begehrt man immer, wenn man dies aus einer Überzeugung heraus tut. Denn vieles begehrt man zu sehen und zu besitzen, wenn man davon gehört hat und davon überzeugt ist.]] Da aber freudiges Empfinden in der Wahrnehmung eines bestimmten Gefühls liegt, die bloße Vorstellung [111] wiederum eine Art abgeschwächter Wahrnehmung ist und bei Leuten, die sich erinnern und hoffen, wohl immer [30] eine bestimmte Vorstellung dessen, woran man sich erinnert oder was man erhofft, zugegen ist, – sollte dies also zutreffen, so ist offensichtlich, dass Lustempfindungen mit Erinnerung und Hoffnung verbunden sind, da dies auch bei der Wahrnehmung der Fall ist. Daher muss alles Vergnügliche in der Wahrnehmung gegenwärtig, in der Erinnerung vergangen oder in der Hoffnung zukünftig sein.[112] Wir nehmen nämlich Gegenwärtiges wahr, [35] erinnern uns an bereits Geschehenes, erhoffen Zukünftiges. [1370b] Nicht nur diese Begebenheiten der Erinnerung sind angenehm, die zu dem Zeitpunkt, als sie stattfanden, angenehm waren, sondern auch manch unerfreuliche Begebenheiten, wenn das, was danach folgte, schön und gut war. Deshalb heißt es ja: »Gern ja gedenkt man gerettet der Mühen«.[113] Und: [5] »Denn im Nachhinein freut sich ein Mann sogar an den Leiden, der gar vieles erlitt und viel in der Irre umhertrieb«.[114] Der Grund dafür liegt darin, dass auch das Freisein von Übel angenehm ist. Erhoffte Dinge sind angenehm, soweit sie, wenn sie in Erfüllung gehen, sehr ergötzlich oder sehr nützlich – und ohne Schmerz nützlich – zu sein scheinen. Alles, was uns erfreut, wenn es da ist, tut dies im Allgemeinen meist auch in unseren Hoffnungen und Erinnerungen. Daher ist auch der Zorn angenehm, wie auch Homer über den Groll dichtete: »der viel süßer als Honig, wenn er hinuntergleitet«.[115] Keiner zürnt ja einem, an dem Rache zu nehmen unmöglich erscheint, und auch denen, die an Macht weit über uns stehen, zürnen wir gar nicht oder zumindest weniger. Und den meisten Begierden folgt eine Art Wohlgefühl: Wenn wir daran denken, wie wir es erlangten, oder hoffen, es zu erlangen,[116] erfreuen wir uns nämlich eines gewissen Wohlgefühls. So empfinden z. B. von Durst geplagte Fieberkranke in der Erinnerung an den Trank wie auch in der Hoffnung darauf Freude, und auch Verliebte freuen sich stets im Gespräch, beim Schreiben, oder wenn sie etwas tun, was mit dem Objekt ihrer Liebe zusammenhängt, denn bei all diesen Tätigkeiten glauben sie durch die Erinnerung an seine Art[117] den Geliebten gleichsam sinnlich wahrzunehmen. Der Anfang der Liebe ist ja für alle dann, wenn man sich am Geliebten nicht nur in dessen Gegenwart, sondern auch in seiner Abwesenheit, indem man an ihn denkt, erfreut. Man liebt ja vor allem, wenn sich bei der Abwesenheit des Geliebten Schmerz einstellt. Auch zu Kummer und Klage gesellt sich ebenso eine gewisse Wonne. Die Trauer bezieht sich auf die Abwesenheit des Geliebten, Wonne verspürt man in der Erinnerung an ihn und dadurch, dass man ihn gewissermaßen vor Augen hat, sowohl das, was er tat, als auch, wie er war. Daher ist auch das Folgende ganz richtig gesagt: »So sprach er, und denen allen erregte er die Lust zur Klage«.[118] Auch Rache ist etwas Lustvolles: Gelingt sie nicht, ist es betrüblich, wenn doch, befriedigend.[119] Im Zorn ärgert man sich über die Maßen, wenn man nicht Rache nehmen kann, die Hoffnung darauf macht hingegen froh. Auch zu siegen bereitet Freude, nicht nur den Ehrgeizigen, sondern allen; es entsteht ein Eindruck der Überlegenheit, worauf alle erpicht sind, manche weniger und manche mehr. Da [35] Siege Freude bereiten, müssen dies auch Spiele[120] bewirken, [1371a] sowohl Kampf- als auch Wettbewerbsspiele (bei diesen gibt es oft die Möglichkeit zu siegen), dazu noch Knöchel-, Ball-, Würfel- und Brettspiele. Das gilt auch für Spiele, die ernst betrieben werden: Die einen werden ergötzlich, wenn man an sie gewöhnt ist, [5] die anderen sind es sogleich, wie die Jagd und jede Art der Pirsch. Denn wo es Wettstreit gibt, dort gibt es auch Sieg. Daher ist auch Prozessieren und Diskutieren vergnüglich für diejenigen, welche darin routinierte Fachleute sind. Und Ansehen und guter Ruf gehören zu den angenehmsten Dingen, weil sie bei jedermann die Vorstellung erwecken, er sei ein ernstzunehmender Mann, [10] und das umso mehr, wenn es Leute sagen, die für ihn glaubwürdig sind.[121] Solche sind Nahestehende eher als Fernstehende, Freunde und Mitbürger eher als in der Ferne Wohnende, Zeitgenossen eher als die Nachwelt, Verständige eher als Unverständige, viele eher als wenige. Denn es ist wahrscheinlicher, dass die Erstgenannten die Wahrheit sagen als die anderen. Denn [15] wir kümmern uns nicht darum, welche Ehre oder Ruhm wir bei denen genießen, auf die wir hinabschauen wie auf Kinder oder vertierte Rohlinge[122], zumindest nicht um des Ruhmes selbst willen, sondern wenn überhaupt, aus einem anderen Grund. Auch der Freund gehört zu den Annehmlichkeiten, denn Freundesliebe ist angenehm (keiner ist ein Weinliebhaber, wenn er sich nicht am Wein ergötzt), von Freunden geliebt zu werden ebenso. Auch hier hat man die Vorstellung, ein Gut zu besitzen, [20] wonach alle, die es bemerken, streben; die Freundesliebe ist die Liebe zum Freund um seiner selbst willen. Auch bewundert zu werden ist aus demselben Grund wie geehrt zu werden angenehm. Ferner gehören Schmeichelei und Schmeichler selbst zum Angenehmen, denn der Schmeichler erweckt den Anschein, ein Bewunderer und Freund zu sein. Auch oftmals dasselbe zu tun ist [25] angenehm, denn Gewohntes ist[123] etwas Angenehmes. Angenehm ist aber auch die Abwechslung, sie führt zum natürlichen Zustand zurück. Immer ein- und dasselbe bewirkt nämlich eine Überspannung des bestehenden Zustandes, daher sagt man auch: »Süß ist die Abwechslung in allem.«[124] Daher sind auch zeitliche Abstände, sowohl bei Menschen als auch bei Dingen, angenehm, denn dadurch kommt es zur Abwechslung [30] vom gegenwärtigen Zustand, zugleich ist das, was zeitlich weit getrennt ist, selten. Auch Lernen und Staunen ist in den meisten Fällen angenehm, denn im Staunen steckt die Begierde zu lernen, so dass das Bestaunte etwas Begehrtes ist, im Lernen der Vorgang, sich in den naturgemäßen Zustand zu versetzen.[125] [[Sowohl Gutes zu tun wie auch [35] zu empfangen gehört zu den wohltuenden Dingen, denn Gutes zu erfahren heißt [1371b] erlangen, wonach man strebt, Gutes zu tun heißt zu besitzen und mehr als andere zu besitzen, beides Dinge, wonach Menschen trachten. Weil aber Gutes tun Freude bereitet, ist es folglich auch angenehm für uns Menschen, unsere Mitmenschen wieder aufzurichten und sie mit dem auszustatten, was ihnen fehlt.]] Da [5] Lernen und Staunen Freude bereiten, muss das auch auf das Nachbilden, z. B. in der Malerei, Bildhauerei und Dichtung zutreffen, ja überhaupt auf jede gute Nachbildung, auch wenn der Gegenstand der Nachbildung selbst nicht Freude erweckt, denn nicht über ihn empfindet man Freude, sondern hier kommt es zu einem logischen Schluss, dass dieses jenes abbilde, so dass [10] ein Lernprozess abläuft. Auch plötzliche Änderung der Dinge und Rettung aus Gefahren in letzter Sekunde sind erfreulich, denn über all das kann man sich wundern. Weil aber das Naturgemäße erfreulich und alles, was miteinander verwandt ist, naturgemäß ist, bereitet alles miteinander Verwandte und einander Ähnliche zumeist Freude, z. B. der Mensch dem Menschen, das Pferd dem Pferd, [15] ein Jüngling dem anderen. Daher kommen die Sprichwörter: »Gleichaltrige ergötzen einander«,[126] »Wie immer zu dem Gleichen«,[127] »Ein Tier kennt das andere«,[128] »Krähe zu Krähe«[129] und anderes dieser Art. Da aber alles Ähnliche und Verwandte einander Freude bereitet und jeder sich selbst gegenüber dies besonders empfindet, so liebt jeder notwendig [20] mehr oder weniger sich selbst, denn all diese Dinge treffen bei jedem Menschen auf die eigene Person am meisten zu. Da aber alle sich selbst lieben, muss jedem das, was von ihm selbst kommt, angenehm sein, so etwa Werke und Worte. Daher haben die Menschen gemeinhin auch Freude an Schmeichlern, Liebhabern, ihnen zufallenden Ehren und Kindern; denn [25] Kinder sind ihr Werk. Auch Unvollständiges zu vollenden ist angenehm, denn es ist unmittelbar unser Werk. [[Da das Herrschen äußerstes Vergnügen schafft, ist es auch angenehm, weise zu erscheinen. Es ist ja Zeichen eines Herrschers, klug zu sein, Weisheit ist die Kenntnis vieler bewunderungswürdiger Dinge.]] Da die Menschen dazu noch zumeist ehrgeizig sind, ist es zwangsläufig auch angenehm, die Mitmenschen zu kritisieren; [30] ferner ist zu herrschen und sich damit zu beschäftigen, worin ein jeder sein Bestes zu leisten scheint, angenehm, wie auch der Dichter sagt: »Eben dazu drängt er sich und wendet auf er jedes Tages besten Teil, wo er sein Allerbestes zeigen kann.«[130] Und weil das Spiel zu den angenehmen Dingen gehört, auch jede Erholung [und das Lachen [35] dazugehört], muss in ähnlicher Weise das Komische, sowohl Menschen, [1372a] Worte als auch Handlungen, erfreuen. Das Komische wird in der *Poetik*[131] gesondert definiert. Über das Vergnügliche soll damit genug gesagt sein, das Schmerzvolle wird aus dem Gegenteil deutlich.

12 Das sind also die Motive, aus denen Menschen Unrecht begehen. In welcher Verfassung [5] und an wem, wollen wir jetzt besprechen: Menschen begehen Unrecht, wenn sie der

Ansicht sind, die Ausführung einer solchen Tat sei möglich und für sie selbst möglich, ferner, sie könnten die Tat unbemerkt ausführen, oder, wenn schon nicht unbemerkt, dann doch, ohne bestraft zu werden, oder aber es sei, sollten sie bestraft werden, die Strafe geringer als der Vorteil, entweder für sie selbst oder ihre Anvertrauten. Was nun aber möglich und was unmöglich erscheint, werden wir später besprechen (denn das ist eine Frage, die alle Arten von Reden betrifft). Am ehesten für fähig, straflos Unrecht zu tun, halten sich diejenigen, die reden können,[132] Männer der Tat und prozesserfahren sind, falls sie dazu noch viele Freunde haben und reich sind. Und besonders wenn man selbst die genannten Voraussetzungen erfüllt, hält man sich für dazu fähig; ist dies nicht der Fall, dann doch, wenn man Freunde, Diener oder Komplizen solchen Zuschnitts hat. Denn so kann man handeln, verborgen und unbestraft bleiben; ferner, wenn man mit den Opfern oder Richtern befreundet ist, denn Freunde sind vor Unrecht nicht auf der Hut und versöhnen sich eher, als dass sie rechtliche Schritte unternehmen, Richter wiederum sind denen gewogen, mit denen sie befreundet sind, sprechen sie entweder vollständig frei oder bestrafen sie nur geringfügig. Unverdächtig bleiben können auch die, zu denen die Anklage nicht passt: z. B. ein Schwächling bei schwerer Körperverletzung, ein Armer und Hässlicher bei Ehebruch, weiters die allzu sehr im Blickpunkt der Öffentlichkeit stehen (denn da sieht man sich nicht vor, weil man überhaupt nicht damit rechnet); ferner was so groß und von solcher Art ist, dass es wohl noch niemand getan hat, denn auch dagegen schützt man sich nicht. Alle schützen sich ja z. B. gegen herkömmliche Verbrechen genauso wie gegen Krankheiten, niemand ist aber vor einer Krankheit auf der Hut, von der noch niemand [befallen war]; sodann alle, die keine oder viele Gegner haben. Die einen meinen, verborgen zu bleiben, weil man sich vor ihnen nicht in Acht nimmt, die anderen bleiben unentdeckt, weil man ihnen nicht zutraut, dass sie gegen solche vorgehen, die vor ihnen auf der Hut sind, und weil sie zur Verteidigung vorbringen, dass sie so etwas doch nie gewagt hätten; ferner diejenigen, die eine Möglichkeit haben, verborgen zu bleiben, mögen sie nun mit Tricks, Verstecken oder Absatzmöglichkeiten reichlich ausgestattet sein; weiters die, welche im Falle einer Entdeckung das Gerichtsverfahren abwenden, aufschieben oder die Richter bestechen können, außerdem alle, die im Falle einer Strafe die Verbüßung abwenden oder aufschieben können oder die nichts zu verlieren haben, weil sie nichts besitzen; auch die, denen sicherer, großer oder bevorstehender Gewinn winkt, aber nur eine kleine, [1372b] unsichere oder fernliegende Bestrafung droht, [[dann in den Fällen, wo die Bestrafung dem Ausmaß des Nutzens nicht gleichkommt, wie es bei der Tyrannis den Anschein hat]]; ferner die, denen Unrecht Profit und Bestrafung nur Schande einbringen, ebenso diejenigen, denen Unrecht im Gegenteil sogar eine gewisse Wertschätzung einbringt, wenn es z. B. jemandem wie Zeno gelingt, sich für Vater und Mutter zugleich zu rächen,[133] die Strafe aber nur auf Geldbuße, Verbannung oder dergleichen hinausläuft. Aus beiderlei Motiven und beiderlei Situationen begehen die Menschen Unrecht, sie sind charakterlich aber nicht gleich, sondern völlig verschieden; weiters die, die oft weder aufgedeckt noch bestraft worden sind und in ihren Verbrechen häufig Fehlschläge einstecken mussten, denn auch bei solchen gibt es wie bei Kriegsbegeisterten Leute, die sich immer wieder ins Gefecht stürzen; ebenso die, bei denen sich das Erfreuliche unverzüglich, das Betrübliche später oder der Gewinn sogleich, die Strafe erst später einstellt. Von solcher Sorte sind nämlich die Maßlosen, denn Maßlosigkeit gibt es in allen Dingen, die nur jemand begehrt; dann auch die, bei denen umgekehrt das Betrübliche oder die Strafe schon unmittelbar vor Augen stehen, das Angenehme und Nützliche aber später eintritt und länger anhält, denn dieses Ziel verfolgen Leute, die Maß halten[134] können und verständiger sind; ferner die, bei denen der Eindruck entstehen kann, sie hätten zufällig, unter Zwang, von Natur aus oder aus Gewohnheit gehandelt und grob gesagt einen Fehltritt[135], aber kein Unrecht begangen; dann solche, denen es möglich ist, auf Milde zu stoßen, und alle, die bedürftig sind. Auf zweierlei Weisen ist man bedürftig: entweder fehlt das Notwendigste, wie den Armen, oder der Gipfel an Reichtum, wie den Reichen; dann sowohl die, die höchstes Ansehen genießen, als auch die, die gar keines haben, die einen, weil sie unverdächtig sind, die anderen, weil sie dadurch nicht noch verdächtiger werden. In einer solchen Lage nun sind die Menschen, wenn sie darangehen, Unrecht zuzufügen, und zwar denen, die das besitzen, was wir, entweder notwendig, aus Maßlosigkeit oder zum Vergnügen, selbst brauchen, sowohl den Nahe- wie Fernstehenden. Ersteren nimmt man ja schnell etwas weg, bei den Letzteren erfolgt die Ahndung langsam, so z. B. bei der Plünderung der Karthager,[136] und denen, die sich nicht in Acht nehmen und nicht wappnen, sondern vertrauensselig sind, denn von all diesen nicht bemerkt zu werden, ist in diesem Falle leichter; ferner Sorglosen, denn es ist Sache der Besorgten, Vorkehrungen zu treffen, weiters den Verschämten, denn sie streiten nicht um einen Vorteil, und denen, welchen schon von vielen Unrecht zugefügt worden ist, ohne dass sie dagegen Vorkehrungen getroffen haben, als seien sie die sprichwörtliche »mysische Beute«[137]; sodann allen, denen dies noch nie oder aber schon oft passiert ist, denn beide treffen keine Vorsichtsmaßregeln, die einen, weil ihnen noch nie etwas widerfahren ist, die anderen, weil ihnen wohl nichts mehr widerfährt. Ferner Verrufenen oder leicht in Verruf zu Bringenden, denn weder legen solche Menschen aus Furcht vor den Richtern Wert darauf, Vorkehrungen zu treffen,[138] noch können sie überzeugen; dazu gehören weiters die, die gehasst und beneidet werden. Dann denen, bei denen [1373a] man einen Vorwand hat, z. B. dass entweder ihre Vorfahren, sie selbst oder ihre Freunde an einem selbst, seinen Vorfahren oder denen, die einem am Herzen liegen, böse gehandelt haben oder dies vorhatten; wie denn auch das Sprichwort sagt: »Einen Vorwand nur braucht die Schlechtigkeit«;[139] ferner Freunden und Feinden, bei Ersteren ist es [5] leicht, bei Letzteren erfreulich. Und auch denen, die keine Freunde haben, sowie denen, die weder im Reden noch im Handeln geschickt sind, denn sie versuchen gar nicht, gegen einen Übeltäter vorzugehen, söhnen sich wieder mit ihm aus oder richten gar nichts aus; ferner solchen, für die es sich nicht lohnt, Zeit damit zu vergeuden, um auf einen Prozess oder eine Wiedergutmachung zu warten, so Ausländer oder Handwerker: Sie lassen sich nämlich mit einer Kleinigkeit abfinden und ziehen leicht ihre Ansprüche zurück; [10] weiters denen, die viel Unrecht verübt haben oder solches, wie nun an ihnen verübt wird, denn es scheint so gut wie kein Unrecht zu sein, wenn jemand Opfer eines solchen Unrechts wird, das er auch selbst gerne anderen zufügt, ich meine z. B. Körperverletzung an einem Raufbold[140]; sodann solchen, die böse gehandelt haben, dies gewollt haben oder wollen oder Böses vorhaben, denn das hat etwas [15] Vergnügliches und zugleich Edles an sich und scheint fast kein Unrecht zu sein; ferner denen, bei denen man damit Freunden, Menschen, die man bewundert oder liebt, Vorgesetzten oder überhaupt solchen Personen, von denen man abhängig ist, eine Gefälligkeit erweist; dann solchen, bei denen man auf Milde stoßen kann, ferner denen, gegen die man schon geklagt und von denen man sich schon distanziert hat, wie es z. B. Kallippos[141] im Falle Dions getan hat, [20] denn auch das scheint fast kein Unrecht zu sein; weiters denen, welchen, falls nicht von einem selbst, auch von anderer

Seite Unrecht droht, da es ja nicht mehr möglich ist, zu überlegen; so soll Ainesidemos[142] dem Gelon, der viele Leute zu Sklaven gemacht hatte, einen Siegespreis im Kottabos geschickt haben, weil er ihm darin, was er selbst beabsichtigte, zuvorgekommen war; dann denen, welchen Unrecht zugefügt zu haben die Möglichkeit bietet, [25] vielerlei Gerechtes zu tun, weil es dann leicht ist, Wiedergutmachung zu leisten, wie Jason[143] von Thessalien sagte, er müsse einiges Unrecht tun, um auch viel Gerechtes vollbringen zu können; sodann (führt man solches Unrecht aus,)[144] das alle oder viele gerne verüben, denn das, so meint man, werde entschuldigt. Objekte des Unrechts sind Dinge, die leicht zu verbergen sind, etwa alles, was schnell aufgebraucht ist wie [30] Lebensmittel, was bezüglich seiner Form, Farbe oder Zusammensetzung leicht veränderbar ist, oder das, was man überall leicht verschwinden lassen kann; weiters das, was leicht zu tragen ist, und alles, wofür man zum Verstecken kaum Platz braucht, dann das, was ununterscheidbar Dingen ähnelt, die der Missetäter schon in großer Anzahl hat, dann solche Taten, worüber die Opfer sich zu sprechen schämen, z. B. [35] vergewaltigte Frauen ihren Männern oder ihren Söhnen gegenüber[145], ferner alle Vergehen, deren Ahndung den Anschein von Prozesssucht[146] erwecken könnte, dazu gehören geringfügige Sachen, die man schnell verzeiht. In welcher Verfassung der Täter welches Unrecht an wem und weswegen begeht, ist also hiermit ziemlich dargelegt.

13 [1373b] Wir wollen jetzt alle rechtswidrigen von den rechtmäßigen Handlungen abgrenzen und zuallererst folgendermaßen beginnen: Recht und Unrecht ist hinsichtlich zweier Arten von Gesetzen und zweier Arten von betroffenen Personen definiert worden. Ich meine das individuelle und das allgemeine Gesetz, individuell: [5] das von jeder Einzelperson für sich selbst festgelegte und als solches entweder ungeschriebene[147] oder schriftlich abgefasste Gesetz, allgemein: das naturgemäß bestehende. Es gibt ja etwas, wovon alle Menschen eine bestimmte Vorstellung haben, nämlich das von Natur aus für alle gemeinsam geltende Recht und Unrecht, auch wenn kein gemeinschaftlicher Umgang oder eine Vertragsbeziehung untereinander besteht. Das meint offenkundig auch die Antigone des Sophokles, wenn sie sagt, dass die Bestattung des Polyneikes, obwohl verboten, gerecht sei, da dies von Natur aus gerecht sei:

> Denn nicht von heut und gestern, sondern immerdar
> bestehn sie: niemand weiß, woher sie gekommen sind.[148]

Das sagt auch Empedokles zur Forderung, nichts, was eine Seele hat, zu töten, denn dies kann nicht für den einen recht, für den anderen unrecht sein,

> sondern das für alle Gültige ist durch den weithin herrschenden
> Äther und durch den unermesslichen Glanz ausgespannt.[149]

Ebenso äußert sich Alkidamas[150] in seinem *Messeniakos*. Hinsichtlich der betroffenen Personen gibt es eine zweifache Unterscheidung: Für die Gemeinschaft oder auf jedes einzelne Gemeinschaftsmitglied sind Handlungsgebote und -verbote festgelegt. Daher können auch unrechte und rechte Taten auf zweifache Weise unrecht oder recht begangen werden, nämlich entweder einer individuellen Einzelperson oder der Allgemeinheit gegenüber, denn wer Ehebruch begeht oder jemanden schlägt, begeht eine Rechtsverletzung an einer Einzelperson, der Kriegsverweigerer aber an der Allgemeinheit. Nachdem wir also diese Unterscheidung aller unrechten Taten in solche gegen eine Gemeinschaft und solche gegen eine oder mehrere Einzelpersonen getroffen haben, wollen wir in unserer Darlegung wieder die Frage aufgreifen, was »Unrecht erleiden« bedeutet. Es bedeutet, von einem, der dies willentlich tut,[151] Unrechtes zu erleiden. Denn oben[152] haben wir »unrecht handeln« als willentliche Vorgehensweise definiert. Da aber das Opfer zwangsläufig [30] Schaden erleidet, und zwar gegen seinen Willen Schaden erleidet, so wird aus dem vorhergehenden klar, was ein Schaden ist, denn über Güter und Übel an sich haben wir vorhin gesprochen, ebenso darüber, dass willentliche Vorgangsweise eine solche ist, die wir wissentlich tun. Daher müssen sich alle Anklagen entweder auf das gemeinschaftliche oder das individuelle Interesse beziehen und [35] sich gegen jemanden richten, der entweder unwissentlich und gegen seinen Willen oder aber willentlich und wissentlich, in letzterem Falle in bewusster Entscheidung oder Gemütserregung, gehandelt hat. Auf den Zorn nun werden wir im Abschnitt über die Affekte zu sprechen kommen; in welcher Verfassung man welche Absichten hegt, darüber haben wir zuvor gesprochen. Da Leute, die die Tat an sich zugeben, oft [1374a] der Anklage oder dem Tatbestand nicht beipflichten – z. B. gestehen sie, genommen, nicht aber gestohlen zu haben, zuerst geschlagen, aber nicht misshandelt, den Beischlaf, aber nicht Ehebruch vollzogen, zwar gestohlen, aber (da es keinem Gott [5] gehöre) nicht Tempelraub begangen, sich der Besitzstörung schuldig gemacht, aber sie nicht an öffentlichem Gut ausgeführt, sich mit den Feinden unterredet, aber nichts verraten zu haben –, wird es aus diesen Gründen wohl auch nötig sein, zu definieren, was Diebstahl, was Misshandlung, was Ehebruch ist, damit wir, wenn wir darlegen wollen, dass ein entsprechender Tatbestand vorliegt bzw. nicht vorliegt, in der Lage sind, das, was recht ist, darzulegen. In all [10] diesen Fällen ist der eigentliche Streitpunkt, ob unrecht und in bösartiger Absicht[153] oder gerecht gehandelt wurde, denn in der Absicht liegt die böse und unrechtmäßige Handlung, und in solchen Bezeichnungen wie Misshandlung oder Diebstahl liegt so etwas wie Vorsatz; wenn man nämlich zuschlägt, hat man dadurch noch nicht in jedem Fall Misshandlung vor, sondern nur, wenn man dies motiviert tut, z. B. um einen anderen in seiner Ehre zu kränken oder zum eigenen Vergnügen. Auch wenn jemand etwas heimlich nimmt, hat er allemal noch nicht gestohlen, sondern nur, wenn er dies zum Schaden eines anderen und zum eigenen Vorteil tut. Ähnlich wie hier verhält es sich auch in anderen Fällen. Da es nun aber zwei Formen von Recht und Unrecht gibt[154] (geschriebenes und ungeschriebenes), so wurde das, was die Gesetze aussagen, schon besprochen; von ungeschriebenem Recht gibt es zwei Arten: erstens, wo ein Übermaß an guter oder schlechter Tat vorliegt,[155] womit Schmach und Lob, Ehrverlust und Ansehen und Ehrengaben verbunden sind, z. B. dass man dem Wohltäter dankbar ist, einem Wohltäter die gute Tat durch eine gute Tat vergilt, den Freunden gegenüber hilfsbereit ist und dergleichen mehr, zweitens bei Lücken des individuellen und geschriebenen Rechts. Was sich gehört[156], scheint nämlich gerecht zu sein, das aber ist, was unabhängig vom geschriebenen Gesetz gerecht ist. Zu solchen Gesetzeslücken kommt es teils mit, teils ohne Wissen der Gesetzgeber, Letzteres, wenn sie es gar nicht merken, Ersteres, wenn sie keine genauen Abgrenzungen vornehmen können, aber doch allgemeine Richtlinien setzen müssen und diese nicht immer, sondern nur meistens zutreffen, ferner da, wo es nicht leicht ist, eine Abgrenzung zu treffen auf Grund der Unendlichkeit der möglichen Einzelfälle, wie z. B. Körperverletzung nach Größe und Art des Eisengegenstandes. Um alle Möglichkeiten aufzuzählen, reicht ein ganzes Leben wohl nicht aus. Da all dies unbegrenzt, Gesetzgebung aber notwendig ist, bedarf es allgemeiner Formulierungen, so dass jemand, der einen Ring trägt, die Hand zum Schlag erhebt oder gar zuschlägt, nach dem Buchstaben des Gesetzes straffällig geworden ist und das Recht verletzt, [1374b] auch wenn dies in Wahrheit nicht der Fall ist, und das ist eben das, was recht und billig ist. Wenn nun das Genannte das Schickliche ist, wird offenbar, von welcher Beschaffenheit Schickliches und Unschickliches ist und wie geartet ungehörige Menschen sind. Fälle, bei denen Nachsicht angebracht ist, gehören zu dem, was sich gehört, ferner ebenso, [5] Verfehlungen[157] und Rechtsverletzungen nicht alle gleich zu beurteilen, ebensowenig Unglücksfälle. Zu Unglücksfällen rechnen wir alles, was entgegen der vernünftigen Erwartung und ohne böse Absicht passiert, zu den Verfehlungen alles, was zwar nicht unerwartet, aber ohne böse Absicht passiert, zu den Rechtsverletzungen, was nicht unerwartet, aber in böser Absicht passiert. [10] Auch gegenüber allem Menschlichen Nachsicht zu üben, ist gehörig, ferner nicht auf das Gesetz, sondern den Gesetzgeber, nicht auf den Wortlaut, sondern die Intention des Gesetzgebers, nicht auf die Tat, sondern auf die Absicht, nicht auf einen Teilaspekt, sondern [15] auf das Ganze, nicht auf jemandes Verfassung zu einem bestimmten Zeitpunkt, sondern während seines ganzen Lebens oder der meisten Zeit davon zu achten. Gehörig ist auch noch, sich eher an das Gute, das man erfahren hat, als an das Schlechte zu erinnern und eher an das Gute, das einem getan wurde, als an das Gute, das man selbst vollbrachte; weiters die Standhaftigkeit, Unrecht zu erdulden, dann der Wille, einen Streitfall eher durch das Wort als durch die Tat beizulegen und [20] lieber vor das Schlichtungsgericht[158] als vor das Streitgericht zu gehen, denn der Schlichtungsrichter[159] hat das, was angebracht ist, im Auge, der Verhandlungsrichter das Gesetz, denn gerade deshalb wurde das Schlichtungsgericht eingerichtet, damit auch zum Zug komme, was angebracht ist. So weit also zu dem, was angebracht ist.

14 Eine Rechtsverletzung ist umso größer, je größer das Unrecht ist, aus dem sie entspringt. [25] Daher können bisweilen die kleinsten Rechtswidrigkeiten die größten sein, wie z. B. Kallistratos[160] Melanopos anklagt, dieser habe die Tempelbauer betrogen, zwar nur um drei Halbobolien, aber solche aus heiligem Besitz.[161] Bei der Gerechtigkeit verhält es sich umgekehrt: Das resultiert aus der Möglichkeit zu weiterem Unrecht: Wer nämlich drei Halbobolien heiligen Gutes stiehlt, ist wohl zu jeglichem Unrecht imstande. Manchmal wird eine Rechtsverletzung danach als größer bestimmt, [30] manchmal auch nach dem Schaden. Auch diejenige Rechtswidrigkeit ist größer, für die es keine adäquate Strafe gibt, sondern jede zu gering ist, ferner auch die, die nicht wiedergutzumachen ist, denn das ist eine schwierige, ja unbewältigbare Situation, weiterhin die, bei der das Opfer nicht die Möglichkeit der gerichtlichen Verfolgung hat, denn eine solche kann nicht wiedergutgemacht werden; Urteil und Bestrafung stellen ja eine Wiedergutmachung dar; ferner, wenn das betroffene Opfer des Unrechts sich selbst deshalb eine schwere Strafe zufügte, [35] denn dann verdient der Täter zu Recht, mit einer noch härteren Strafe belegt zu werden. So trat z. B. Sophokles[162] für Euktemon ein, der nach erlittener Misshandlung Selbstmord begangen hatte, und erklärte, [1375a] dass er dem Täter keine geringere Strafe bemessen werde als das Opfer sich selbst. Sodann auch das, was jemand allein, als Erster oder mit wenigen ausgeführt hat. Auch die Häufigkeit desselben Rechtsverstoßes ist [von großer Bedeutung], und weswegen man Strafen und abschreckende Maßnahmen suchen und sich ausdenken muss; [5] so wird z. B. in Argos der bestraft, der Anlass eines Gesetzes oder der Errichtung eines Gefängnisses ist. Des Weiteren ist eine Rechtsverletzung umso größer, je bestialischer sie ist, ferner die, die vermehrt vorsätzlich passiert, dann jede, die alle, die von ihr hören, mehr mit Schrecken als mit Mitleid erfüllt.[163] Rhetorisch geht man so vor, dass man darstellt, dass jemand mehrfach das Recht gebrochen und übertreten habe wie etwa Eide, Versprechen mit Handschlag, Gelöbnisse und Eheverträge. Das ist mehr als viele Rechtsverletzungen. Weiters ist eine Rechtswidrigkeit größer, wenn sie dort geschieht, wo Missetäter bestraft werden, wie das bei Meineidigen der Fall ist, denn an welchem Ort wird man kein Unrecht tun, wenn man es sogar vor Gericht tut? Sodann, wo die Schande am größten ist, und Rechtswidrigkeiten gegen den, von dem man Wohltaten empfangen hat, denn damit setzt man mehrfach Unrecht, einerseits durch die böse Tat, andererseits durch die unterlassene Wohltat; ferner das, was gegen das ungeschriebene Recht verstößt, denn ohne Zwang gerecht zu sein, zeugt von moralischer Überlegenheit. Das geschriebene Recht hat Zwangscharakter, das ungeschriebene hingegen nicht. Umgekehrt lässt sich aber auch sagen, das größere Rechtsvergehen ist der Verstoß gegen das geschriebene Recht, denn wer mit schrecklichen Strafen verbundene Verbrechen begeht, der tut das wohl erst recht, wenn darauf keine Strafe steht. So viel zu schwereren und geringfügigeren Rechtswidrigkeiten.

15 Im Anschluss an das Gesagte sind jetzt noch die sogenannten inartifiziellen Beweismittel[164] zu behandeln, denn sie sind eine Eigenheit der Gerichtsrede. Es gibt deren fünf an Zahl: Gesetze, Zeugen, Verträge, Folter und Eide. Sprechen wir zuerst darüber, wie die Gesetze beim Zu- und Abraten[165], in der Anklage und in der Verteidigung einzusetzen sind: Dass der Redner, wenn der Sachverhalt dem geschriebenen Gesetz zuwiderläuft, sich auf das allgemeine Recht und auf das Angemessene als das Gerechtere berufen muss, liegt auf der Hand.[166] »Nach bestem Wissen urteilen«[167] bedeutet, sich nicht durchweg ans geschriebene Recht zu halten und dass ferner das Angemessene immer gleich bleibt und sich niemals ändert; ebensowenig ändert sich das allgemeine Gesetz (da es ja der Natur entspricht), die geschriebenen Gesetze aber häufig.

Daher heißt es ja auch in der *Antigone* des Sophokles wie im Folgenden – sie verteidigt sich nämlich mit dem Argument, dass sie die Bestattung gegen das Gesetz Kreons, nicht aber gegen das ungeschriebene Gesetz durchführte:

> [1375b] Denn nicht von heut und gestern, sondern immerdar –
> Dies möchte ich nimmer, keinen Menschen halb.[168]

Ferner (liegt auf der Hand, dass der Redner darauf hinweisen muss)[169], dass das Gerechte der Wahrheit entspricht und Nutzen bringt, nicht aber das scheinbar Gerechte. Daher trifft das auch nicht auf das geschriebene Gesetz zu, denn es erfüllt nicht die Aufgabe eines Gesetzes. Hierauf, dass ein Richter einem Silberprüfer darin ähnlich sei, dass er scheinbares Recht vom wahren unterscheide. Sodann, dass es von einem besseren Mann zeuge, eher den ungeschriebenen als den geschriebenen Gesetzen zu folgen und diesen treu zu bleiben. Weiters ist zu beachten, ob[170] vielleicht ein Gesetz einem anderen wohlgeachteten Gesetz oder sich selbst widerspricht, z. B. bestimmt bisweilen ein Gesetz, dass vertragliche Vereinbarungen verbindlich seien, ein anderes Gesetz wiederum verbietet, ungesetzliche Verträge überhaupt zu schließen, auch ob es zweideutig[171] ist, so dass man es verdrehen und schauen kann, welcher Interpretation sich entweder Gerechtigkeit oder Vorteil[172] anpassen lassen, und es dann dementsprechend anwendet. Wenn weiters die faktische Grundlage, auf der das Gesetz erlassen wurde, nicht mehr vorliegt, wohl aber noch das Gesetz, so soll man sich bemühen, dies nachzuweisen und so das Gesetz zu bekämpfen. Begünstigt aber das geschriebene Gesetz den Fall des Redners, so bedeutet »nach bestem Wissen« nicht, gegen das Gesetz zu entscheiden, sondern bei Unkenntnis der gesetzlichen Bestimmung einen Meineid zu verhindern. Weiters sollte man darauf hinweisen, dass niemand das, was an sich gut ist, sondern jeder nur, was für ihn gut ist, wählt. [20] Dann, dass es keinen Unterschied mache, ob Gesetze nicht existent oder nicht angewendet werden; weiters, dass es auch in den übrigen Wissenschaften nichts einbringe, »weiser als der Arzt zu sein«,[173] denn ein Fehler des Arztes richte nicht so großen Schaden an wie die Gewohnheit, der Obrigkeit nicht zu gehorchen; und der Versuch, klüger zu sein als die Gesetze, sei gerade das, [25] was in den vielgepriesenen Gesetzen verboten werde. So viel zu den Gesetzen. Was die Zeugen betrifft, gibt es zweierlei Arten, alte und zeitgenössische, von den Letzteren sind einige am Prozess beteiligt, einige daran unbeteiligt. Mit »alt« meine ich Dichter und andere bekannte Persönlichkeiten, die klare Standpunkte haben, z. B. [30] haben die Athener bei Salamis sich auf Homer als Zeugen berufen[174] und erst jüngst die Einwohner von Tenedos auf den Korinther Periander[175] im Kampf gegen die Sigeer. Auch Kleophon[176] zog in der Auseinandersetzung mit Kritias zur Behauptung, dessen Haus sei von jeher der Ausschweifung zugetan gewesen, die Elegien Solons heran, denn sonst hätte Solon nicht den Vers geschrieben: »Sage mir dem Rotschopf Kritias doch, dem Vater zu gehorchen«.[177] [35] Solcherart also sind Zeugen für bereits Geschehenes, [1376a] Zeugen für Künftiges sind auch Orakeldeuter[178], so fasste etwa Themistokles »hölzerne Mauer« als Aufforderung zur Seeschlacht auf. Auch Sprichwörter sind, wie erwähnt,[179] Zeugnisse: Wenn z. B. jemand den Rat geben will,[180] mit einem alten Mann keine Freundschaft zu schließen, legt für ihn das Sprichwort [5] »Einem Alten niemals Gutes tun!«[181] Zeugnis ab, für den Ratschlag, die Söhne, deren Väter man getötet hat, ebenfalls zu beseitigen, der Spruch: »Töricht, wer den Vater erschlagen und die Söhne am Leben lässt«.[182] Zeitgenössische Zeugen sind bekannte Leute, die in einer Sache ein Urteil gefällt haben; solche Urteile können auch denen, die über dieselben Fragen streiten, von Nutzen sein. So verwendete etwa Eubulos[183] vor den Gerichten gegen Chares[184] einen Ausspruch, den Platon[185] gegen Archebios geprägt hatte, dass nämlich in der Stadt das Eingeständnis der eigenen Schlechtigkeit überhandgenommen habe; ferner diejenigen, die von der Gefahr eines Prozesses betroffen sind, wenn sie den Anschein erwecken zu lügen. Freilich sind solche nun lediglich dafür Zeugen, ob etwas geschehen ist oder nicht, ob etwas besteht oder nicht, nicht aber dafür, wie etwas ist, z. B. ob gerecht oder ungerecht, nützlich oder unnütz. Außenstehende sind in diesen Fragen äußerst glaubwürdig. [Sehr glaubwürdig] sind aber auch die alten Zeugen, denn sie sind unbestechlich. Hat jemand keine Zeugen zur Bekräftigung seiner Aussage, so muss er etwa anführen, man müsse nach der Wahrscheinlichkeit[186] urteilen, das sei schließlich mit »nach bestem Wissen« gemeint, und man könne sich der Wahrscheinlichkeit unmöglich des Geldes wegen entziehen, schließlich könne sie auch nicht der falschen Zeugenaussage überführt werden. Hat man aber Zeugen, soll man gegenüber dem, der solche nicht vorweisen kann, geltend machen, Wahrscheinlichkeiten seien vor Gericht ohne Belang und man bräuchte, wenn es hinreichen könnte, aus Argumenten ein klares Bild zu gewinnen, keine Zeugenaussagen. Teils betreffen Zeugenaussagen den Redner selbst, teils seinen Gegner, teils den Sachverhalt, teils den Charakter, so dass ganz klar ist, dass es niemals an einem brauchbaren Zeugnis mangelt, denn gibt es keines zur Sachlage, für den Redner oder gegen den Kontrahenten, so findet sich doch eines über den Charakter, das entweder auf die Redlichkeit des Redners oder die Schlechtigkeit des Gegners hinweist. Die übrigen den Zeugen betreffenden Fragen – ob er Freund, Feind oder unparteiisch, ob er angesehen, von schlechtem Ruf oder von mittelmäßiger Reputation ist und die weiteren Unterschiede solcher Art – entnehmen wir allesamt denselben Topoi, aus denen wir auch die Enthymeme ableiten. Was Verträge betrifft, ist der Nutzen dieser Argumentationsform insofern sehr groß, als man dadurch ihre Bedeutung erhöhen oder herabsetzen, sie glaubwürdig [1376b] oder unglaubwürdig erscheinen lassen kann, wenn sie für den Redner sprechen, glaubwürdig oder gültig, wenn für den Gegner, dann umgekehrt. Das Vorgehen, sie als glaubwürdig oder unglaubwürdig zu erweisen, ist nicht anders als das bei den Zeugen angewandte. Denn vom Charakter der Vertragsunterzeichner und [5] Bürgen hängt die Glaubwürdigkeit der Verträge ab; ist die Gültigkeit eines Vertrages anerkannt, so soll seine Bedeutung hervorgehoben werden, sofern dies die Sache des Redners unterstützt, denn der Vertrag ist ein individuelles Sondergesetz; Verträge machen zwar kein Gesetz gültig, wohl aber Gesetze gesetzmäßige Verträge. Überhaupt ist ja das Gesetz selbst eine Art von Vertrag, [10] so dass, wer einen Vertrag bricht oder auflöst, die Gesetze aufhebt.[187] Überdies werden doch die meisten Vereinbarungen, besonders aber die freiwilligen, durch Verträge abgeschlossen, so dass, wenn diese ungültig werden, der Umgang der Menschen miteinander aufgehoben wird. Und so sind alle übrigen Dinge, die damit in Zusammenhang stehen, leicht zu erkennen. [15] Spricht aber ein Vertrag gegen den Redner und für den Gegner, so passt dazu zuerst alles, womit er ein widriges Gesetz bekämpfen würde, denn es wäre doch unsinnig, wenn wir glaubten, wir müssten Gesetzen, wenn sie nicht rechtmäßig erlassen wären oder die Gesetzgeber sich irrten, nicht gehorchen, Verträgen aber sehr wohl. Dann (muss er sagen)[188], [20] dass der Richter ein Kampfrichter der Gerechtigkeit sei; daher muss er bei einem Vertrag nicht nur auf dessen Gültigkeit, sondern auf dessen Grad der Gerechtigkeit[189] achten, und das Rechte könne ja nicht verdreht werden, weder durch Täuschung noch durch Zwang (es bestehe ja von Natur aus), wohl aber käme es unter Getäuschten und

Genötigten zu Verträgen. Weiters muss er darauf achten, ob der Vertrag mit irgendwelchen geschriebenen [25] oder allgemeinen Gesetzen im Widerspruch steht, bei geschriebenen, ob mit einheimischen oder fremden, dann ob er anderen Verträgen, früheren oder späteren, widerspricht. Es sind ja entweder die späteren gültig oder aber die früheren aufrechterhalten[190] und die späteren auf einer Täuschung beruhend, wie der Redner es gerade braucht. Dann muss er auch auf den Nutzen achten und ob der Vertrag nicht etwa den Interessen der Richter [30] zuwiderläuft und was es dergleichen sonst noch gibt; auch das ist gleich leicht zu durchschauen. Aber auch Folteraussagen gehören zu den Zeugenaussagen. Ihnen schreibt man große Glaubhaftigkeit zu, weil ein gewisser Zwang dabei vorliegt. Und es ist auch hier nicht schwer, die Möglichkeiten zu entdecken, wie der Redner die Bedeutung der Folteraussagen, wenn sie seinen Fall unterstützen, hervorzuheben hat, nämlich, dass sie unter den Zeugenaussagen die einzigen seien, die [1377a] wahr sind. Wenn sie aber der eigenen Sache zuwiderlaufen und die Seite des Gegners stärken, so könnte man sie doch entkräften, indem man [die Wahrheit] über jegliche Art der Folter ausspricht: Unter Zwang sage man eben so leicht die Unwahrheit [5] wie die Wahrheit, entweder man bleibe beharrlich dabei, nicht die Wahrheit zu sagen, oder man lege allzu leichtfertig eine falsche Aussage ab, um schneller erlöst zu sein. Allerdings sollte der Redner Beispiele, die sich schon so zugetragen haben und den Richtern bekannt sind, vorweisen können. Hinsichtlich der Eide muss man vier Fälle unterscheiden: Entweder man schwört und lässt schwören, oder man tut keines von beiden oder nur das eine, das andere aber nicht, und zwar leistet man entweder einen Eid und lässt keinen leisten, oder man lässt [10] einen leisten, leistet aber selbst keinen. Daneben gibt es noch einen anderen Fall, dass nämlich der [Eid] schon geleistet ist, entweder vom Redner selbst oder vom

Gegner. Keinen Eid legt man ab mit dem Argument, dass ein Meineid leicht geleistet sei, und weil der (Prozessgegner)[191], der geschworen hat, nicht seine Verpflichtungen erfülle, sondern vielmehr glaube, man werde ihn auf Grund des Eides nicht verurteilen, dann weil das Risiko, das in den Richtern liege, das größere sei, denn ihnen vertraue man, dem Prozessgegner aber nicht. Keinen Eid lässt man schwören, weil er für Geld geleistet werden kann, dann, weil man selber geschworen hätte, wenn man ein schlechter Mensch wäre. Es ist doch besser, für eine Gegenleistung schlecht zu sein als für nichts. Wenn er nun schwöre, werde er gewinnen, sonst nicht. Daher rührt die Eidverweigerung wohl von der Tugendhaftigkeit, nicht von der Furcht vor Meineid her. Hierher passt das Wort des Xenophanes: »Die Herausforderung (zum Eid)[192] sei für einen Gottlosen nicht die gleiche wie für einen Frommen, sondern es verhalte sich so, wie wenn ein Starker einen Schwächling auffordere, zuzuschlagen oder sich schlagen zu lassen«.[193] Lässt der Redner aber einen Eid leisten, dann kann er argumentieren, weil er sich selber vertraue, dem Gegner aber nicht. Er soll auch den Spruch des Xenophanes umdrehen und sagen: Dann herrsche Gleichheit, wenn der Gottlose den Eid anbiete, der Fromme ihn aber leiste. Denn es wäre ja erschreckend, selbst darüber keinen Eid ablegen zu wollen, worüber man die Richter erst nach Eidesleistung entscheiden lässt. Bietet der Redner jedoch einen Eid an, so soll er sagen, es sei fromm, seine Sache den Göttern anheimzustellen, und es sei nicht nötig, nach anderen Richtern zu verlangen, denn ihm selbst[194] überlasse er die Entscheidung. Es sei ferner ungereimt, den Eid für einen Sachverhalt zu verweigern, über welchen zu schwören man andere auffordere. Da nun klar ist, was man im Einzelfall vorzubringen hat, so ist auch klar, was man bei einer möglichen Verbindung dieser Einzelfälle zu sagen hat, z. B. wenn man den Eid schwören lassen, aber ihn selbst nicht schwören will, oder ihn selbst leisten, aber nicht schwören lassen will, oder wenn man sowohl den Eid leisten als ihn auch nicht leisten lassen will, oder wenn man weder das eine [1377b] noch das andere will. Aus dem Erwähnten muss nämlich kombiniert werden, so dass auch die Reden Kombinationen aus dem bisher Gesagten sind. Hat aber der Redner schon einen Eid abgelegt und steht dieser nun seiner Sache im Wege, so muss er darlegen, dass das kein Meineid sei: Unrecht geschehe nämlich willentlich, Meineid sei Unrecht, was jedoch jemand unter Zwang und Täuschung tue, geschehe ohne seinen Willen. In diesen Zusammenhang ist nun also auch der Meineid zu stellen, weil er ja mit dem Verstand, nicht (nur)[195] mit dem Mund geschworen wird. Wenn aber vom Gegner ein Eid, der ihm gegenwärtig hinderlich ist, geleistet worden ist, so kann der Redner einwenden, dass alles zum Umsturz bringe, wer nicht bei dem Eid bleibe, den er geschworen hat; denn deshalb setze man ja auch die Gesetze unter Eid um; schließlich könnte der Redner zu den Richtern sagen: »Von euch verlangen sie, dass ihr bei den Eiden bleibt, durch deren Leistung ihr Richter seid, sie selbst aber halten sie nicht ein?« Und vieles andere dergleichen ließe sich durch Amplifikation vorbringen.

Zweites Buch

1 Woraus man beim Zu- und Abraten, Loben und Tadeln, Anklagen und Verteidigen schöpfen soll und welche Standpunkte und Vorstellungen als Mittel zur Überzeugung nützlich sind, das ist bereits dargelegt worden, denn über diese und aus diesen werden die [20] Enthymeme gebildet, um über jede Redegattung gesondert zu sprechen. Da aber die Rhetorik auf ein Urteil abzielt (denn auch Ratschläge beurteilt man, und der Richterspruch ist ebenso ein Urteil), ist es notwendig, das Augenmerk nicht nur auf die Aussage zu richten, damit sie beweis- und überzeugungskräftig werde, sondern auch auf sein eigenes Auftreten und darauf, den Urteilenden zu beeinflussen. [25] Was die Glaubwürdigkeit betrifft, kommt es sehr darauf an – und das besonders bei Beratungen, dann auch bei Prozessen –, dass der Redner einen bestimmten Eindruck hinterlässt, dass die Zuhörer den Eindruck gewinnen, die Stimmung des Redners, die er vermittelt, spräche sie in irgendeiner Weise an, schließlich darauf, ob auch die Zuhörer selbst gerade in irgendeiner Stimmung sind. [[Das Auftreten des Redners ist in Beratungsreden, [30] die Stimmung des Zuhörers vor Gericht von höherem Wert]], denn nicht vollkommen gleich erscheint einem etwas, ob man nun liebt oder hasst, zornig oder gutmütig ist, [1378a] sondern völlig oder dem Ausmaß nach verschieden. Wer nämlich liebt, dem scheint derjenige, über den er ein Urteil fällt, überhaupt nicht oder nur in geringem Maß unrecht zu tun, wenn jemand hasst, trifft das Gegenteil zu. Ebenso glaubt der Mensch, der von Wünschen und guten Hoffnungen erfüllt ist, dass das Erwartete, wenn es angenehm ist, eintreten [5] und gut sein werde, bei einem lustlosen Griesgram ist das Gegenteil der Fall. Dass Redner selbst glaubwürdig sind, dafür gibt es drei Gründe, denn so viele Ursachen gibt es, von den Beweisen abgesehen, weswegen wir Rednern Glauben schen-

ken: Es sind dies Einsicht, Tugend und Wohlwollen.[1] Jede Täuschung durch Worte oder Ratschläge von Rednern ist ja auf all diese Eigenschaften oder eine davon zurückzuführen. Denn entweder haben Redner aus Uneinsichtigkeit nicht die rechte Ansicht, oder sie sagen trotz ihrer rechten Ansicht aus Böswilligkeit nicht das, was sie meinen,[2] oder sie sind zwar verständig und redlich, aber nicht wohlwollend. Daher kommt es vor, dass Leute nicht den besten Ratschlag geben, obwohl sie ihn kennen. Außer diesen (drei Ursachen) gibt es keine weiteren Gründe mehr. Also muss jeder, der diese drei Eigenschaften zu haben scheint, bei den Zuhörern Glauben finden. Wodurch man verständig und ernstzunehmend erscheinen kann, ist den Ausführungen über die Tugend zu entnehmen.[3] Mit denselben Mitteln könnte man ja einen anderen oder sich selbst als einen solchen darstellen. Über Wohlwollen und Freundschaft müssen wir im Abschnitt über die Affekte sprechen. Unter »Affekte«[4] verstehen wir das, durch dessen Wechselspiel sich die Menschen in ihren Urteilen unterscheiden und dem Kummer und Vergnügen folgen, z. B. Zorn, Mitleid, Furcht und so weiter, sowie das Gegenteil davon. Bei jedem einzelnen Affekt sind drei Aspekte zu trennen: Ich tue dies am Beispiel Zorn: In welcher Gemütsverfassung befinden sich Zornige? Wem zürnen sie gewöhnlich? Worüber sind sie erzürnt? Wenn wir nämlich eine oder zwei dieser Fragen zu beantworten verstehen, nicht aber alle drei, so können wir wohl unmöglich jemanden in Zorn versetzen. Ähnlich ist es auch bei den anderen Affekten. So wie wir in den vorhergehenden Erörterungen Grundaussagen aufgestellt haben, so wollen wir es auch mit den Affekten halten und sie in besagter Weise analysieren.

2 Zorn ist also (definiert als) ein von Schmerz begleitetes Trachten nach offenkundiger Vergeltung wegen offenkundig erfolgter Geringschätzung, die uns selbst oder einem der Unsrigen von Leuten, denen dies nicht zusteht, zugefügt wurde. Ist das also Zorn, dann zürnt notwendigerweise der Zürnende immer einer individuell bestimmbaren Person, z. B. dem Kleon, und nicht der Menschheit allgemein, weil dieser ihm oder einem [1378b] der Seinen etwas angetan hat oder antun wollte, und mit dem Zorn geht notwendigerweise eine gewisse Lust einher, die der Hoffnung auf Vergeltung entspringt. Freude bereitet ja der Glaube, das zu erlangen, wonach man strebt, niemand aber strebt nach dem, was ihm unerreichbar scheint. [Der Zürnende strebt nach für ihn Erreichbarem]. Daher heißt es trefflich über den Groll: »Und der noch viel süßer als niedergleitender Honig sich in der Männer Brust vermehrt«.[5] Es folgt ein gewisses Vergnügen aus diesem Grund und auch deshalb, weil man in Gedanken bei der Vergeltung verweilt. Die dabei entstehende Vorstellung erzeugt Lust, wie es bei Traumvorstellungen der Fall ist. Da aber Geringschätzung eine in eine Handlung umgesetzte Ansicht über etwas ist, das einem nichts wert erscheint (sowohl das Schlechte als auch das Gute halten wir für beachtenswert, ebenso das, was darauf abzielt; wenn etwas aber gar keine oder geringe Bedeutung hat, halten wir es für nichts wert), gibt es drei Arten der Kränkung: Verachtung, Gehässigkeit und Übermut. Wer verachtet, schätzt gering (denn was man für wertlos hält, das verachtet man, und das Wertlose schätzt man gering). Auch der Gehässige [verachtet offenbar], denn Gehässigkeit ist die Behinderung der Wünsche eines anderen, nicht damit man selbst etwas bekommt, sondern damit der andere leer ausgeht. Da der Gehässige also einen andern ohne eigenen Nutzen behindert, zeigt er Geringschätzung, denn er erwartet offenbar keinen Schaden von ihm, sonst würde er sich nämlich fürchten und ihn nicht geringschätzen; doch auch nennenswerten Nutzen scheint er von ihm nicht zu erwarten, denn sonst wäre es sein Ansinnen, dessen Freund zu werden. Wer

Übermut auslebt, schätzt auch gering, denn Übermut bedeutet, so zu handeln und zu reden, dass dabei dem Leidtragenden Schande widerfährt, nicht, damit dem Übermütigen etwas widerfährt, sondern nur, um sich daran zu ergötzen; denn wer Vergeltung übt, handelt nicht im Übermut, sondern rächt sich nur. Die Ursache der Freude, die den Mutwilligen zuteilwird, besteht im Glauben, dadurch, dass sie anderen Schlimmes antun, selbst noch überlegener zu sein. Daher sind es junge und reiche Leute, die aus Übermut beleidigen,[6] denn durch mutwillige Beleidigung wähnen sie sich überlegen. Zum Übermut gehört auch die Missachtung,[7] wer aber missachtet, schätzt gering, denn nur was nichts wert ist, erfährt keine Beachtung, weder für Gutes noch für Schlechtes. Daher sagt der erzürnte Achill: »Er hat mich entehrt; der behält das Geschenk, das er selber mir wegnahm«[8] und, als Grund für seinen Zorn, »als wär ich ein ungeachteter Fremdling«.[9] Die Leute glauben, ihnen stünde von Leuten, die nach Herkunft, Macht und Tüchtigkeit unterlegen sind, Hochachtung zu, und das überhaupt [1379a] in jedem Bereich, in dem der Betreffende weit überlegen ist, wie etwa an Reichtum der Begüterte dem Armen, an Redevermögen der Rhetoriker einem, der nicht reden kann, der Herrscher dem Beherrschten und der, der sich zum Herrschen berufen fühlt, dem, der es verdient, kommandiert zu werden. Deshalb heißt es auch: »Großer Mut einem zeusgenährten Könige eignet«[10] und »Trägt er im Nachhinein doch den Ingrimm heimlich im Busen«,[11] denn zornig sind sie wegen der eigenen Überlegenheit. Ferner (glauben die Leute, ihnen gebühre Hochachtung) von allen, die ihrer Meinung nach verpflichtet seien, sie gut zu behandeln. Das sind solche, denen man selbst, ein anderer auf unser Betreiben hin oder einer von den Unsrigen Gutes erwiesen hat oder erweist oder dies will oder wollte. Hieraus sieht man schon, in welcher Gemütsstimmung man wem und aus welcher Art von Gründen zürnt. Zum ersten: Man ist erzürnt, wenn man Leid erfährt. Denn der Leidende verlangt nach etwas. Ob nun jemand einem anderen etwas offen verwehrt, z. B. dem Durstigen zu trinken, oder nicht offen, [die Tat bleibt offensichtlich ein- und dieselbe]. Und ob jemand gegen einen anderen handelt oder nur nicht mit ihm zusammenarbeitet oder in dieser Haltung sonst irgendwie lästig fällt, in all diesen Fällen zürnt man. [Daher sind Menschen im Leid, in Armut, im Liebesverlangen, im Zustand des Durstes, kurz: immer wenn sie irgendein Verlangen haben und es nicht stillen können, jähzornig und leicht in Wut zu versetzen, am meisten denen gegenüber, die ihren gegenwärtigen Zustand geringschätzen,] z. B. der Leidende denen gegenüber, die seine Krankheit, der Arme denen gegenüber, die seine Armut, der Kriegführende denen gegenüber, die seinen Krieg, der Liebende denen gegenüber, die seine Liebe geringschätzen, ähnlich aber auch in weiteren Fällen. Jeder ist ja auf den Zorn eines jeden durch das zugrundeliegende Leiden vorbereitet. Jähzornig und leicht in Wut zu bringen ist man aber auch, wenn man gerade das Gegenteil erwartet, denn was völlig unserer Erwartung zuwiderläuft, schmerzt mehr, wie auch das gänzlich Unerwartete mehr erfreut, sofern eintritt, was man wünscht. Daraus wird nun auch klar, welche Momente, Zeiten, Stimmungen und Lebensalter wo und wann die Zornerregung erleichtern und dass man, je mehr man sich in diesen Zuständen befindet, umso leichter zum Zorne gereizt wird. Man lässt sich also nun, wenn man in einem solchen Zustand ist, leicht in Wut bringen und zürnt denen, die einen auslachen, verhöhnen und verspotten, dadurch legen sie nämlich frevelhaften Übermut an den Tag. Dann denjenigen, die uns in einer Weise Schaden zufügen, die Anzeichen von Übermut in sich trägt. Das sind notwendigerweise solche Taten, die weder der Vergeltung wegen noch zum Nutzen des Täters ausgeführt werden, und eben dann scheint es ja schon aus Übermut zu geschehen; ferner denjenigen, die über das, was wir mit besonderem Eifer betreiben, lästern und es verachten, so sind z. B. die, die in der Philosophie Ehrgeiz an den Tag legen, zornig, wenn jemand etwas gegen [35] ihre Philosophie sagt, die, die sich viel auf ihre Schönheit[12] zugutehalten, wenn jemand sich abschätzig über sie äußert, und so ist es auch in den anderen Fällen. Der Zorn ist aber umso größer, wenn man annehmen muss, die entsprechenden Qualitäten nicht zu besitzen – entweder zur Gänze oder nicht gerade in überwältigendem Ausmaß – oder [1379b] nicht diesen Eindruck zu erwecken. Sobald man aber der Meinung ist, darin, worin man verspottet wird, bei weitem überlegen zu sein, kümmert man sich nicht darum. Und unseren Freunden zürnen wir mehr als Leuten, mit denen wir nicht befreundet sind. Glauben wir doch, wir hätten eher Anspruch darauf, von Freunden Gutes zu erfahren als das Gegenteil. Ferner denen, die gewohnt sind, uns Ehrerbietung oder [5] Respekt entgegenzubringen, wenn sie uns einmal nicht so begegnen, denn auch von solchen glauben wir verachtet zu werden, sonst würden sie uns ja wie eh und je behandeln. Weiters denen, die uns Gutes mit Gutem nicht oder nicht in gleichem Maße vergelten, und denen, die uns zuwiderhandeln, sofern sie unter uns stehen, denn all diese Leute scheinen uns zu verachten, Letztere, als seien wir geringer, Erstere, [10] als erhielten sie Wohltaten von Geringeren. Sodann besonders denen, die unbedeutend sind, wenn sie uns irgendwie kränken, denn hier besteht infolge Geringschätzung Zorn denen gegenüber, denen es nicht zusteht, Geringschätzung zu zeigen, und denen, die unter uns stehen, steht das nicht zu. Freunden, wenn sie uns weder in Worten noch in Taten Gutes tun, besonders aber, wenn sie das Gegenteil davon tun, aber auch, wenn sie nicht merken, [15] dass wir etwas brauchen, wie Antiphons Plexippos dem Meleagros zürnt.[13] Unaufmerksamkeit ist nämlich ein Zeichen von Geringschätzung, denn worum man sich kümmert, das verliert man nicht aus den Augen; weiterhin denen, die sich über unser Pech freuen und überhaupt an unseren Missgeschicken ergötzen, denn es ist dies ein Zeichen der Feindschaft oder Geringschätzung, ferner denen, die sich nichts daraus machen, [20] uns Schmerz zu bereiten. Daher zürnt man auch den Überbringern schlechter Nachrichten;[14] dann denen, die bei uns die Ohren spitzen oder unsere Fehler genau beobachten, denn dieses Verhalten ist eine Art von Geringschätzung oder Feindseligkeit. Freunde nämlich empfinden dabei Mitgefühl und jeder leidet, wenn er eines Übels in seiner Umgebung gewahr wird; ferner zürnen wir denen, die uns vor fünf Gruppen von Menschen herabsetzen: [25] erstens vor denen, bei denen wir etwas gelten wollen, zweitens vor denen, die wir bewundern, drittens vor denen, von denen wir bewundert werden wollen, viertens vor Leuten, vor denen wir uns schämen, fünftens vor solchen, die sich vor uns selbst schämen. Wenn uns in Anwesenheit der Genannten jemand herabsetzt, zürnen wir ihm in entsprechend höherem Maße. Weiterhin zürnen wir denen, die gegen solche geringschätzig sind, für die nicht einzutreten für uns beschämend wäre, wie Eltern, Kinder, Frauen und Untergebene, ferner denen, [30] die undankbar sind, diese Geringschätzung widerspricht dem, was sich geziemt; dann denen, die unseren ernsthaften Bemühungen ironisch begegnen,[15] denn Ironie drückt Verachtung aus, ferner denen, die anderen Wohltaten erweisen, sofern sie diese nicht auch uns erweisen, denn auch dies ist ein Zeichen der Verachtung, nämlich uns nicht für ebenso wert zu halten wie alle anderen. Zorn erregt auch das Vergessen, wie etwa [35] das Vergessen von Namen, so geringfügig das auch sein mag, denn auch das Vergessen scheint ein Zeichen der Geringschätzung zu sein; aus Gleichgültigkeit entsteht es ja, und Gleichgültigkeit ist eine Form der Geringschätzung. Wem man nun [1380a] zürnt, in welcher Verfassung und aus welcher Art von Gründen, ist nun dargelegt. Klarerweise ist wohl notwendig, als Redner selbst die Zuhörer in einen Zustand zu versetzen, in dem sie zornanfällig sind, die Gegner hingegen als in solche Dinge verstrickt, über die man zürnt, und als solche Leute, denen man zürnt, darzustellen.

3 Da das Gegenteil des Erzürnens das Sanftmütig-Werden und des Zorns die Sanftmut ist, muss jetzt die Frage behandelt werden, in welcher Verfassung sich die Sanftmütigen befinden, welchen Leuten gegenüber sie sich sanftmütig verhalten und aus welchen Gründen sie sanftmütig werden. Besänftigung sei nun definiert als Hemmung und Beruhigung des Zorns. Wenn man also denen zürnt, die einen kränken, die Kränkung aber etwas Absichtliches ist, so ist klar, dass man auch denjenigen gegenüber, die nichts Derartiges tun, es unfreiwillig oder es scheinbar tun, sanftmütig ist, ferner denen gegenüber, die das Gegenteil von dem taten, was sie beabsichtigten, dann denen gegenüber, die auch an sich selbst gleich handeln, denn von keinem nimmt man an, dass er sich selbst kränkt; ferner jenen gegenüber, die geständig und reumütig sind, denn da man ihren Schmerz als Strafe für das, was sie getan haben, ansieht, lässt man vom Zorn ab.[16] Das zeigt sich ja auch bei der Bestrafung der Sklaven: Die, die widersprechen und leugnen, strafen wir eher, denen gegenüber aber, die zugeben, ihre gebührende Strafe zu erhalten, lassen wir den Zorn schwinden. Der Grund dafür liegt darin, dass es eine Unverschämtheit ist, Offenkundiges zu leugnen, Unverschämtheit bedeutet aber Kränkung und Verachtung. Wen wir nämlich tief verachten, vor dem empfinden wir keinerlei Scham. Weiterhin sind wir denen gegenüber sanftmütig, die sich vor uns erniedrigen und nicht widersprechen. Dadurch bekennen sie allem Anschein nach, uns unterlegen zu sein, Unterlegene aber fürchten sich, und niemand, der sich fürchtet, fügt eine Kränkung zu. Dass denen gegenüber, die sich erniedrigen, der

Zorn ein Ende nimmt, [25] zeigen schon die Hunde: Sie beißen niemanden, der sitzt,[17] ferner denen gegenüber, die unserem ernstlichen Bemühen ihrerseits mit demselben Verhalten begegnen, das macht den Eindruck, ernstgenommen und nicht verachtet zu werden; weiters denen gegenüber, die uns größere Gefälligkeiten erwiesen haben; auch denen gegenüber, die Bitten und Entschuldigungen vorbringen, denn damit erniedrigen sie sich noch mehr. Sanftmütig begegnet man auch denen, die weder überheblich, spöttisch noch geringschätzig sind, und das zu keinem, [30] weder zu anständigen Leuten noch zu Menschen ihres Schlages, [[wie das, was besänftigt, überhaupt aus dem Gegenteil zu ermitteln ist;]] ferner denen, vor denen man sich fürchtet oder schämt, denn solange man solches fühlt, zürnt man nicht. Unmöglich nämlich kann man zur gleichen Zeit in Furcht und in Rage sein. Denen, die im Zorn gehandelt haben, zürnt man entweder überhaupt nicht oder [35] in geringerem Maße, denn sie haben anscheinend nicht aus Geringschätzung gehandelt. Niemand, der zürnt, ist kränkend, Kränkung ist nämlich frei von Schmerz, [1380b] Zorn jedoch damit verbunden; weiterhin denen, die Respekt vor uns haben.

Befindet man sich aber in einer dem Zorn gegenteiligen Stimmung, so ist man klarerweise sanftmütig, wie z. B. beim Spielen und Scherzen, bei einem Fest, an einem Glückstag, bei Erfolg, bei der Befriedigung eines Bedürfnisses, überhaupt im Zustand der Schmerzlosigkeit, im Gefühl der Freude ohne [5] Selbstüberhebung und in berechtigter Erwartung der Zukunft, zudem auch, wenn schon einige Zeit vergangen und der Zorn nicht mehr wirksam ist, denn die Zeit beendet den Zorn. Auch erstickt den Zorn ein größerer Zorn auf einen anderen oder die vorher an einem anderen vollzogene Rache. [[Daher antwortete Philokrates[18], als ihn jemand fragte, während sich gerade der Volkszorn gegen ihn richtete, »Warum verteidigst du dich nicht?«: »Noch nicht!« – »Aber wann dann?« – [10] »Wenn ich sehe, wie ein anderer verleumdet wird!«]] Denn man wird sanftmütig, wenn man seinen Zorn an einem anderen ausgelassen hat, was im Falle des Ergophilos geschehen ist. Obwohl man ihm heftiger zürnte als dem Kallisthenes, ließ man ihn frei, weil Kallisthenes am Vortag zum Tod verurteilt worden war. Wir sind auch sanftmütig, wenn wir Mitleid fassen[19] oder wenn jemanden ein größeres Übel [15] getroffen hat, als wir es ihm in unserem Zorn angetan hätten, denn da glauben wir, gleichsam schon Genugtuung erlangt zu haben, ferner, wenn wir uns selbst im Unrecht und zu Recht im Leide wähnen [denn gegen das Gerechte fasst man keinen Zorn]. Man glaubt nämlich dann nicht mehr, ungebührlich zu leiden, beim Zorn wäre das aber der Fall. Daher ist eine vorherige mündliche Zurechtweisung vonnöten, denn selbst die Sklaven sind, wenn sie so [20] bestraft werden, weniger aufgebracht, ferner wenn jemand glaubt, dass die Opfer des Zorns nicht merken werden, dass sie seinetwegen litten und wofür sie litten, [denn der Zorn richtet sich gegen einen Einzelnen]; das ergibt sich schon deutlich aus seiner Definition. Daher ist treffend gedichtet der Vers: »Sag ihm, Odysseus, der Städteverwüster«,[20] weil die Rache nicht vollendet ist, wenn jener[21] nicht erfahren hat, von wem und wofür. Daher zürnt man weder anderen, [25] wenn sie es gar nicht wahrnehmen, noch Toten, die ja schon das Äußerste erlitten haben und weder Schmerz noch Sinneseindrücke mehr empfangen werden, worauf es den Zürnenden jedoch ankommt. Daher will auch der Dichter völlig zu Recht, dass Achill von seinem Zorn auf den Toten ablässt, indem er sagt: »Denn die stumpfe Erde misshandelt er mit seinem Zürnen«.[22] [30] Daraus ist klargeworden, dass, wer besänftigen will, in seiner Rede von diesen allgemeinen Gesichtspunkten ausgehen muss, indem er einerseits die Zuhörer selbst in eine solche Stimmung versetzt, die aber, gegen die sich ihr Zorn richtet, als Leute darstellt, vor denen man sich fürchtet oder genieren müsse, mögen sie nun Wohltaten erwiesen, unfreiwillig gehandelt oder unter ihren Taten über die Maßen gelitten haben.

4 Wen man liebt, wen man hasst und warum, wollen wir nun erörtern, wobei wir vorher die Begriffe »Freundschaft« [35] und »Freundsein«[23] definieren. »Freund sein« sei definiert als: jemandem das wünschen, was man für gut hält, um seinetwillen, nicht im eigenen Interesse, [1381a] und nach Kräften bestrebt sein, dies ihm zu verschaffen. [[Ein Freund ist einer, der liebt und dafür selbst geliebt wird.]] Diejenigen erachten sich doch als Freunde, die so zueinander zu stehen glauben. Wenn man davon ausgeht, muss ein Freund einer sein, der sich über das Gute mitfreut, [5] angesichts des Betrüblichen mitleidet, allein um des anderen willen. Tritt ein, was sie wünschen, freuen sich alle, andernfalls sind sie betrübt, so dass Leid und Freude Zeichen ihrer Wünsche sind. Freunde sind ferner diejenigen, für die dasselbe gut und schlecht ist, [[und die dieselben Freunde und dieselben Feinde haben.]] Denn [10] zwingend wünschen sie dasselbe, so dass[24] derjenige, der alles, was er sich wünscht, auch dem anderen wünscht, offenkundig dessen Freund ist. Ferner lieben wir diejenigen, die Gutes getan haben, entweder uns selbst oder unseren Anvertrauten, mag nun die erwiesene Wohltat bedeutend, bereitwillig oder zur rechten Zeit und um unseretwillen gewesen sein; oder wir lieben auch die, von denen wir glauben, sie wollen uns Gutes tun; ferner die Freunde [15] unserer Freunde und diejenigen, die die lieben, die wir selbst lieben, und diejenigen, die von denen geliebt werden, die von uns geliebt werden; dann die, die denselben Leuten feindlich gesinnt sind und die hassen, die wir selbst hassen, und die, die von denen gehasst werden, die auch von uns gehasst werden, denn all diesen erscheint dasselbe gut wie uns selbst, so dass sie das wollen, was für uns gut ist, [20] was ja

gerade das Wesen eines Freundes ausmacht;[25] ferner noch diejenigen, die zu Wohltaten bereit sind, um uns zu Geld und zu Wohlergehen zu verhelfen. Daher stehen die Freigebigen und Mutigen in hohem Ansehen. Gleichfalls (lieben wir)[26] die Gerechten. Als solche gelten die, die nicht auf fremde Kosten leben. Dazu gehören die, die von ihrer Arbeit leben, unter diesen all die, welche von der Landwirtschaft leben,[27] und von den übrigen besonders die unabhängigen Handwerker, ferner [25] die Maßvollen, weil sie nicht ungerecht sind, weiters auch alle, die ohne öffentliche Beschäftigung sind, und zwar aus demselben Grunde. Ferner lieben wir diejenigen, deren Freunde wir sein wollen, wenn auch sie dies zu wünschen scheinen. Das sind solche Menschen, die durch ihren Charakter herausragen und entweder bei allen, den Tüchtigsten, bei denen, die von uns bewundert werden, oder bei denen, die uns bewundern, hochangesehen sind; weiters [30] die, mit denen man gerne verkehrt und sein Leben verbringt.[28] Solche Leute sind umgänglich, nörgeln nicht, wenn man einen Fehler macht, und sind weder streitsüchtig noch zänkisch. Denn alle, die so sind, suchen die Auseinandersetzung. Streithähne beabsichtigen aber offenkundig das Gegenteil. Ferner die, die mit Gewandtheit Pointen auszuteilen wie einzustecken verstehen,[29] denn [35] beide[30] haben sie das gleiche Bemühen wie ihre Mitmenschen, wenn sie sowohl Spott über die eigene Person vertragen als auch selbst treffend eine spöttische Bemerkung anbringen können; weiterhin diejenigen, die bestehende Vorzüge an uns preisen, zumal solche, die wir nicht zu besitzen [1381b] fürchten, ferner die, die in ihrer äußeren Erscheinung, Kleidung und ganzen Lebensführung tadellos sind, dann diejenigen, die an uns nicht herumnörgeln, weder wegen unserer Fehler noch wegen unserer Wohltaten, in beiden Fällen nämlich handelt es sich um Besserwisser; ferner diejenigen, die einem Unrecht weder nachtragen noch auf ihren [5] Vorwürfen beharren, sondern leicht wieder versöhnt sind, denn wie sie sich im Umgang mit anderen geben, so werden sie sich, wie wir meinen, auch uns gegenüber verhalten; weiters die, die keine Lästermäuler sind und sich nicht mit den Schlechtigkeiten ihrer Mitmenschen oder unseren eigenen vertraut machen, sondern den Vorzügen, denn so verhält sich ein guter Mensch; ferner die, die sich uns, wenn wir zornig oder ernsthaft beschäftigt sind, nicht in den Weg stellen, denn solche Leute sind streitsüchtig; weiterhin, die sich in irgendeiner Weise um uns bemühen, etwa uns bewundern, uns ernst nehmen und ihre Freude an uns haben, besonders wenn sie dies dabei empfinden, worin wir vornehmlich bewundert werden oder einen ernst zu nehmenden und angenehmen Eindruck hinterlassen wollen; weiters Leute unseresgleichen, die dieselben Interessen haben, falls sie uns nicht in die Quere kommen und nicht ihren Lebensunterhalt aus derselben Arbeit bestreiten. So nämlich kommt es zu jenem Spruch: »Töpfer gegen Töpfer«.[31] Ferner lieben wir diejenigen, die dieselben Dinge erstreben wie wir, sofern wir selbst an ihnen zur gleichen Zeit teilhaben können, andernfalls endet es wieder so;[32] weiterhin Leute, zu denen wir so ein Verhältnis haben, dass wir uns, was unseren Ruf betrifft, nicht schämen, ohne sie aber zu verachten; und auch diejenigen, vor denen wir Scham empfinden hinsichtlich der Wahrheit, ferner die, mit denen wir wetteifern, und die, von denen wir nachgeahmt, aber nicht beneidet sein wollen. Diese lieben wir oder wollen mit ihnen befreundet sein; sodann diejenigen, mit denen zusammen wir Gutes bewirken, falls uns selbst daraus nicht ein größeres Übel zu erwachsen droht. Ebenso die, welche Abwesenden und Anwesenden in gleicher Weise Freunde sind; daher lieben auch alle diejenigen, die zu Toten in dieser Weise stehen, und überhaupt alle, die stolz auf ihre Freunde sind und sie nicht im Stich lassen, denn unter den guten Menschen liebt man am meisten diejenigen, die gute Freunde sind; weiterhin die, die uns nichts vormachen; dazu gehören auch die, die ihre eigenen Unzulänglichkeiten nicht [30] verschweigen, denn wir haben schon festgestellt, dass wir uns vor Freunden unseres Rufs nicht schämen; wenn also der, der sich geniert, nicht unser Freund ist, erscheint der, der sich nicht geniert, als unser Freund, sodann diejenigen, die uns keine Furcht einflößen, und die, zu denen wir Zutrauen haben, denn niemand ist der Freund dessen, den er fürchtet. Arten der Freundschaft aber sind Kameradschaft, Vertrautheit, Verwandtschaft und dergleichen mehr. [35] Freundschaft bewirken Gefälligkeiten, etwas für jemanden zu tun, ohne gebeten worden zu sein, und etwas für jemanden getan zu haben, ohne darauf aufmerksam zu machen, denn nur so scheint es um des Freundes willen und keiner anderen Sache wegen getan worden zu sein. Erkenntnisse über Feindschaft und Hass muss man natürlich [1382a] aus dem Gegenteil (des eben Entwickelten)[33] gewinnen. Feindschaft rufen Zorn, Gehässigkeit und Verleumdung hervor. Zorn entsteht aus etwas, das uns selbst betrifft, Feindschaft aber auch ohne diesen persönlichen Aspekt. Denn wenn wir nur mutmaßen, einer sei von dieser Sorte, hassen wir ihn. Zorn [5] richtet sich immer gegen Individuelles, z. B. gegen Kallias oder Sokrates, Hass aber gegen Gattungen: den Dieb und den Sykophanten etwa hasst jeder. Ersteres heilt die Zeit, Letzteres ist unheilbar. Jener ist das Verlangen nach Schmerz, dieser nach Schaden, denn der, der zürnt, will, dass man es zu spüren bekommt, dem anderen aber ist es einerlei. Alles [10] Schmerzliche ist den Sinnen zugänglich, die größten Übel aber, Ungerechtigkeit und Unverstand, sind am wenigsten mit den Sinnen erfahrbar, denn das Vorhandensein des Übels verursacht keinen Schmerz. Ferner ist das eine mit Schmerz verbunden, das andere aber nicht, denn der Zürnende empfindet Schmerz, der Hassende nicht. Auch fasst Ersterer schließlich wohl Erbarmen, wenn über den, dem er zürnt, vieles hereinbricht, Letzterer aber nie, denn Ersterer will, dass der, dem er zürnt, gleichermaßen leide, Letzterer aber will, dass der, den er hasst, nicht mehr existiert.

Daraus wird deutlich, dass es (in der Rede) möglich ist, die, die Freunde oder Feinde sind, als solche zu erweisen, diejenigen, die es nicht sind, zu solchen zu machen, diejenigen, die sich als Freunde und Feinde ausgeben, als solche zu widerlegen, und diejenigen, die aus Zorn oder Feindschaft mit einem streiten, dahin zu bringen, wo man sie haben will. Welcherlei Art von Dingen und welche Personen man in welchem Zustand fürchtet, wird aus dem Folgenden ersichtlich.

5 Furcht[34] sei definiert als eine gewisse Art von Kummer und Beunruhigung auf Grund der Vorstellung eines bevorstehenden verderblichen oder schmerzhaften Übels. Nicht jedes Übel fürchtet man, so z. B. nicht, ungerecht oder langsam zu werden, sondern nur was großes Leid oder Vernichtung bedeuten kann, und auch das nur, wenn es nicht weit entfernt, sondern in der Nähe befindlich erscheint, so dass es jederzeit eintreten kann. Das Entfernte fürchtet man ja nicht so sehr. Es wissen doch alle, dass sie sterben werden, aber weil sie nicht nahe davorstehen, kümmern sie sich nicht darum. Wenn das nun Furcht ist, so muss all das furchterregend sein, was eine große Möglichkeit in sich zu bergen scheint, zu vernichten oder Schaden zu stiften, der auf großes Leid hinausläuft. Daher sind auch die Anzeichen solcher Dinge schon furchterregend, denn das Furchterregende scheint dann nahe zu sein. Das bedeutet nämlich Gefahr: die Annäherung an etwas Furchtbares.[35] Dinge dieser Art sind Feindschaft und Zorn derer, die etwas dahingehend ausrichten können. Dass sie dazu willens sind, ist offenkundig; daher sind sie auch nahe daran, es auszuführen; ferner Ungerechtigkeit, die Macht besitzt, denn durch den Vorsatz ist der Ungerechte ungerecht, auch ein

guter Charakter, [1382b] dem übel mitgespielt wird, wenn er die Macht dazu besitzt. Denn es ist klar, dass er sich immer (für die Rache) entscheidet, wenn er mutwillig beleidigt wird, nun aber ist er auch dazu in der Lage. Furchterregend ist sodann die Furcht vor denen, die etwas ausrichten können, denn ein solcher Mensch muss ständig in Bereitschaft leben. Da die Leute allgemein eher schlecht sind, der Aussicht [5] auf Vorteil erliegen und in Gefahren feige sind, gibt es meistens Anlass zur Furcht, wenn man einem anderen ausgeliefert ist. Daher erregen, hat man etwas Schreckliches getan, die Mitwisser in einem die Furcht, sie könnten einen verraten oder im Stich lassen. Ferner sind diejenigen, die in der Lage sind, Unrecht zu tun, denen, die zu Opfern von Unrecht werden können, Anlass zur Furcht, denn im Allgemeinen verüben die Menschen Unrecht, wenn sie dazu in der Lage sind.[36] [10] Weiterhin diejenigen, denen ein Unrecht widerfahren ist oder die glauben, es widerfahre ihnen eines, denn sie lauern auf eine günstige Gelegenheit; auch die, die Unrecht verübt haben, sind furchterregend, wenn sie Macht haben, weil sie die Vergeltung fürchten; eine solche Situation stand ja schon als furchterregend zur Debatte; auch unsere Konkurrenten in Dingen, die nicht zweien zugleich zu Gebote stehen können, denn mit solchen Menschen steht man immer auf Kriegsfuß. [15] Ferner sind die furchterregend, die Stärkeren als uns furchterregend sind, denn sie können ja uns wohl noch eher Schaden zufügen, wenn sie das auch bei Stärkeren können; auch diejenigen, vor denen Stärkere als wir sich fürchten, und das aus demselben Grund, weiterhin diejenigen, die Stärkere, als wir es sind, vernichtet haben, ferner die, die Schwächere als uns angreifen, denn sie sind entweder schon zu fürchten oder werden es, sobald sie an Kraft gewonnen haben. Ferner unter Feinden oder Widersachern, die Unrecht erlitten haben, [20] nicht die, die aufbrausen und sich freimütig zu Wort melden, sondern die

Leisetreter, Meister der Verstellung und die, die zu allem fähig sind, denn bei diesen weiß man nie, ob die Rache schon nahe ist, so dass es auch nicht klar ist, dass sie weit davon entfernt sind loszuschlagen.[37] Alles Furchterregende wird insofern noch furchterregender, als wir, wenn wir einen Fehler begehen, ihn nicht wiedergutmachen können, sondern dies entweder ganz unmöglich, oder nicht von uns, [25] sondern von den Gegnern bereinigt werden kann; ferner alles, wogegen es gar keine oder keine leichte Abhilfe gibt, kurz gesagt, furchterregend ist alles, was Mitleid erweckt, wenn es anderen zustößt oder droht. Dies sind also sozusagen mehr oder weniger die wichtigsten Dinge, die furchtbar sind und gefürchtet werden. In welcher inneren Verfassung man sich fürchtet, wollen wir jetzt besprechen. Wenn nun aber [30] die Furcht mit irgendeiner Erwartung verbunden ist, ein vernichtendes Leid erdulden zu müssen, so fürchtet sich klarerweise niemand von denen, die meinen, ihnen könne nichts geschehen; man fürchtet sich weder davor, was, wie man glaubt, einem nicht widerfährt, noch vor denen, von denen man kein Unheil erwartet, noch zu einem Zeitpunkt, zu dem man kein Leid zu gewärtigen meint. Es fürchten sich demgemäß zwingend die, die glauben, ihnen könne etwas widerfahren, und zwar von bestimmten Leuten ein bestimmtes Unglück [35] zu einem bestimmten Zeitpunkt. Dass ihnen etwas zustoßen könne, glauben Leute nicht, die [1383a] in großem Glück leben oder sich dies einbilden, weshalb sie auch hochmütig, herablassend und frech sind (dazu machen sie Reichtum, Kraft, eine große Zahl von Freunden und Macht), aber auch die nicht, die meinen, schon alle nur erdenklichen Schrecklichkeiten durchgemacht zu haben, und die dem Zukünftigen kühl entgegensehen, [5] wie die, die schon vor den Folterknechten stehen.[38] Es muss vielmehr noch ein Funke Hoffnung auf Rettung vor dem, weswegen man sich ängstigt, bestehen. Ein Beweis: Die Furcht macht erfinderisch, während in aussichtsloser Lage keiner mehr überlegt. Daher muss der Redner, immer wenn es vorteilhafter ist, dass die Zuhörer sich fürchten, sie in einen solchen Zustand versetzen, indem er sagt, dass gerade sie Leute sind, denen Leid bevorsteht, denn schon andere, größere als sie, hätten Leid erfahren; ferner soll der Redner die Zuhörer darauf hinweisen, dass Menschen, die ihnen ganz ähnlich sind, zur Zeit etwas erleiden oder schon erlitten haben, und zwar von Leuten, von denen sie es nicht vermutet, ein Unglück, das sie nicht vermutet, und zu einem Zeitpunkt, an dem sie es nicht vermutet hätten. Da nun Klarheit über das Wesen der Furcht und des Furchtbaren sowie über die Disposition derer, die sich fürchten, geschaffen ist, ergibt sich daraus deutlich, was Zuversicht ist, worüber man zuversichtlich ist und in welcher Verfassung man es ist. Denn die Zuversicht ist das Gegenteil der Furcht und das, was Mut erregt, das Gegenteil dessen, was Furcht erregt. Daher ist Zuversicht die Hoffnung, die mit der Vorstellung verbunden ist, dass Rettung nahe bevorsteht, Furchterregendes aber entweder gar nicht vorhanden oder fern ist. Es ermutigt die Ferne des Schrecklichen und die Nähe des Ermutigenden;[39] ferner, wenn Möglichkeiten der Wiedergutmachung und der Hilfe vorhanden sind – viele, wirksame oder beides –, wenn es weder Opfer noch Täter gibt, wenn entweder gar keine Widersacher existieren, nur solche, die keine Macht haben, oder, wenn sie Macht haben, uns freundlich gesinnt sind, uns Gutes getan oder von uns Gutes erfahren haben, oder auch, wenn die, denen dasselbe nützt wie uns, zahlreicher, mächtiger oder beides sind. Zuversichtlich ist man selbst unter folgenden Umständen: Wenn man glaubt, in vielem erfolgreich gewesen zu sein, ohne Schaden erlitten zu haben, oder wenn man oft in fürchterliche Situationen geraten und heil wieder herausgekommen ist. Aus zwei Günden nämlich sind die Menschen emotionslos: Entweder wurden sie noch nicht auf die Probe gestellt oder sie verfügen über Auswege, wie z. B. [30] bei Gefahren auf dem Meer sowohl die, die noch nie einen Seesturm erlebt haben, als auch die, die auf Grund ihrer Erfahrung dem, was ihnen bevorsteht, mit Zuversicht entgegensehen, weil sie sich zu helfen wissen; ferner, wenn etwas weder für Leute ihresgleichen noch für diejenigen, die unter ihnen stehen, noch für die, denen sie ihrer Meinung nach überlegen sind, furchterregend ist. Das glauben sie bei Besiegten – bei ihnen selbst, ihnen Unterlegenen oder Ebenbürtigen; weiterhin sind wir zuversichtlich, [35] wenn wir glauben, dass uns zahlreichere und wirksamere Mittel zu Gebote stehen, mit denen wir in unserer Überlegenheit den anderen [1383b] Anlass zur Furcht geben; dazu zählen großes Vermögen, [Kraft,] viele Sklaven und Freunde, viel Land und Kriegsmittel, in all diesen Bereichen oder den wichtigsten davon; dann auch, wenn wir kein Unrecht getan haben, an keinem, nicht an vielen oder nicht an denen, [5] vor denen wir uns fürchten.[40] [[Überhaupt ist es ermutigend, wenn das Verhältnis zu den Göttern in Ordnung ist, sowohl im Allgemeinen als auch, was Vorzeichen und Orakel betrifft.]][41] Zorn freilich verleiht Zuversicht, kein Unrecht zu tun, vielmehr Unrecht zu erleiden bewirkt Zorn; von der Gottheit erwartet man aber, dass sie dem Opfer des Unrechts zu Hilfe kommt; schließlich, wenn wir glauben, dass wir bei einer Unternehmung weder sogleich [10] [noch in Zukunft] Schaden nehmen, oder dass wir sogar erfolgreich sein werden. So viel zum Furchterregenden und Ermutigenden.

6 Wegen welcher Art von Dingen, vor wem und in welcher Verfassung man sich schämt oder nicht schämt, geht aus Folgendem hervor. Scham[42] sei definiert als eine gewisse Art von Kummer und Beunruhigung über solche Übel, die offensichtlich zum Verlust [15] des guten Rufes führen,[43] seien diese nun gegenwärtige, vergangene oder zukünftige Übel, Schamlosigkeit aber sei gewissermaßen definiert als Geringschätzung und

Gleichgültigkeit denselben Übeln gegenüber. Wenn nun das definitionsgemäß Scham ist, so schämt man sich notwendigerweise solcher Übel, die für einen selbst oder die, um die man sich kümmert, schändlich zu sein scheinen. Solcher Art sind alle Taten, die einer schlechten Eigenschaft [20] entspringen, z. B. den Schild wegzuwerfen oder zu fliehen,[44] denn dies kommt von der Feigheit, ferner ein anvertrautes Gut zu unterschlagen, denn dazu kommt es aus mangelndem Gerechtigkeitsempfinden. Ferner Sexualkontakte mit solchen Personen, mit denen diese nicht erlaubt sind oder an einem verbotenen Ort oder zu einer verbotenen Zeit, denn das kommt von der Unbeherrschtheit. Sodann Profit aus kleinen oder schändlichen Dingen oder von machtlosen Personen wie Armen oder [25] Toten, woher ja auch das Sprichwort stammt: »Sogar vom Leichnam nehmen«.[45] Das kommt von schmutziger Gewinnsucht und Geiz; ferner keine oder zu geringe materielle Hilfe zu leisten, obwohl man dazu in der Lage ist, aber auch sich helfen zu lassen von Minderbemittelten. Weiterhin von jemandem etwas zu borgen unter dem Vorwand einer Bitte, [30] um etwas zu bitten unter dem Deckmantel einer Schuldforderung, eine Schuld einzufordern unter dem Vorwand einer Bitte, jemanden zu preisen mit der offensichtlichen Absicht, ihn anzubetteln, und, wenn man keinen Erfolg damit gehabt hat, nicht lockerzulassen: All das sind Anzeichen schmutziger Gewinnsucht. [[Anwesende zu loben, das zeugt von Schmeichelei.[46]]] Ferner Gutes in den Himmel zu loben, Schlechtes zu vertuschen, übertriebene Anteilnahme in Gegenwart eines Leidenden und dergleichen mehr, [35] denn all dies sind Anzeichen von Schmeichelei, ferner sich Mühen nicht zu unterziehen, die Menschen auf sich genommen haben, die [1384a] älter, verwöhnt[47], in höherer Position oder überhaupt weniger dazu in der Lage sind als wir, denn all dies sind Anzeichen von Verweichlichung; sodann von einem anderen sich Wohltaten erweisen zu lassen, noch dazu oftmals, und ihn dann noch dabei zu kritisieren. Dies allesamt ist nämlich Zeichen von geistiger Kleinheit und niedriger Gesinnung; ferner über die eigene Person zu erzählen, lauthals großzutun und Fremdes als Eigenes auszugeben, denn das zeugt von Angeberei.[48] In gleicher Weise auch Handlungen, Anzeichen und dergleichen, die aus jeder anderen negativen Eigenschaft des Charakters resultieren. Das ist ja schändlich und ruft Scham hervor. Dazu kommt noch: Von den Vorzügen, an denen alle, uns ähnliche oder die meisten Menschen teilhaben, nichts zu haben. Unter »ähnlich« verstehe ich Landsleute, Mitbürger, Gleichaltrige, Verwandte, überhaupt alle, die aus gleichen Verhältnissen kommen, denn schändlich ist es schon, nicht daran Anteil zu haben, z. B. an einem gewissen Maß an Erziehung oder Ähnlichem. All das ist aber umso schändlicher, wenn es selbstverschuldet scheint, denn in diesem Fall scheint es eher auf die eigene charakterliche Unzulänglichkeit zurückzuführen zu sein, wenn man selbst für seine vergangene, gegenwärtige oder zukünftige Lage verantwortlich ist. Man schämt sich solchen gegenwärtigen, vergangenen oder zukünftigen Leids, das zu Ehrverlust und Schande führt.[49] [Das sind Dinge, die mit dem Feilbieten des eigenen Körpers oder schändlicher Dienste zusammenhängen.] Dazu gehören Misshandlungen (weiters freiwillige oder unfreiwillige Handlungen der Zügellosigkeit – unfreiwillige sind die unter Einwirkung von Gewalt begangenen), von mutloser Feigheit nämlich kommen freiwilliges Stillhalten und Verzicht auf Widerstand. Das sind nun in etwa die Dinge, deren man sich schämt. Da die Schande die geistige Vorstellung eines Ehrverlustes, und zwar um dieses Ehrverlustes selbst, nicht um dessen Folgen willen ist und da sich keiner um Ehre an sich kümmert, es sei denn, es geht um die Leute, die diese Ehre verleihen, so folgt daraus mit Notwendigkeit, dass man sich vor denen schämt, die man achtet. Achtung haben wir vor denen, die uns bewundern, vor denen, die wir bewundern, vor denen, von denen wir bewundert werden wollen, vor denen, mit denen wir wetteifern und vor denen, deren Meinung wir nicht verachten. Leute nun, [30] von denen man bewundert werden will und die man selbst bewundert, sind solche, die über eines der Güter verfügen, die Ehre einbringen, oder solche, von denen man gerade unbedingt etwas von dem bekommen möchte, worüber diese verfügen, wie etwa Verliebte. Im Wetteifer um Ehre liegen wir mit denen, die uns ähnlich sind. Dabei bemühen wir uns um die Verständigen, als würden sie im Besitz der Wahrheit sein, das sind aber die Älteren und Gebildeten. Dann schämt man sich auch in höherem Maße über das, [35] was vor Augen liegt und öffentlich ist. Davon kommt denn auch der Spruch »Vor Augen liegt die Scham.«[50] Daher schämt man sich vor denen, die einen ständig umgeben wollen, und denen, die auf uns achten, viel mehr, [1384b] weil beides eben »vor Augen liegt«. Ferner schämt man sich eher vor denen, die nicht denselben Beschuldigungen ausgesetzt sind. Diese haben nämlich offenkundig entgegengesetzte Vorstellungen, [[weiterhin vor denen, die den Leuten, die ihrem Dafürhalten nach Fehler machen, nicht vergeben]], denn was jemand selbst tut, das, so sagt man, nimmt er auch seinem Nächsten nicht übel, [5] woraus klar folgt, dass er ihm aber das übel nimmt, was er selbst nicht tut; ferner vor Klatschmäulern, denn »über etwas keine schlechte Meinung haben« und »etwas nicht weiterschwatzen«[51] ist ein und dasselbe. Geschwätzig aber sind die, denen wir Unrecht getan haben, weil sie immer auf der Lauer[52] liegen, und die Verleumder, denn wenn Letztere schon über solche, die sich nichts zuschulden haben kommen lassen, schlecht reden, um wie viel eher werden sie das über die anderen tun; dann vor denen, die ihre Zeit nur [10] mit den Fehlern ihrer Mitmenschen verbringen, wie Satiriker und Komödiendichter, denn in gewisser

Hinsicht sind auch diese Verleumder und Klatschmäuler, ferner vor denen, in deren Beisein uns noch nichts fehlgeschlagen ist, ihnen gegenüber sind wir nämlich in der Rolle der Bewunderten. Daher schämen wir uns auch vor denen, die uns das erste Mal um etwas gebeten haben, weil wir bei ihnen wohl noch nicht unseren guten Ruf verloren haben. Von solcher Art sind sowohl Leute, die eben noch mit uns Freundschaft schließen wollten (sie haben das Beste an uns zu sehen bekommen, weshalb die Antwort des Euripides an die Syrakusaner genau passt)[53], als auch diejenigen von unseren alten Bekannten, die nichts Nachteiliges von uns wissen. Wir schämen uns aber nicht nur der genannten beschämenden Dinge, sondern auch ihrer Anzeigen, z. B. schämen wir uns nicht nur, wenn wir den Geschlechtsakt vollziehen,[54] sondern auch wegen dessen Vorboten, weiters schämen wir uns nicht nur, wenn wir Schändliches verrichten, sondern schon, wenn wir davon reden.[55] Des Weiteren schämen wir uns nicht nur vor den erwähnten Personen, sondern auch vor denen, die ihnen alles hinterbringen, wie ihren Dienern und Freunden. Überhaupt keine Scham empfinden wir denen gegenüber, deren Ruf im Hinblick auf die Fähigkeit, die Wirklichkeit richtig einzuschätzen, wir im Allgemeinen völlig geringachten (denn keiner schämt sich vor Kindern oder bestialischen Menschen);[56] und ebensowenig Bekannten und Unbekannten gegenüber für dieselben Dinge, sondern Ersteren gegenüber für diejenigen Dinge, die wahrheitsgemäß schändlich, Fernstehenden gegenüber für solche, die der Sitte nach[57] schändlich erscheinen. Schämen werden wir uns wohl auch in folgenden Situationen: erstens, wenn es Leute gibt, die zu uns in einem solchen Verhältnis stehen wie die, vor denen wir uns nach den bisherigen Ausführungen schämen (es sind dies solche, die wir bewundern, die uns bewundern, von denen wir bewundert werden möchten oder die wir um etwas bitten, das wir notwendig brauchen, das wir aber nicht erlangen können, wenn wir ohne Ansehen sind), und wenn uns diese Menschen entweder selbst zuschauen (wie Kydias[58] in seiner Rede über die Landverteilung auf Samos vor dem Volk: Er verlangte nämlich, die Athener sollten sich vorstellen, die Griechen stünden im Kreis um sie, um auch zu sehen und nicht nur zu hören, was sie beschließen) oder wenn solche Leute in der Nähe sind oder es zu erwarten ist, dass sie unser Tun bemerken. Daher will man auch im Unglück nicht von denen, die mit einem konkurrieren, wahrgenommen werden, denn Konkurrenten [1385a] sind Bewunderer. Dann schämen wir uns, wenn wir Taten und Handlungen aufweisen, die Schande bringen,[59] entweder von uns selbst vollbracht, von Vorfahren oder anderen, zu denen wir in einem Nahverhältnis stehen, überhaupt von solchen, derentwegen wir uns selbst schämen. Es handelt sich dabei aber um die bereits erwähnten Personen und diejenigen, die mit uns in Beziehung stehen, z. B. solche, deren Lehrer oder Berater wir sind; ferner, wenn noch andere uns ähnliche Personen anwesend sind, mit denen wir in Konkurrenz stehen, vieles nämlich tut oder unterlässt man aus Scham vor solchen Leuten. Man ist ja beschämter, wenn man gesehen werden und öffentlich mit Mitwissern verkehren soll.[60] Daher sagte auch der Dichter Antiphon[61] kurz vor der Hinrichtung durch Dionysios, als er sah, wie die, die mit ihm zugleich den Tod vor Augen hatten, sich beim Hinausgehen durch die Stadttore ihr Haupt verhüllten: »Was verhüllt ihr euch denn? Etwa, damit euch morgen niemand von diesen erkennt?« So viel zur Scham. Was die Schamlosigkeit angeht, so ist klar, dass man reichlich Material aus den Gegensätzen gewinnen kann.

7 Wem man wofür und in welcher Verfassung Wohlwollen entgegenbringt, wird klar werden, wenn wir den Begriff »Wohlwollen« definiert haben. »Wohlwollen«[62] in dem Sinne,

in dem man von einem Wohltäter sagt, er hege Wohlwollen, soll definiert sein als eine Gefälligkeit einem Bedürftigen gegenüber ohne Gegenleistung und nicht zu dem Zwecke, dass der Wohltäter selbst einen Vorteil daraus hat, sondern der Bedürftige. [20] Groß ist die Gefälligkeit einer Person gegenüber, die entweder besonders oder wichtiger und schwer zu beschaffender Dinge bedürftig ist, oder wenn sie in wichtigen und schwierigen Momenten geleistet wird oder wenn sie jemand als Einzelner, als Erster oder in besonderem Ausmaß leistet. Bedürfnisse sind Begierden, und darunter vornehmlich diejenigen, die mit Schmerzen verbunden sind, wenn einem das Erwünschte nicht zuteilwird. Von dieser Art sind Begierden wie die Liebe, ferner diejenigen, die bei körperlicher Beeinträchtigung und [25] in Gefahren aufkeimen, denn ein Begehren hegt sowohl der in Gefahr Befindliche als auch der von Schmerz Geplagte. Daher sind diejenigen, die einem in Not und Verbannung zur Seite stehen, wegen der Größe der Bedürftigkeit und der Wahl des richtigen Zeitpunktes, mag ihre Hilfe auch unbedeutend sein, Wohltäter, wie z. B. der, der im Lykeion einen Korb spendete.[63] Also muss sich die Hilfeleistung ganz besonders daran orientieren, ansonsten [30] an gleichen oder größeren Dingen. Da es jetzt offenkundig ist, wem, wofür und in welcher Disposition man Wohlwollen entgegenbringt, ist es klar, dass man sich dieser Dinge bedienen muss, indem man aufzeigt, dass diese in solchem Leid oder in solcher Notlage sind oder hineingeraten sind, jene bei einer derartigen Notlage Hilfsdienste geleistet haben oder noch leisten. Andererseits wird aber auch klar, [35] wodurch es möglich ist, anderen Wohlwollen abzusprechen und sie als Leute erscheinen zu lassen, die kein Wohlwollen [1385b] geleistet haben, denn man kann sagen, dass sie im eigenen Interesse hilfsbereit sind oder waren (das entspricht aber nicht unserer Definition von Wohlwollen), dass die Dienstleistung durch

Zufall oder unter Zwang zustande kam, oder sie damit nur eine Gegenleistung erbracht, sonst aber nichts gegeben haben, ob nun bewusst oder unbewusst. In beiden Fällen ist es eine Gegengabe für etwas, daher schon in dieser Hinsicht wohl kein Akt des Wohlwollens. Ferner ist dies auch nach allen Kategorien hin zu prüfen, denn Wohlwollen ist gegeben, wenn gerade es, so großes, solches entweder zu einer bestimmten Zeit oder an einem bestimmten Ort geschieht. Zeichen von zu geringem Wohlwollen aber ist es, wenn jemand eine eher geringfügige Hilfe nicht leistet, den Feinden aber sehr wohl eine, eine gleichwertige oder größere, denn dabei wird deutlich, dass sie keineswegs um unseretwillen geschieht; oder weiters, wenn jemand wissentlich mit Wertlosem hilft, keiner gibt ja zu, dass er Wertloses brauche. So viel zu Gefälligkeit und Ungefälligkeit. Jetzt wollen wir erörtern, welche Dinge mitleiderregend sind, wen wir bemitleiden, und in welcher Verfassung wir dies tun.

8[64] Mitleid sei definiert als eine Art Schmerz über eine anscheinend verderbliche und leidbringende Not, die jemanden, der es nicht verdient, trifft, ein Übel, das erwartungsgemäß auch uns selbst oder einen der Unsrigen[65] treffen könnte, und das ist besonders der Fall, wenn dieses nahe zu sein scheint. Es ist ja klar, dass derjenige, der Mitleid empfinden soll, gerade in einer solchen Verfassung sein muss, dass er glaubt, er selbst oder einer der Seinen würde ein Übel erleiden, und zwar ein Übel, das unserer Definition entspricht, gleicht oder sehr ähnelt. Daher empfinden weder die völlig Verlorenen Mitleid (denn sie meinen, sie könnten kein Leid mehr erfahren, sie hätten schon alles durchlitten), noch die, die sich in übergroßem Glück wähnen, diese sind hingegen überheblich. Wenn sie nämlich glauben, alle Güter stünden ihnen zur Verfügung, ist auch klar, dass sie glauben, ihnen könne unmöglich ein Übel widerfahren, denn auch das gehört zu den Gütern. Im Glauben, sie könnten etwas erleiden, sind solche Menschen, [25] die schon Leid erfahren und es überwunden haben, ferner ältere Leute wegen ihrer Einsicht und Erfahrung, dann auch Schwache und allzu Feige, weiters die Gebildeten, denn sie haben eine höhere Urteilsfähigkeit;[66] sodann diejenigen, die Eltern, Kinder oder Frauen haben, denn diese gehören zu ihnen und könnten die genannten Übel erleiden, ferner die, die nicht gerade [30] von einem Gefühl des Mutes erfüllt sind, wie z. B. von Zorn oder Zuversicht (diese Affekte bedenken ja die Zukunft nicht), die nicht in einer Stimmung des Übermuts sind (auch diese rechnen nicht damit, dass ihnen etwas zustoßen könnte) und die wiederum nicht übermäßig furchtsam sind (denn die, die vor Schrecken außer sich sind, empfinden kein Mitleid, weil sie ganz mit ihrem eigenen Seelenzustand beschäftigt sind), sondern sich in der Mitte zwischen diesen Gefühlslagen befinden. Dann erfasst einen auch Mitleid, wenn man glaubt, dass manche Menschen [35] auch anständig sind, denn wer meint, es gebe überhaupt keinen Anständigen, wird der Ansicht sein, [1386a] alle verdienen ihr Unglück, und allgemein, wenn jemand in solchen Lebensumständen ist, dass er sich erinnert, wie solches ihm selbst oder einem der Seinen widerfahren ist, oder wenn jemand solches für sich oder einen der Seinen erwartet. In welcher Stimmung man also Mitleid hat, ist damit gesagt, worüber man Mitleid empfindet, ergibt sich aus der Definition des Mitleids. Alles [Verderbenbringende] nämlich, was [5] leid- und schmerzhaft ist, ist mitleiderweckend, ebenso alles, was Vernichtung bringt, und alle Übel, die das Schicksal verursacht, sofern sie eine bestimmte Größe aufweisen. Schmerzhaft und verderbenbringend sind Tod, Misshandlungen und körperliche Leiden, Alter, Krankheiten und Nahrungsmangel; Übel, die das Schicksal auslöst, das Fehlen von Freunden, [10] eine geringe Anzahl von Freunden (daher ist auch die Trennung von Freunden und Vertrauten mitleiderregend), Hässlichkeit, Schwäche, Verstümmelung, und wenn ein Übel erwächst, woraus eigentlich ein Gut entstehen sollte, ferner, wenn so etwas oft vorkommt, weiterhin, wenn einem Gutes widerfährt, nachdem man schon Übles erlitten hat, wie z. B. dem Diopeithes[67] die Geschenke vom Großkönig zugesandt wurden, als er schon tot war, [15] ferner wenn einem überhaupt kein Gut zuteil geworden ist oder man diese Güter, werden sie einem zuteil, nicht genießen kann. So und so ähnlich ist all das, worüber man Mitleid hegt. Man bemitleidet Bekannte, wenn sie nicht allzu nahe Verwandte sind. Denn mit diesen leiden wir so, wie wenn wir selbst dieses Leid zu ertragen hätten. Daher weinte Amasis[68] Berichten zufolge auch nicht um seinen Sohn, [20] als dieser zum Tode geführt wurde, wohl aber über seinen Freund, als dieser ihn anbettelte, denn Letzteres ist mitleiderregend, Ersteres furchtbar. Das Furchtbare ist ja etwas anderes als das Mitleiderregende, es vermag das Mitleid zu vertreiben und ist oftmals nützlich für das Gegenteil.[69] Man empfindet nämlich kein Mitleid mehr, wenn einem das Furchtbare nahe ist. Ferner haben wir Mitleid mit denen, die uns bezüglich Alter, [25] Charakter, Gewohnheiten, sozialer Stellung und Abkunft ähnlich sind, denn in all diesen Fällen scheint es umso wahrscheinlicher, dass es auch uns selber treffen könnte. Überhaupt muss man hier ja annehmen, dass man wegen derjenigen Dinge, die man für sich selbst fürchtet, dann, wenn sie andere treffen, Mitleid hat. Da aber Leiden, die nahe scheinen, Mitleid erregen, man aber über solche, die vor tausend Jahren aufgetreten sind [30] oder in tausend Jahren auftreten werden, in der Erwartung oder Erinnerung überhaupt nicht oder nicht in gleicher Weise Mitleid hegt, folgt notwendig, dass diejenigen, die durch Gehabe, Stimme, Kleidung[70] und überhaupt durch schauspielerisches Geschick zur Wirkung beitragen, [33] in höherem Maße Mitleid erregen (sie lassen ja das Übel nah erscheinen, indem sie es vor Augen führen als etwas, das unmittelbar bevorsteht oder schon geschehen ist). Und so [1386b] erregt auch das eben erst Geschehene oder das in Kürze Bevorstehende in größerem Ausmaß Mitleid. Hierher gehören auch Zeichen [und Handlungen], z. B. die Kleidung derer, die gelitten haben, und dergleichen mehr, ebenso Worte und andere Äußerungen jener, die sich unmittelbar im Zustand des Leidens befinden, z. B. augenblicklich Sterbender. [5] All diese Dinge bewirken nämlich durch ihren Anschein der Nähe größeres Mitleid. Und in höchstem Maße erregt es Mitleid, wenn sich geachtete Menschen in solchen Situationen befinden, weil das Leid unverdient ist und direkt vor unseren Augen zu liegen scheint.

9 Das Gegenteil des Mitleids ist das, was gemeinhin als Entrüstung [10] bezeichnet wird. Dem Empfinden von Schmerz über ein unverdientes Unglück steht in gewisser Weise und von derselben ethischen Haltung ausgehend das Empfinden von Schmerz über unverdientes Glück gegenüber. Beide Emotionen zeugen von gutem Charakter. Es gehört sich ja, über das Leid derer, denen es unverdient schlecht geht, verärgert zu sein und sie zu bemitleiden, über diejenigen jedoch, denen es gutgeht, ohne dass sie dessen würdig sind, entrüstet zu sein, [15] denn was einem wider Verdienst zukommt, ist ungerecht, daher schreiben wir Entrüstung auch den Göttern zu.[71] Es könnte nun den Anschein haben, dass der Neid ebenso dem Mitleid entgegengesetzt ist, weil er der Entrüstung sehr ähnlich, sogar mit ihr identisch sei, er ist aber etwas anderes; zwar ist auch der Neid ein quälender Schmerz, der beunruhigt und sich gegen einen Erfolg richtet, aber nicht gegen den eines Menschen, der [20] unwürdig ist, sondern eines Menschen, der auf gleicher oder ähnlicher Stufe steht; und dass man dabei nicht fürchtet, dass einem selbst etwas Widriges zustoßen wird, sondern nur alles auf den Nächsten bezogen ist, das muss in allen Fällen gleichermaßen gegeben sein.[72] Dann würde ja

nicht mehr im einen Fall Neid, im anderen Entrüstung vorliegen, sondern Furcht, wenn deshalb Schmerz und Aufregung entstehen, weil sich dem einen ein Nachteil aus dem [25] Erfolg des anderen ergibt. Es ist aber augenscheinlich, dass diesen Emotionen auch die entgegengesetzten folgen werden, denn wer sich ob der unverdient Erfolglosen grämt, der wird sich freuen oder doch zumindest keinen Schmerz empfinden über diejenigen, die zu Recht sich in misslicher Lage befinden: z. B. wird wohl kein anständiger Mensch darunter leiden, wenn Vatermörder und Blutverbrecher ihre Strafe erhalten,[73] denn darüber muss man [30] sich genauso freuen wie über die, welche verdient erfolgreich sind. Beides ist nämlich gerechtfertigt und bereitet dem Redlichen Freude, denn er hofft natürlich, dass das, was seinesgleichen widerfährt, auch ihm widerfahren könnte. Und all diese Gefühle entspringen derselben Charakterhaltung, das Gegenteil der entgegengesetzten, denn der Schadenfrohe ist [1387a] zugleich auch neidisch. Wer darunter, dass jemand etwas bekommt oder besitzt, leidet, der wird sich notwendigerweise auch über dessen Verlust oder Vernichtung freuen. All das lässt daher Mitleid nicht aufkommen und unterscheidet sich untereinander aus den genannten Gründen, so dass [5] man alles gleichermaßen dazu verwenden kann, die mitleiderweckende Wirkung zu hemmen. Zuerst nun wollen wir über die Entrüstung sprechen, und zwar wem gegenüber, worüber und in welcher Verfassung man entrüstet ist, danach über das Übrige; es ergibt sich aus dem bereits Gesagten. Wenn Entrüstung einen Ärger über jemanden, der offenkundig unverdient Erfolg hat, [10] darstellt, dann ist zunächst klar, dass es nicht möglich ist, über alle Güter Entrüstung zu hegen. Man wird nämlich nicht über einen Menschen entrüstet sein, wenn er gerecht oder tapfer ist oder sich charakterliche Lauterkeit zu eigen gemacht hat (dem Gegenteil davon kommt ja kein Mitleid zu), sondern über Reichtum, Macht und dergleichen, kurz gesagt, Dinge, deren nur die Guten würdig sind und diejenigen, welche über Güter verfügen, die von Natur aus vorhanden sind, z. B. edle Abkunft, Schönheit oder andere Dinge dieser Art. Da aber das seit alter Zeit Bestehende dem Natürlichen irgendwie nahezukommen scheint, entrüstet man sich notwendigerweise, wenn Menschen dasselbe Gut haben, über diejenigen stärker, die es erst vor kurzem erlangt haben und dadurch glücklich sind, denn Neureiche sind ein größeres Ärgernis als die, die seit alters her dank ihrer Herkunft reich sind. In gleicher Weise sind es aber auch Regierende, Mächtige, Leute mit vielen Freunden und wohlgeratenen Kindern und was es sonst dergleichen gibt. Und wenn ihnen dadurch noch ein anderes Gut zufällt, verhält es sich genauso, denn auch hier kränken uns die Neureichen, die durch ihr Geld an der Herrschaft sind, mehr als die seit jeher Wohlhabenden. Ähnlich verhält es sich auch in den anderen Fällen. Der Grund dafür liegt darin, dass Letztere das ihnen Zustehende zu besitzen scheinen, Erstere nicht, denn das, was sich anscheinend schon immer so verhalten hat, scheint der Wirklichkeit zu entsprechen, so dass Erstere etwas haben, was ihnen nicht zusteht. Und da jedes der Güter nicht jedem, der es erlangt hat, gebührt, sondern es eine Art Analogie und Entsprechung gibt, wie z. B. die Schönheit der Waffen nicht zum Gerechten, sondern zum Tapferen passt, außergewöhnliche Hochzeiten nicht zu Neureichen, sondern zu edler Abkunft, ist es nun auch ein Grund zur Entrüstung, wenn ein tüchtiger Mensch nicht das erhält, was ihm gebührt. Das ist auch der Fall, wenn der Geringere mit dem Überlegenen wetteifert, besonders, wenn dies auf demselben Gebiet passiert (weshalb es ja auch heißt:

> Aias vermied er im Kampf, den Telamoniden:
> verargte ihm Zeus nämlich, mit stärkerem Manne zu kämpfen.[74])

[1387b] Ansonsten auch in jedem anderen Fall, wenn der Unterlegene mit dem Stärkeren streitet, wie z. B. der Musiker mit dem Gerechten, denn die Gerechtigkeit steht höher als die Musik. Wem gegenüber man nun aus welchen Gründen entrüstet ist, geht daraus klar hervor. Es sind die erwähnten und ihnen ähnlichen Fälle. Wir sind aber selbst zur Entrüstung geneigt, wenn wir [5] der höchsten Güter würdig sind und sie auch besitzen, denn es ist ungerecht, dass diejenigen, die nicht gleich sind, für gleicher Güter würdig erachtet worden sind. Zweitens trifft dies zu, wenn wir gut und rechtschaffen sind, denn dann unterscheidet man genau und hasst das Ungerechte; ferner, wenn wir ehrgeizig sind und zu bestimmten Taten drängen, besonders aber, wenn wir [10] etwas ehrgeizig erstreben, was andere, obgleich dessen unwürdig, erlangen. Allgemein gesprochen: Diejenigen, die sich der Dinge für würdig erachten, die anderen ihrer Meinung nach nicht gebühren, neigen diesen gegenüber eben wegen dieser Dinge zur Entrüstung. Deshalb entrüsten sich auch Sklavenseelen[75], Nichtsnutze und Ehrgeizlose nicht, denn es gibt nichts, dessen sie sich für würdig erachten. Daraus wird nun klar, welcher Art von Menschen gegenüber man, [15] wenn sie Pech haben, in schlimmer Lage sind oder Misserfolg haben, sich freuen oder ungerührt bleiben kann. Aus den Ausführungen wird auch das Gegenteil klar, so dass unmöglich Mitleid aufkommen kann, wenn die Rede die Richter so beeinflusst und erweist, dass sowohl die Leute, die Mitleid fordern, als auch die Dinge, wofür sie es fordern, unwürdig sind, es zu erlangen, sondern würdig, [20] es nicht zu erlangen.

10 Klar ist aber auch, wofür, wem gegenüber und in welcher Disposition man Neid[76] empfindet, da ja der Neid eine Art Kummer ist über ein offensichtliches Wohlergehen, das Gleichgestellten durch besagte Güter zuteilwird, nicht damit einem selbst etwas zufalle, sondern derentwegen. Neid empfinden werden solche, [25] die Gleichgestellte haben oder zu haben scheinen. »Gleichgestellt« meine ich im Sinne der Herkunft, der Verwandtschaft, des Alters, der Wertvorstellungen, der Reputation und des Vermögens; ferner solche, denen nur weniges dazu fehlt, alles zu besitzen. Daher sind die, welche Großes vollbringen und mit Glück gesegnet sind, neidisch, denn alle, bilden sie sich ein, nähmen ihnen das, was ihnen gehöre; sodann diejenigen, [30] die aus irgendeinem Grund ganz besonders geehrt werden, vornehmlich wegen ihrer Weisheit oder ihres Wohlstands. Die Ehrgeizigen sind neidischer als die, denen kein Ruhmstreben eigen ist, ferner die Scheinklugen[77], denn sie sind ehrgeizig auf dem Gebiet der Weisheit. Überhaupt sind alle, die in irgendeiner Hinsicht geltungsbedürftig sind, auf diesem Gebiet auch neidisch. Schließlich die Kleinmütigen[78], denn ihnen erscheint alles groß. Die Vorzüge, [35] derentwegen man Neid hegt, sind schon genannt worden. Auf fast alles nämlich, [1388a] wodurch man nach Geltung und Ehre strebt und nach Ruhm trachtet, Taten oder Besitztümer, und was immer es an Erscheinungsformen des Glücks geben mag, erstreckt sich Neid, und am meisten auf das, was man sich wünscht, was man haben zu müssen glaubt oder durch dessen Besitz man ein wenig über- oder [5] unterlegen ist. Klar ist auch, wen man beneidet, denn das wurde damit schon gesagt: diejenigen nämlich, die bezüglich Zeit, Ort, Alter und Reputation in einem Nahverhältnis stehen. [[Daher sagt man auch: »Denn die Verwandtschaft versteht sich auf Neid«.[79]]] Ferner die, mit denen man im Wettstreit um Ruhm liegt, denn darum kämpft man mit besagten Menschen, niemand aber mit solchen, die schon vor 10 000 Jahren lebten, [mit [10] Künftigen oder Toten,] genauso wenig wie mit denen, die in der Nähe der Säulen des Herakles wohnen, sodann auch nicht mit jenen, denen gegenüber wir nach eigener Einschätzung oder der Einschätzung der anderen entweder weit unter- oder weit überlegen sind. Diesen gegenüber also empfindet man wegen solcher Dinge Neid.[80] Da wir uns mit Konkurrenten, Nebenbuhlern und überhaupt mit denen, die nach demselben streben, im Wettstreit befinden, [15] muss sich besonders gegen diese unser Neid richten. Davon kommt der Spruch: »Töpfer gegen Töpfer«;[81] ferner gegen die, deren Besitz oder Erfolg für uns schmachvoll ist. Auch diese stehen uns nahe und sind uns gleichgestellt, denn es ist offenkundig, dass wir dieses Gut aus eigener Schuld nicht erlangt haben, so dass der Schmerz darüber Neid auslöst; weiterhin gegen diejenigen, die das besitzen [20] oder erworben haben, was uns selbst einmal zustand oder wir selbst einmal besaßen. Daher beneiden die Älteren die Jüngeren, sodann beneiden die, welche für dieselbe Sache viel ausgegeben haben, jene, die nur wenig dafür ausgegeben haben. Dann beneiden die, welche etwas nur mit Mühe oder überhaupt nicht erlangt haben, jene, die schnell in dessen Besitz gekommen sind. Nun erkennt man auch deutlich, über wen, weshalb und in welcher Stimmung sich solche Menschen freuen, denn in der Stimmung, in welcher wir über etwas [25] Schmerz empfinden, werden wir uns über das Gegenteil freuen. Wenn daher jemand in einen solchen Gemütszustand versetzt wurde und die, die Mitleid oder ein Gut beanspruchen, den geschilderten Personen entsprechen, so werden sie bei denen, die zu entscheiden haben, klarerweise nicht auf Mitleid stoßen.

11 In welcher Verfassung man ehrgeizige Rivalität[82] verspürt, worauf und gegen wen, [30] geht aus dem Folgenden hervor: Wenn nämlich Rivalität eine Art Schmerz ist über das subjektiv empfundene Vorhandensein hochgeschätzter und für uns erreichbarer Güter bei Menschen, die uns von Natur aus gleichstehen, und zwar nicht, weil sie bei einem anderen, sondern weil sie nicht bei uns sind (daher ist auch Rivalität etwas Anständiges und anständigen Menschen zu eigen, Neid aber schlecht und Kennzeichen schlechter Menschen, denn der eine geht [35] durch die Rivalität darauf aus, Güter zu erlangen, der andere aber durch Neid darauf, dass der Nächste sie nicht hat), dann sind Ehrgeizige notwendig Menschen, [1388b] die sich gewisser Güter für würdig erachten, die sie nicht haben. [[Keiner beansprucht ja Güter, die unmöglich erscheinen]]. Daher neigen junge und großmütige Menschen dazu, weiters jene, denen solche Güter zur Verfügung stehen, die angesehenen Männern zukommen. Dazu zählen Reichtum, [5] viele Freunde, Ämter und dergleichen mehr; als ob sie gut sein müssten, nur weil Guten es zukam, diese oder jene Güter zu haben, streben sie eifernd nach solchen Gütern; ferner sind diejenigen ehrgeizig, die von den Übrigen solcher Güter für würdig erachtet werden. Auch diejenigen, deren Vorfahren, Verwandte, Angehörige, Volk oder Heimatstadt berühmt sind, sind ehrgeizig, dasselbe zu erreichen, sie meinen nämlich, diese Dinge seien [10] ihr Eigentum und sie selbst ihrer würdig. Gilt Ehrgeiz jedoch Gütern, die Ansehen haben, so müssen auch die Tugenden dazugehören und alles, was anderen nützt und Wohltaten erweist, denn man ehrt Wohltäter und gute Menschen. Ebenso die Güter, die unsere Mitmenschen genießen können, wie z. B. Reichtum und Schönheit in höherem Maße als Gesundheit. Es ist nun klar, [15] welche Personen Gegenstand des Ehrgeizes sind, nämlich diejenigen, die dies und Ähnliches besitzen. Dabei handelt es sich um die genannten Güter wie Tapferkeit, Weisheit und Ämter. Denn Inhaber von leitenden Stellen können viel nützen, genauso wie Feldherren, Redner und alle, die diese Art von Macht ausüben; ferner solche, denen viele gleich oder mit denen viele bekannt oder [20] befreundet sein wollen, oder die, denen viele oder wir selbst Bewunderung zollen, sodann diejenigen, denen von Dichtern und Schriftstellern[83] Lob und Ruhm entgegengebracht wird. Menschen entgegengesetzter Art werden hingegen verachtet. Das Gegenteil von Ehrgeiz ist nämlich Verachtung und von verachten rivalisieren. Mit Notwendigkeit sind Leute, die in die Lage gekommen sind, mit jemandem zu rivalisieren [25] oder selbst Gegenstand von Rivalität zu sein, dazu geneigt, diejenigen zu verachten, die solche Übel haben, die Gütern, um die man rivalisiert, entgegenstehen und zwar auf Grund eben dieser Übel.[84] Daher verachtet man oft die vom Glück Begünstigten, wenn ihnen das Glück ohne die Güter, die Ansehen bringen, zur Seite steht. Wodurch nun Affekte entfacht und gemildert werden und woraus Mittel zu überzeugen [30] gewonnen werden können, wäre damit abgehandelt.

12 Hierauf wollen wir untersuchen, wie Menschen sind, was ihren Charakter, ihre Affekte, ihr Verhalten, ihr Alter und ihre Lebensumstände betrifft. Mit »Affekten«[85] meine ich Zorn, Begierde und dergleichen, wovon wir im Vorigen gesprochen haben, mit »Verhalten« Tugenden und Laster. Auch darüber ist schon früher gesprochen worden [35] wie auch darüber, welche Ziele sich jeder Mensch setzt und was er tut. Lebensalter sind Jugend, Lebenshöhepunkt und [1389a] Greisenalter. Als Lebensumstände bezeichne ich edle Abkunft, Reichtum, Macht und deren Gegenteile, kurz: Glück und Unglück. Die Jungen nun sind von ihrem Charakter her von Begierden bestimmt und geneigt, das zu tun, was sie gerade begehren. Und unter den leiblichen Begierden gehen sie vorzugsweise [5] dem Liebesgenuss nach und sind dabei unbeherrscht. Launisch schwanken sie in ihren Begierden und neigen zum Überdruss, sie begehren zwar heftig, lassen aber auch schnell davon ab, denn ihre Wünsche sind intensiv, aber nicht groß, ebenso wie Hunger und Durst bei Kranken. Ferner sind sie impulsiv, jähzornig und geneigt, [10] ihrem Zorn nachzugeben. Sodann erliegen sie ihrem Zorn, denn aus Ehrgeiz ertragen sie es nicht, geringgeschätzt zu werden, sondern empören sich, wenn sie sich ungerecht behandelt fühlen. Daneben sind sie zwar ehrgeizig, mehr aber noch siegeshungrig, denn die Jugend strebt nach Überlegenheit, der Sieg aber ist eine Art von Überlegenheit. Und dies beides[86] trifft eher zu, als dass sie geldgierig sind. Geldgierig sind sie in keiner Weise, weil sie noch keine Not erfahren haben, wie es in Pittakos' Spruch auf Amphiaraos[87] heißt. Ferner sind sie nicht bösartig, sondern gutwillig, weil sie noch nicht viel an Schlechtigkeiten gesehen haben. Sodann sind sie gutgläubig, weil sie noch nicht oft getäuscht worden sind. Auch voll Erwartungen sind sie, denn die Jungen sind von Natur aus so feurig, wie die Betrunkenen es vom Wein sind, zugleich auch deshalb, weil sie noch nicht viele Fehlschläge hinnehmen mussten. Und sie leben überwiegend von der Hoffnung, denn die Hoffnung bezieht sich auf die Zukunft, die Erinnerung auf die Vergangenheit, für die Jugend aber ist die Zukunft lang, die Vergangenheit kurz. Am ersten Tag seines Lebens kann man sich ja an nichts erinnern, aber alles erhoffen. Aus den genannten Gründen lassen sie sich aber auch schnell täuschen. Leichtfertig geben sie sich nämlich Hoffnungen hin. Auch mutiger sind die Jungen, denn sie sind impulsiv und voll guter Hoffnung, Ersteres lässt sie nichts fürchten, Zweiteres guten Mutes sein. Im Zorn fürchtet sich nämlich niemand, Hoffnung auf ein Gut aber hebt den Mut. Ferner schämen sie sich leicht, denn sie haben noch keine Ahnung von anderen Werten, sondern sind nur nach den konventionellen Normen erzogen. Weiterhin sind sie auf Großes aus, denn sie sind vom Leben noch nicht gedemütigt worden, sondern noch in Unkenntnis des Zwangs der Umstände, und sich großer Dinge würdig zu erachten, bedeutet Sinn nach Großem[88], das aber ist Zeichen eines hoffnungsfrohen Menschen. Ferner ziehen sie es vor, lieber edel als nach dem Gebot des Nutzens zu handeln, denn sie leben mehr nach ihrem moralischen Empfinden als nach Berechnung. Berechnung aber bezieht sich auf den Nutzen, Tugend auf das Edle. Weiters pflegt die Jugend mehr als die übrigen Lebensalter Freundschaft und Kameradschaft, weil sie [1389b] am Leben in Gemeinsamkeit ihre Freude hat und noch nichts nach dem Nutzen beurteilt, also auch ihre Freunde nicht. Auch Fehler begehen die Jungen entgegen der Devise Chilons[89] in allem gar zu übermäßig und heftig, denn alles betreiben sie im Übermaß: Sie lieben zu sehr, sie hassen zu sehr, und auch alles Übrige tun sie ebenso. Sie bilden sich ein, alles zu wissen, und beteuern das auch noch; das ist ja auch die Ursache dafür, dass alles im Übermaß ausfällt. Unrecht begehen sie aus Übermut, nicht aus Gemeinheit. Sie neigen zu Mitleid, weil sie alle für anständig halten und für besser, als sie es wirklich sind. Nach ihrer eigenen Unschuld beurteilen sie ja auch ihre Mitmenschen, so dass sie glauben, diese litten unverdient. Auch lachen sie gern, weshalb sie auch einen Hang zu Späßen haben. Witz[90] ist nämlich kultivierter Übermut. So ist also der Charakter der Jugend.

13 Die Älteren, die die Blüte ihres Lebens mehr oder weniger schon hinter sich haben, weisen Charakterzüge auf, die vielfach den genannten entgegengesetzt sind. Weil sie nämlich schon viele Jahre gelebt haben, öfter enttäuscht worden sind, öfter Fehltritte begangen haben und die Mehrzahl der menschlichen Unternehmungen schlecht ausgeht, legen sie sich auf nichts endgültig fest, sondern sind in allem weniger vehement, als es geboten wäre.[91] Sie glauben nur, wissen jedoch nichts mit Sicherheit.[92] Und in ihren schwankenden Haltungen fügen sie überall »vielleicht« und »etwa« hinzu und drücken alles so aus, nichts aber mit Bestimmtheit. Ferner sind sie bösartig; denn es ist bösartig, alles von seiner schlechten Seite her aufzufassen. Sie sind zudem auch argwöhnisch aus Misstrauen, misstrauisch aber aus Erfahrung. Deswegen ist auch weder ihre Liebe noch ihr Hass heftig, sondern entsprechend der Maxime des Bias[93] lieben sie, als ob sie später hassen, und hassen, als ob sie später lieben sollten. Und sie sind kleinmütig, weil sie vom Leben erniedrigt worden sind. Nach nichts Großem und Außerordentlichem streben sie, sondern nach den Dingen des täglichen Lebens. Des Weiteren sind sie knauserig, denn das Geld ist eines der notwendigen Dinge, und zugleich wissen sie aus Erfahrung, dass man es schwer erwirbt, aber leicht verliert. Ferner sind sie feige und fürchten sich schon, bevor es Anlass dazu gibt, sie sind nämlich gerade das Gegenteil der Jungen: Sie sind kühl, jene dagegen hitzig, so dass das Alter der Feigheit den Weg gebahnt hat. Auch die Furcht ist ja eine Art seelischer Kälte. Und am Leben hängen sie, besonders an dessen letztem Tag, weil Sehnsucht danach besteht, was nicht mehr da ist, und man danach am heftigsten verlangt, woran es nunmehr mangelt. Sodann lieben sie sich selbst mehr als angemessen. Auch das ist eine Form von Kleinmütigkeit, und ihr Leben richtet sich am Vorteil aus, nicht am Edlen, mehr als es zulässig ist, eben wegen ihres Egoismus, denn [1390a] der Vorteil ist ein individuelles Gut, das Edle ein absolutes. Des Weiteren sind sie eher schamlos als beschämt. Weil sie sich um das Edle nicht in demselben Maße wie um das Vorteilhafte kümmern, liegt ihnen nichts an der Meinung der Leute. Ferner erwarten sie aus Erfahrung Schlimmes (die meisten Dinge, die geschehen, sind ja schlimm, jedenfalls fallen sie in der Mehrzahl eher schlimmer aus), zudem aus Feigheit. Weiters leben sie mehr in der Erinnerung als in der Erwartung, denn kurz ist, was ihnen vom Leben übrig ist, lang, was sie schon hinter sich gelassen haben; die Hoffnung richtet sich allerdings auf die Zukunft, die Erinnerung auf die Vergangenheit, was auch der Grund ihrer Geschwätzigkeit ist. Unablässig reden sie ja davon, was war, an der Erinnerung haben sie ihre Freude. Ihre Zornesausbrüche sind heftig, aber ohne Wirkung, und ihre Begierden sind teils erloschen, teils schwach, so dass sie nicht nach Maßgabe ihrer Begierden, sondern ihres Vorteils trachten und handeln. Daher [15] erscheinen Menschen in diesem Alter besonnen, ihre Begierden sind erschlafft, und sie sind Sklaven des Gewinns. Auch leben sie mehr nach Berechnung als nach ihrer Gesinnung, denn die Berechnung ist Sache des Nützlichen, Gesinnung Sache der Moral. Unrecht begehen sie aus Boshaftigkeit, nicht aus Übermut. Zwar neigen auch die Alten zum Mitleid, aber [20] nicht aus demselben Grund wie die Jungen, diese nämlich aus Nächstenliebe[94], jene aus Schwäche. Sie glauben nämlich, alle Leiden stünden ihnen kurz bevor, das war ja das oben behandelte Mitleid.[95] Daher jammern sie auch immer, sind nicht zu Späßen aufgelegt und keine Freunde des Gelächters, denn der Hang zum Jammern steht im Gegensatz zur Freude am Lachen. Soweit zu den Charakterzügen von [25] Jung und Alt. Weil nun allen die Reden ins Ohr gehen, die ihrer Wesensart entsprechen oder ähnlich sind, ist es offensichtlich, wie Redner und Reden durch den Einsatz des Wortes einen Eindruck erwecken können, der eben dieser Wesensart entspricht.

14 Augenscheinlich ist, dass diejenigen, die in der Blüte ihres Lebens stehen, ihrem Wesen nach eine Mittelstellung zwischen beiden Altersgruppen [30] einnehmen werden, indem sie deren Extreme mildern und weder allzu zuversichtlich (denn das ist Verwegenheit) noch allzu furchtsam sind, sondern in beidem das richtige Maß halten, weder allen trauen noch allen misstrauen, sondern eher realistisch urteilen, weder ausschließlich ihr Leben nach dem Edlen noch dem Vorteil [1390b] ausrichten, sondern auf beides, ferner weder knauserig noch schwelgerisch sind, sondern wie es sich ziemt. Ebenso verhält es sich, was Zorn und Begierde betrifft. Sie sind besonnen mit Mut und mutig mit Besonnenheit. Diese Eigenschaften liegen bei Jungen und [5] Alten nämlich getrennt vor, denn die Jungen sind mutig und zügellos, die Älteren maßvoll und feige. Allgemein ausgedrückt, vereinigen sie beide förderlichen Eigenschaften in sich, die Jugend und Alter getrennt für sich haben, wovon aber die einen zu viel, die anderen zu wenig haben, haben sie das passende Maß.[96] Der Körper steht in seiner Blüte zwischen dem 30. und 35. Lebensjahr, der Geist um das 49. Lebensjahr. So viel über Jugend, Alter und Blütezeit und die charakterlichen Eigenarten jeder dieser Altersstufen.

15 Als Nächstes wollen wir der Reihe nach über die dem Glück entspringenden Güter sprechen, durch welche den Menschen bestimmte Charaktereigentümlichkeiten erwachsen. Eigenheit des Geburtsadels ist, dass der, der ihn hat, ehrgeiziger ist, denn alle Menschen pflegen, wenn sie etwas besitzen, dies zu vermehren. Der Geburtsadel aber ist Ansehen durch Vorfahren. Ihm ist es eigen, auch auf die, welche den eigenen Vorfahren gleichstehen, herabzusehen, weil weiter Zurückliegendes angesehener und zum Großtun besser geeignet ist als Gegenwärtiges. Der Begriff »adelig« bezieht sich auf die Vortrefflichkeit der Familie, »edel« heißt, nicht aus der Art zu schlagen – das kommt bei Adeligen zumeist nicht vor, die Masse aber ist von einfachem Schlag. Auch bei den Geschlechtern der Menschen gibt es ja wie bei den Früchten des Feldes eine Zeit der Ernte, und manchmal werden, wenn das Geschlecht gut ist, ihm eine bestimmte Zeit lang herausragende Männer geboren, dann aber lässt es wieder nach. Es wandeln sich Mitglieder vornehmer Familien zu immer verrückteren Charakteren, wie die Nachkommen des Alkibiades und des älteren Dionysios, Mitglieder unerschütterlich feststehender Familien zu Einfalt und Trägheit wie die Nachkommen des Kimon, Perikles und Sokrates[97].

16 Welche Charakterzüge mit dem Reichtum verbunden sind, ist für alle leicht zu erkennen:[98] Die Reichen sind nämlich anmaßend und überheblich, da sie der Besitz des Reichtums irgendwie beeinflusst. Denn sie kommen sich so vor, als vereinigten sie alle [1391a] Güter in ihrer Person. Der Reichtum ist ja eine Art Wertmaßstab für alles Übrige, daher entsteht der Eindruck, dass alles durch ihn käuflich sei. Ferner sind sie ausgelassen und protzig, ausgelassen auf Grund ihrer ausgelassenen Lebensweise und der Zurschaustellung ihres Glücks, protzig aber und eigenbrötlerisch wie die Bewohner von Soloi,[99] weil sie alle es gewohnt sind, die Zeit damit zu vertreiben, was sie lieben und bewundern, und weil sie sich einbilden, auch die anderen strebten voll Neid nach demselben wie sie. Und dabei haben sie dieses Gefühl aus gutem Grund, denn viele sind auf die Besitzenden[100] angewiesen. Das ist auch der Grund für den Ausspruch des Simonides über die Weisen und Reichen, denn er erwiderte der Frau des Hieron, als diese ihn fragte, ob es besser sei, reich oder weise zu sein: Reich sein, denn er sehe immer, wie die Weisen sich vor den Türen der Reichen herumtreiben.[101] Eine weitere Folge des Reichtums ist, dass die Reichen glauben, ihnen stünde die Herrschaft zu, denn sie meinen, sie besäßen, was sie würdig mache zu regieren. Kurzum, das Wesen des Reichen ist das eines glücklichen Narren. Diejenigen, die seit kurzem zu Vermögen gelangt sind, unterscheiden sich nun in ihrem Charakter von denen, die es schon von alters her haben, insofern, als die Neureichen all diese Übel in höherem Ausmaß und in schlimmerer Ausprägung aufweisen, denn neureich sein ist so etwas wie eine unkultivierte Ausformung des Reichtums.[102] Nicht aus Bosheit, sondern teils aus Übermut, teils aus Unbeherrschtheit begehen sie Unrecht, etwa durch schändliches Benehmen und Ehebruch.

17 Ebenso klar sind fast die meisten Charaktereigenschaften, die aus der Macht resultieren. Teils bedingt sie die gleichen wie der Reichtum, teils bessere. Ihrer Wesensart nach sind die Mächtigen ehrgeiziger und mutiger als die Reichen, weil sie nach Taten streben, die sie kraft ihrer Macht auch ausführen können. Sie sind ferner geschäftiger, weil sie in ständiger Sorge sind, gezwungen, auf alles zu achten, was mit ihrer Macht zusammenhängt. Weiters wirken sie eher nobel[103] als gewichtig, denn ihre Position rückt sie mehr ins Licht, weshalb sie sich maßvoll geben. Noblesse ist getragene und gestaltvolle Würde. Wenn sie aber Unrecht begehen, so sind das keine Bagatellen, sondern sie verüben es in großem Stil. Das Glück bedingt Charakterzüge, je nachdem, welchen seiner Teilaspekte, die wir schon besprochen haben, wir betrachten, denn auf diese zielen die Glücksfälle, die am größten erscheinen, ferner bedeutet Glück noch einen Vorteil, was Kindersegen und körperliche Güter betrifft. So ist man zwar durch das Glück [1391b] hochmütiger und unbesonnener, aber eine Charaktereigenschaft, die sehr gut ist, geht aus ihm hervor, nämlich dass man Liebling der Gottheit ist oder irgendein Verhältnis zu ihr aufbaut, weil man an die Gottheit auf Grund der einem durch Glück zufallenden Güter glaubt. So weit nun also zu den vom Alter und vom Glück abhängigen Charakteren. Das Gegenteil des Dargestellten wird aus den Gegensätzen deutlich, z. B. der Charakter des Armen, Glück- und Machtlosen.

18 [[Da nun der Einsatz von Reden, die überzeugen wollen, auf ein Urteil abzielt (darüber, was wir wissen oder bereits entschieden haben, braucht es ja keine Rede mehr), liegt ein Urteil vor, wenn jemand mit einer Rede einer Einzelperson zurät oder abrät, wie es Mahner oder Zuredner tun (denn die Einzelperson ist nichts weniger als ein Richter; denn wen es zu überzeugen gilt, der ist, einfach gesagt, der Richter), gleich, ob er nun gegen einen Streitgegner oder eine vertretene Ansicht spricht (denn auch dabei muss man sich der Rede bedienen und Gegenpositionen entkräften, gegen die man wie gegen einen Streitgegner die Rede richtet); ebenso auch bei Prunkreden (da zielt die Rede ja auf ein Publikum, als wäre es ein Richter), allgemein allerdings ist nur der ein Richter, der in öffentlichen Streitfällen die gesuchte Entscheidung trifft, denn die Streitfragen werden untersucht und die Gegenstände der Beratung.]] Über die Charakterarten, die durch die Staatsverfassungen bedingt sind, haben wir schon früher im Zusammenhang mit den Beratungsreden gesprochen. Daher dürfte genau bestimmt sein, wie und durch welche Mittel man eine auf den Charakter abgestimmte Rede zu verfassen hat. Da aber jeder Redegattung ein anderes Ziel gesetzt ist, für alle von ihnen Ansichten und Ausgangspunkte erstellt worden sind, woraus Beratungs-, Fest- und Gerichtsreden ihre Überzeugungsmittel nehmen und mit welchen Mitteln auf den Charakter abzielende Reden zu verfassen sind, und da weiters das genau festgelegt worden ist, so bleibt uns nur noch übrig, über die Gesichtspunkte zu sprechen, die allen Gattungen gemein sind. Alle müssen nämlich in ihren Reden die Topoi des Möglichen und Unmöglichen aufgreifen und teils darzulegen versuchen, dass etwas geschehen wird, teils, dass etwas geschehen ist. Ein weiterer Topos, der allen Reden eignet, ist der der Größe, denn alle Redner bedienen sich beim Zu- [und Abraten], Loben und Tadeln, [1392a] Anklagen und Verteidigen des Verkleinerns oder Vergrößerns. Sind wir hierbei zu Definitionen gelangt, wollen wir versuchen, soweit wir es eben vermögen, ganz allgemein über Enthymeme und über die Beispiele zu sprechen, damit wir nach Erledigung des noch Ausstehenden unser eingangs geäußertes Vorhaben erfüllen. Von den allgemeinen Topoi ist, wie gesagt, das Vergrößern besonders den Festreden eigentümlich, Vergangenes gehört zu den Gerichtsreden (darüber ergeht ja das Urteil), Mögliches und Zukünftiges zu den Beratungsreden.

19 Zuerst wollen wir nun über »möglich« und »unmöglich«[104] sprechen. Wenn es möglich ist, dass das Gegenteil von etwas existiert oder existieren wird, so scheint wiederum wohl auch dessen Gegenteil möglich zu sein:[105] wenn z. B. ein Mensch gesund werden kann, kann er auch krank werden, denn dieselbe Möglichkeit besteht bei Gegensätzen, insoweit sie Gegensätze sind. Wenn das eine von zwei ähnlichen Dingen möglich ist, ist es auch das andere. Wenn das Schwierigere möglich ist, ist es auch das Einfachere. Wenn es weiterhin möglich ist, dass etwas edel und schön werden kann, so kann es generell werden; denn es ist schwieriger für ein Haus, schön zu sein als überhaupt nur zu sein. Ferner ist, wovon der Anfang möglich ist, auch das Ende möglich, denn nichts von dem, was unmöglich ist, kann existieren oder zu existieren beginnen: Dass z. B. die Diagonale gleich lang ist wie die Seiten, das könnte wohl nie zu sein beginnen noch ist es so. Dann ist, wovon das Ende möglich ist, auch der Anfang möglich, denn alles entsteht aus einem Ursprung. Und wenn das Spätere, was Existenz und Entstehung betrifft, möglich ist, ist es auch das Frühere:[106] Wenn z. B. ein Mann existieren kann, kann es auch ein Knabe (das ist nämlich das zeitlich Frühere), und wenn ein Knabe existieren kann, dann auch ein Mann (jener stellt ja den Anfang dar). Weiters (ist möglich)[107], wonach es von Natur aus ein Begehren oder Verlangen gibt, denn niemand begehrt oder verlangt im Allgemeinen Unmögliches, ferner kann das, was Gegenstand von Wissenschaften und Fertigkeiten ist, sein oder werden. Sodann alles, dessen Ursprung der Entstehung in Dingen liegt, die wir erzwingen oder durch Überredung herbeiführen können; das trifft dort zu, wo wir stärker oder mächtiger sind oder Freunde haben. Ferner ist, wovon Teile möglich sind, auch deren Ganzes möglich; und wovon das Ganze möglich ist, davon sind es auch zumeist die Teile: Wenn nämlich Oberleder, Riemen und Hinterleder entstehen können, so können auch Schuhe entstehen, und wenn Schuhe, dann auch Oberleder und Riemen. Und wenn die ganze Gattung [1392b] in den Bereich des Möglichen fällt, dann auch die Art, und wenn die Art, dann auch die Gattung: Wenn z. B. ein Schiff entstehen kann, kann auch eine Triere entstehen, wenn eine Triere, dann auch ein Schiff. Ferner ist, wenn von zwei Dingen, die miteinander in einem natürlichen Verhältnis stehen, das eine möglich ist, auch das andere möglich: Wenn z. B. das Doppelte möglich ist, ist es auch [5] die Hälfte, wenn die Hälfte, dann auch das Doppelte. Weiters ist, wenn etwas ohne technische Hilfsmittel entstehen kann, dann dies viel eher mit technischen Hilfsmitteln der Fall, daher heißt es auch bei Agathon:

> Gar manches wir durch Kunstgeschick ins Werke setzen müssen,
> doch and'res wiederum, durch Zwang und Schicksal fällt's uns anheim.[108]

[10] Ferner ist, wenn etwas Schlechteren, Schwächeren oder Dümmeren möglich ist, es denen mit den gegenteiligen Eigenschaften umso mehr, wie ja auch Isokrates sagte, es sei furchtbar, wenn man selbst nicht darauf kommen könne, was Euthynus herausgefunden hat.[109] Was das Unmögliche betrifft, so ist klar, dass es sich aus dem Gegenteil des Gesagten ergibt. Ob etwas geschehen ist oder nicht, lässt sich aus Folgendem [15] ersehen: Erstens ist wohl, wenn das, was von Natur aus weniger wahrscheinlich geschieht, geschehen ist, auch das Wahrscheinlichere geschehen. Ferner ist auch das Frühere geschehen, wenn das, was gewöhnlich später geschieht, geschehen ist: Wenn z. B. jemand etwas vergessen hat, so hat er es auch einmal gelernt. Weiters hat, wenn jemand fähig und willens war, etwas zu tun, er es auch getan, denn alle handeln, wenn sie es wollen und dazu [20] in der Lage sind, es steht ihnen ja nichts im Wege. Dann (handelt jemand) noch, wenn er etwas

wollte und sich kein äußeres Hindernis ihm entgegenstellte, wenn er dazu in der Lage und erzürnt und wenn er dazu in der Lage und darauf aus war, denn meistens tun die Menschen das, wonach sie trachten, sofern sie dazu in der Lage sind, die Schlechten aus mangelnder Selbstbeherrschung, die Anständigen, weil sie nach ihnen Gemäßem trachten. Ferner (ist etwas geschehen)[110], wenn es [25] im Begriffe war zu geschehen und jemand dabei war, es zu tun, denn es ist wahrscheinlich, dass jemand, der nahe daran ist, etwas zu tun, es auch wirklich tut, sodann wenn etwas geschehen ist, was von Natur aus etwas anderem vorausgeht oder um dessentwillen geschieht: Wenn es z. B. geblitzt hat, hat es auch gedonnert, und wenn jemand etwas versucht hat, hat er es auch ausgeführt; ferner ist aber auch, wenn das geschehen ist, was von Natur aus später geschieht oder um dessentwillen etwas geschieht, das Frühere und der Grund dafür [30] geschehen: Wenn es z. B. gedonnert hat, hat es auch geblitzt, und wenn jemand etwas getan hat, hat er es auch versucht. Dies alles tritt teils mit Notwendigkeit ein, teils mit großer Wahrscheinlichkeit. Was die Frage betrifft, ob etwas nicht geschehen ist [33], erhält man Klarheit aus dem Gegenteil des Gesagten. Ob etwas [1393a] geschehen wird, geht ebenfalls aus dem Gesagten hervor. Das, wozu Vermögen und Wille vorhanden sind, wird geschehen. Auch all das wird geschehen, worauf Begierde, Zorn und Überlegung verbunden mit der Möglichkeit, es auszuführen, gerichtet sind wie der Drang und der Wunsch, etwas durchzuführen, denn gewöhnlich geschieht [5] eher das, was kurz davor steht, als das, was noch lange aussteht. Weiters (ist etwas geschehen)[111], wenn ihm etwas vorangegangen ist, was ihm der Natur entsprechend vorherzugehen pflegt: Wenn es z. B. bewölkt ist, wird es aller Wahrscheinlichkeit nach regnen. Ferner ist, wenn das, was um etwas anderen willen geschieht, geschehen ist, zu erwarten, dass dieses auch geschieht: Wenn z. B. das Fundament (gelegt ist), (wird) auch das Haus (gebaut).[112] Was Größe und Kleinheit, Größer und Kleiner, [10] überhaupt Groß und Klein der Dinge betrifft, ist uns alles aus dem zuvor Gesagten klar geworden. Über die Größe der Güter und allgemein über »größer« und »kleiner« haben wir im Abschnitt über die Beratungsreden gesprochen. Weil in jeder Gattung der Reden das vorgegebene Ziel ein Gut ist, wie das Nützliche, Edle und [15] Gerechte, ist es einleuchtend, dass alle daraus Mittel zur Steigerung schöpfen müssen. Darüber hinaus noch über Größe allgemein und Übermaß Untersuchungen anzustellen, wäre leeres Gerede, denn für den Gebrauch sind die speziellen Sachverhalte von größerem Gewicht als die allgemeinen. Dies soll nun über »möglich« und »unmöglich«, über die Frage, ob etwas geschehen ist oder [20] nicht, etwas sein wird oder nicht, schließlich über Größe und Kleinheit der Dinge genügen.

20 Es bleibt jetzt nur noch übrig, über die Überzeugungsmittel, die allen Redegattungen gemeinsam sind, zu sprechen, über die gattungsspezifischen haben wir ja schon gehandelt. An gemeinsamen Mitteln zu überzeugen gibt es zwei Arten, Beispiel und Enthymem,[113] der Sinnspruch [Gnome] [25] ist ja ein Teil des Enthymems. Zuerst wollen wir nun über das Beispiel sprechen, denn es ähnelt der Induktion, die Induktion aber bildet den Anfang. Es gibt zwei Arten von Beispielen: Eine besteht darin, frühere Ereignisse zu erzählen, die zweite darin, selbst etwas zu erdichten. Letztere ist entweder ein Gleichnis[114] [30] oder aber Fabeln, wie die von Äsop oder die libyschen. »Ereignisse erzählen« meint etwa, wenn jemand behauptet, es sei notwendig, gegen den Großkönig zu rüsten und nicht zuzulassen, dass er Ägypten unterwerfe, denn auch in der Vergangenheit sei Dareios nicht eher (nach Griechenland) gezogen, als bis er Ägypten eingenommen habe, danach aber sei er gekommen, und auch Xerxes habe nicht angegriffen, bevor er nicht Ägypten erobert habe, [1393b] danach aber sei er (nach Griechenland) gezogen. Daher werde auch der jetzige Großkönig erst nach der Eroberung Ägyptens (nach Griechenland)[115] ziehen, man dürfe dies also nicht zulassen. Gleichnisse sind die Aussprüche des Sokrates,[116] z. B. wenn jemand sagte, es sollten nicht die durch das Los Bestimmten herrschen, denn das wäre so, wie wenn man Athleten durch das Los bestimmte, also nicht die, die fähig sind, den Wettkampf zu bestreiten, sondern diejenigen, auf die das Los fällt, oder wenn jemand sagte, man müsse einen von der Besatzung durch das Los zum Steuermann machen, denn das müsse einer sein, auf den das Los falle, und nicht einer, der sich auf dieses Geschäft verstehe. Eine Fabel ist beispielsweise die des Stesichoros[117] über Phalaris und die des Aisopos über den Demagogen. Stesichoros trat, als die Bewohner von Himera Phalaris zum unumschränkten Feldherrn gewählt hatten und im Begriffe waren, ihm eine Leibwache zu geben, mit ihnen ins Gespräch und erzählte ihnen unter anderem Folgendes[118]: Ein Pferd hatte eine Wiese ganz für sich allein, als aber ein Hirsch kam und ihm die Weide verdarb, wollte sich das Pferd an ihm rächen und fragte den Menschen, ob er mit ihm gemeinsam den Hirsch bestrafen könne. Dieser bejahte für den Fall, dass es sich einen Zügel anlegen und ihn selbst mit Wurfspießen aufsteigen ließe. Als das Pferd zugestimmt hatte und der Mensch aufgestiegen war, war es, anstatt Rache zu nehmen, der Sklave des Menschen: »So seht aber auch ihr zu«, sagte Stesichoros, »dass es euch mit dem Wunsch, an euren Feinden Rache zu üben, nicht ebenso ergeht wie dem Pferd. Zügel habt ihr ja schon, da ihr ihn zum unumschränkten Feldherrn gewählt habt. Wenn ihr ihm noch eine Leibwache gebt und ihn aufsitzen lasst, werdet ihr sogleich des Phalaris Sklaven sein.« Aisopos wiederum, der auf Samos als Verteidiger eines zum Tode angeklagten Demagogen auftrat, erzählte Folgendes:[119] Ein Fuchs, der einen Fluss überqueren wollte, sei in einen Strudel gerissen worden, da er aber nicht herauskam, habe er sich lange in großer Not befunden, und auch viele Hundsläuse haben sich auf ihm festgesetzt; als aber ein Igel auf seinem Spaziergang ihn gesehen habe, habe er Erbarmen gefasst und den Fuchs gefragt, ob er ihm die Läuse entfernen solle. Der aber habe es nicht zugelassen. Nach dem Grunde dafür befragt, habe er geantwortet: Weil diese [30] schon satt sind und mir nur noch wenig Blut heraussaugen. Nimmst du mir nun diese weg, werden andere, Durstige, kommen und mir das letzte Blut heraussaugen. »So wird nun aber auch euch, Männer von Samos«, sagte Aisopos, »dieser nicht mehr schaden (er ist ja schon reich). Wenn ihr ihn aber [1394a] tötet, werden andere, Arme, kommen, die euch euer Staatsvermögen rauben und durchbringen werden.« Fabeln sind für Reden vor dem Volk geeignet und haben den Vorteil, dass es schwierig ist, passende Vorgänge aus der Vergangenheit zu finden, [leichter] jedoch, entsprechende Fabeln. Man muss sie auf dieselbe Weise erdichten wie [5] Gleichnisse, vorausgesetzt, man kann die Entsprechung erkennen, was für die [leichter] ist, die philosophisch gebildet sind. Leichter zu beschaffen sind nun zwar die Argumentationen, die aus Fabeln, nützlicher bei Beratungen sind aber solche, die aus Tatsachen gewonnen werden, denn im Allgemeinen ist das Bevorstehende dem Vergangenen ähnlich. Wenn man über keine Enthymeme verfügt, [10] muss man Beispiele wie Beweise heranziehen (denn Glaubwürdigkeit erlangt man durch diese), hat man aber Enthymeme, soll man sie wie Zeugnisse als Schlusswort nach den Enthymemen verwerten. Vorangestellt nämlich erwecken sie den Eindruck einer Induktion, von wenigen Ausnahmen abgesehen, hat aber die Induktion in der Rhetorik nichts verloren, nachgestellt indes den Anschein von Zeugnissen, ein Zeuge aber findet allseits Glauben. Daher [15] muss derjenige, der eingangs Zeugnisse geltend macht, sie in großer Zahl vorbringen, am Schluss allerdings genügt eines, denn schon ein Zeuge erfüllt seinen Zweck, wenn er glaubwürdig ist. Wie viele Arten von Beispielen es gibt und wie und wann man sie einsetzen soll, ist damit behandelt.

21 Was den Einsatz von Gnomen[120] anlangt, so wird man wohl am ehesten, wenn das Wesen einer Gnome erklärt ist, Klarheit darüber gewinnen, über welche Sachverhalte, zu welcher Zeit und für wen es angebracht ist, in Reden Gnomen einzuflechten. Eine Gnome ist eine Aussage, allerdings nicht über spezielle, wie etwa welche Art von Mensch Iphikrates[121] sei, sondern über allgemeine Dinge; und da nicht über alle, etwa, dass gerade und gekrümmt Gegensätze sind, sondern all das, was menschliches Handeln betrifft und was man dabei wählen und meiden soll. Da nun Enthymeme so etwas wie Syllogismen darüber sind, so sind die Schlussfolgerungen der Enthymeme und die Prämissen, lässt man den Syllogismus weg, Gnomen, z. B.:

> Nie streb' ein Mann, der verständig ist, danach,
> zu hoher Weisheit aufzuziehn der Kinder Geist![122]

Das ist also eine Gnome. Setzt man Ursache und Grund hinzu, ergibt das Ganze ein Enthymem, z. B.:

> Denn außer dass ein Weiser, weil er Muße liebt,
> träg wird gescholten, trifft ihn auch der Bürger Hass.[123]

[1394b] Ebenso ist der Ausspruch:

> Es lebt kein Mensch, der allseits glücklich ist,[124]

sowie der Satz:

> So ist kein Mensch auf dieser Erde frei![125]

eine Gnome, mit dem Folgenden ergibt es ein Enthymem:

Denn dem Gelde dient man oder auch dem Glück.[126]

Wenn aber eine Gnome unserer Beschreibung entspricht, muss es vier Arten davon geben: Sie ist entweder mit einem Nachsatz verbunden oder nicht. Einen Beweis haben all diejenigen nötig, die etwas Unerwartetes oder Umstrittenes aussagen, die jedoch, die nichts Unerwartetes beinhalten, haben keinen Nachsatz. Teils fehlt ihnen notwendigerweise der Nachsatz, da sie von vornherein schon bekannt sind, z. B.:

Des Menschen Höchstes, wie mir's scheint, Gesundheit ist[127]

(denn dieser Meinung sind die meisten), teils werden sie dem aufmerksamen Zuhörer gleich klar, sobald sie ausgesprochen werden, wie etwa:

Es gibt keinen Liebenden, der nicht immer liebt.

Von denen, die einen Nachsatz haben, sind die einen Teil eines Enthymems, wie »Nie streb ein Mann, der verständig«, andere wieder sind zwar enthymemartig, ohne aber Bestandteil eines Enthymems zu sein, und gerade diese sind besonders beliebt. Das sind nämlich diejenigen, in denen die Begründung einer Behauptung ersichtlich ist, wie z. B. im Spruch: »Unsterblichen Zorn hege nicht, der du sterblich bist.« Denn die Aussage, dass man nicht unsterblichen Zorn hegen solle, ist eine Gnome, das beigefügte »da du sterblich bist« begründet sie. Ähnlich verhält es sich auch im Folgenden: »Sterblich denken soll, wer sterblich nicht den Unsterblichen gleich.«[128] Aus dem Gesagten wird ersichtlich, wie viele Arten von Gnomen es gibt und welche jeweils passt. Ist der Sachverhalt umstritten oder paradox, sollte das Nachwort nicht fehlen, sondern man soll entweder das Nachwort an den Anfang stellen und die Schlussfolgerung als Gnome nehmen, z. B. wenn jemand sagen würde: »Da man sich weder zum Gegenstand des Neides machen noch untätig sein soll, ist, wie ich zumindest behaupte, Erziehung unnötig«, oder aber dies vorausschicken und einen Vorderteil hinzufügen. Bei nicht paradoxen, aber doch unklaren Inhalten soll die Begründung ohne Umschweife[129] hinzugefügt werden. In solchen Fällen sind Lakonische Aussprüche[130] und Rätselsprüche am Platz, z. B. wenn jemand [1395a] Stesichoros' Ausspruch bei den Lokrern zitierte, sie sollten nicht überheblich sein, damit nicht die Zikaden am Boden zirpen müssen. In Gnomen zu reden passt zu den Lebensjahren der Älteren, aber nur über Belange, worin der Betreffende erfahren ist, weil sich für jemanden, der noch nicht so alt ist, die Verwendung von Gnomen ebensowenig schickt wie das Geschichtenerzählen. Über Dinge zu sprechen, von denen man keine Ahnung hat, wirkt dumm und ungebildet. Hierfür gibt es einen hinreichenden Beweis: Das Landvolk prägt ganz besonders häufig Gnomen und gibt sie bei jeder Gelegenheit bereitwillig zum Besten. Etwas ohne allgemeine Geltung zu verallgemeinern, ist besonders im Zustand von Leid und Ärger angebracht, und zwar in diesen Fällen am Anfang der Rede oder nach der Beweisführung. Man muss aber auch abgedroschene und im Allgemeingut verankerte Gnomen verwenden, wenn sie zweckdienlich sind, denn da sie ja allgemein bekannt sind, gelten sie als richtig, weil alle beipflichten, z. B. wenn man jemanden auffordert, die Gefahr ohne vorheriges Opfer zu wagen: »Nur ein einzig Zeichen gilt, das Vaterland zu schützen«,[131] oder zu zahlenmäßig Unterlegenen: »Allen gemeinsam ist Ares«,[132] weiters die Aufforderung, die Kinder der Feinde zu töten, auch wenn sie nichts Unrechtes getan haben: »Töricht, wer den Vater erschlagen und die Söhne am Leben lässt«.[133] Ferner sind auch einige Sprichwörter Gnomen, z. B. [das Sprichwort]: »Ein attischer Nachbar«.[134] Man soll Sentenzen anwenden, selbst wenn sie sich gegen Volksweisheiten richten (damit meine ich Sprüche [20] wie: »Erkenne dich selbst!« und »Nichts im Übermaß!«)[135], sobald dadurch entweder die Persönlichkeit des Redners in einem helleren Licht erscheint oder die Gnome eine pathetische Ausprägung erfährt. Letzteres ist der Fall, wenn jemand erzürnt behaupten sollte, es sei eine Lüge, dass man sich selbst erkennen müsse. Dieser Mann[136] zum Beispiel hätte, wenn er sich selbst erkannt hätte, niemals den Anspruch erhoben, ein Heer zu führen. Und seine Persönlichkeit stellt sich besser dar, wenn der Redner etwa [25] sagt, man müsse keineswegs, wie es gewöhnlich heißt, so lieben, als ob man später hasst, sondern sollte eher so hassen, als ob man später liebt. Man soll durch die Wortwahl die Absicht mitoffenbaren, ansonsten die Begründung anschließen, z. B. indem man sagt: »Man muss nicht so lieben, wie es der Volksmund sagt, sondern als ob man immer liebt, denn Ersteres ist Zeichen von Arglist«, oder indem man etwa Folgendes sagt: [30] »Der Spruch gefällt mir nicht, denn der, der wirklich liebt, muss so lieben, als ob er immer liebt«, und »Auch ›nichts im Übermaß‹ ist nicht nach meinem Geschmack, denn Böse muss man über die Maßen hassen.« Eine große, [1395b] wenngleich nur eine Hilfe für Reden sind Gnomen, allerdings vor allem wegen der Beeinflussbarkeit der Zuhörer. Sie freuen sich nämlich, wenn jemand in allgemeinen Ausführungen Ansichten berührt, die diese zu einem speziellen Einzelfall haben. Was ich meine, wird aus dem Folgenden klar, zugleich auch, wie man Gnomen [5] aufspüren soll. Die Gnome ist ja, wie bereits ausgeführt, eine allgemeine Aussage, man freut sich aber, wenn etwas allgemein behauptet wird, was der Meinung entspricht, die man sich schon zuvor zu einem Einzelfall gebildet hat. Wenn jemand z. B. gerade schlechte Nachbarn oder missratene Kinder hat, wird er es gerne hören, wenn der Redner sagt: »Nichts ist schlimmer als Nachbarn zu haben!«[137] oder »Nichts ist törichter als Kinder zu zeugen!«[138] Man muss also herausfinden, welche vorgefassten Ansichten die Zuhörer jeweils haben, und dann dementsprechend darüber eine allgemeine Aussage treffen. Dies ist der eine Nutzen der Anwendung von Gnomen, es gibt auch noch einen anderen, bedeutenderen. Sie verleiht nämlich den Reden einen ethischen Zug. Ethos haben aber Reden, aus denen die Intention des Sprechers klar wird. Dies machen alle Gnomen, weil jeder, der eine solche äußert, seine Intentionen in Form einer allgemeinen Aussage offenbart, so dass die Gnomen, wenn sie ethisch wertvoll sind, auch den, der sie ausspricht, als Mann von wertvollem Charakter erscheinen lassen. So weit zu Gnomen, ihrem Wesen, ihren Arten, Anwendungsmöglichkeiten und ihrem Nutzen.

22 Was die Enthymeme betrifft, wollen wir zuerst allgemein besprechen, auf welche Weise man sie gewinnen muss, hernach über die allgemeinen Gesichtspunkte handeln. Denn beides ist ganz unterschiedlich zu sehen. Dass nun das Enthymem eine Art Syllogismus ist, ist schon weiter oben[139] dargelegt, ebenso, inwiefern es dies ist und worin es sich von den dialektischen Schlüssen unterscheidet. In der Rhetorik braucht man ja weder weit ausholen noch alles aufgreifen und miteinander in Verbindung bringen, das eine nämlich führt infolge der Weitschweifigkeit zu Unklarheiten, das andere ist Geschwätzigkeit, weil man Dinge sagt, die einleuchtend sind. Das ist auch der Grund dafür, dass Ungebildete vor der Volksmenge überzeugender sind als Gebildete, wie denn auch die Dichter sagen, dass »die Ungebildeten vor dem Volk die Musenkunst der Beredsamkeit eher beherrschen«,[140] denn die Ungebildeten treffen allgemeine Aussagen und generalisieren, die Gebildeten aber sprechen aus ihrem Wissensschatz und über Dinge, denen sie nahestehen[141]. Daher soll man in seinen Reden nicht von den Meinungen aller ausgehen, sondern von den Ansichten einer bestimmten Gruppe wie der der Richter oder der Leute, die diese respektieren, [1396a] und man muss diese (Ansichten einer bestimmten Gruppe)[142] dann klar als die Ansicht aller oder der Mehrheit darstellen, und man darf keineswegs nur aus zwingend Gültigem Schlüsse ziehen, sondern auch aus dem, was zu einem Großteil gültig ist. Zuerst ist festzustellen, dass man bei jedem Thema, über das man sprechen und Schlüsse ziehen[143] soll, ob nun in einer politischen Versammlung oder sonst irgendwo, über ein vollständiges oder doch teilweises Grundwissen[144] verfügen muss, denn wenn man keines hat, müsste man seine Schlüsse wohl aus dem Nichts ziehen. Ich meine damit z. B.: Wie könnten wir den Athenern einen Rat erteilen in der Frage, ob sie Krieg führen sollen oder nicht, wenn wir keine Kenntnis davon haben, woraus ihre Streitmacht sich zusammensetzt, ob aus Marine, Infanterie oder beidem, wie stark sie ist, welche Einkünfte, Freunde und Feinde sie hat, dann noch, welche Kriege sie schon ausgefochten hat und mit welchem Erfolg und anderes dergleichen. Oder wie könnten wir sie wohl preisen, wüssten wir nichts von der Seeschlacht bei Salamis, dem Kampf bei Marathon, ihren Taten für die Kinder des Herakles oder von anderem dieser Art. Alle loben sie ja auf Grund ihrer edlen Taten, die tatsächlich oder nach allgemeiner Meinung vorliegen. In ähnlicher Weise tadelt man sie auf Grund des jeweiligen Gegenteils, indem man überlegt, was davon bei ihnen vorliegt oder nach allgemeiner Ansicht vorliegt, etwa, dass sie die übrigen Griechen unterjocht und die Aigineten[145] und Potidaiaten[146], die gegen den Barbaren gemeinsam mit ihnen gekämpft und Heldentaten vollbracht hatten, der Freiheit beraubt haben, ferner alles andere dieser Art und ob nicht eine sonstige Schuld auf ihnen lastet. So und nicht anders gehen ja auch die Ankläger und Verteidiger vor, wenn sie das vorhandene Material sichten. Es macht keinen Unterschied, wenn man bei Athenern oder Lakedaimoniern, einem Menschen oder einem Gott ebenso [25] vorgeht, denn auch wenn man Achill berät, lobt, tadelt, anklagt oder verteidigt, muss man vorhandene oder scheinbar vorhandene Fakten aufgreifen, um davon ausgehend in der Lob- oder Tadelrede darüber zu sprechen, ob Gutes oder Schlechtes an ihm ist, in der Anklage oder Verteidigungsrede, ob [30] Gerechtes oder Ungerechtes vorliegt, in der Beratungsrede, ob ein Vor- oder Nachteil sich ergibt. Dasselbe gilt für jedes Thema, z. B. ob die Gerechtigkeit ein Gut ist oder nicht, denn auch hier wird man davon ausgehen, was der Gerechtigkeit und dem Guten zugrunde liegt. Da somit alle offensichtlich so argumentieren[147], mögen sie nun in ihren Schlussfolgerungen präziser oder [1396b] oberflächlicher verfahren (man nimmt ja seine Argumente nicht aus allem und jedem, sondern nur daraus, was dem speziellen Fall zugrunde liegt), und da man klarerweise unmöglich in einer Rede anders argumentieren kann, ist es einleuchtend, dass man, wie in den *Topika*,[148] zuallererst zu jedem Thema [5] eine Auswahl von Argumenten für die notwendigen und wichtigsten Aspekte zur Hand haben muss.[149] Über Aspekte, die unerwartet auftauchen, muss man auf dieselbe Weise nach Argumenten suchen und seinen Blick nicht ins Unendliche richten, sondern auf die in Rede stehenden Fakten und möglichst vollständig und aus möglichster Nähe die Sachlage umreißen. Je mehr Fakten man nämlich [10] zur Verfügung hat, umso leichter fällt der Beweis, und je näher man an eine Sache herangeht, umso vertrauter und weniger allgemein wirken diese. Allgemein nenne ich es, wenn jemand eine Lobrede auf Achill hält, weil er ein Mensch war, weil er einer der Halbgötter war und weil er an der Heerfahrt gegen Ilion teilnahm. Denn das trifft auch auf viele andere zu, weshalb [15] eine solche Rede Achill nicht mehr lobt als

Diomedes. Konkret aber ist das, was nur für Achill[150] allein zutrifft, wie etwa, dass er Hektor, den Tapfersten unter den Trojanern, und Kyknos tötete, der, unverwundbar wie er war, alle an der Landung zu hindern suchte, dass er als jüngster, ohne durch einen Eid dazu verpflichtet zu sein, am Feldzug teilnahm und [20] dergleichen mehr. Eine Möglichkeit der Auswahl (von Enthymemen) nun, die erste, ist die topische, wir aber wollen die Elemente[151] der Enthymeme besprechen. Unter Element und Topos des Enthymems verstehe ich dasselbe. Zuerst wollen wir das behandeln, was man notwendigerweise als Erstes behandeln muss. Es gibt ja zwei Arten von Enthymemen, die einen weisen darauf hin, dass etwas [25] ist bzw. nicht ist, die anderen widerlegen das, und sie unterscheiden sich voneinander wie in der Dialektik Widerlegung[152] und Beweis[153]. Das beweisende Enthymem ist eine Schlussfolgerung aus allgemein anerkannten Prämissen, das widerlegende aus nicht allgemein anerkannten Prämissen. Nun besitzen wir zwar nahezu über jede einzelne Art des Nützlichen und [30] Notwendigen allgemeine Topoi, denn die Prämissen zu jedem Einzelfall sind schon ausgewählt, so dass uns die Topoi, aus denen man die Enthymeme über gut oder böse, schön oder hässlich, gerecht oder ungerecht bilden muss, ebenso über Charaktere, Affekte und Verhalten, die wir uns in derselben Weise vorgenommen haben, [1397a] bereits vorliegen. Aber wir wollen noch auf eine andere Art alle Topoi im Allgemeinen behandeln und besprechen, indem wir die widerlegenden Topoi, die beweisenden Topoi und die Topoi der scheinbaren Enthymeme, die aber gar keine Enthymeme sind, da sie ja nicht einmal Syllogismen sind, definieren.[154] [5] Haben wir dies klargelegt, wollen wir über Widerlegungen und Einwände Begriffsbestimmungen vornehmen, woraus man Material für die Enthymeme gewinnen muss.

23 Ein Gesichtspunkt der beweisenden Enthymeme wird

aus Gegensätzen[155] gewonnen. Man muss nämlich darauf achten, ob für etwas das Gegenteil gilt, beim Widerlegen, ob es vielleicht nicht gilt, beim Bekräftigen, ob es gilt, z. B.: Mäßigung ist ein Gut, denn Zügellosigkeit ist schädlich, oder, wie es in der Messenierrede[156] heißt: »Denn wenn der Krieg schuld ist an den gegenwärtigen Übeln, dann muss man mit dem Frieden die Sache wieder in Ordnung bringen,«[157] (oder):

> Denn es ist Unrecht, Zorn auf den zu werfen, der
> uns Übles wider seinen Willen hat getan,
> so schulden wir auch dem, der Gutes uns getan,
> aus Not dazu gezwungen, keine Dankespflicht;[158]

(oder:)[159]

> Doch wenn im Menschenleben Lügen oft den Schein
> der Wahrheit haben, darfst auch glauben umgekehrt,
> dass manches wahr sei, was unglaublich uns erscheint.[160]

Ein anderer Gesichtspunkt ergibt sich aus den genannten grammatischen Formen derselben Wörter[161]. In gleicher Weise wie oben muss nämlich die Bejahung und Verneinung erfolgen, z. B.: Das Gerechte ist nicht in jeder Hinsicht gut, denn dann wäre doch alles, was in gerechter Weise geschieht, auch gut, nun ist es aber doch nicht erstrebenswert, auf gerechte Art zu sterben. Ein weiterer Topos entsteht aus Dingen, die zueinander in Beziehung stehen. Wenn es nämlich dem einen möglich ist, gut und gerecht zu handeln, dann dem anderen, diese gute und gerechte Tat zu erfahren, und wenn der eine einen Befehl gibt, führt ein anderer ihn auch aus. So sagt z. B. der Zöllner Diomedon[162] über den Zoll: »Wenn für euch das Verkaufen nichts Schändliches ist, dann auch für uns nicht das Kaufen.« Und wenn »schön« und »gerecht« auf das Leiden des einen zutrifft, dann trifft dies auch auf die Tat des anderen, der dieses Leiden auslöst, zu. Doch hierin liegt die Möglichkeit eines Fehlschlusses: [30] Wenn nämlich jemand etwas zu Recht erlitten hat, [so ist ihm zwar recht geschehen,] aber vielleicht nicht von dir. Daher muss man gesondert untersuchen, ob das Opfer [1397b] zu leiden verdiente und der Täter zu dieser Tat berechtigt war, und hierauf das jeweils passende Argument einsetzen. Zuweilen passt ja so etwas nicht zusammen, und es hindert nichts, wie im *Alkmaion* des Theodektes[163] auf die Frage: »Hasste kein Sterblicher deine Mutter?« zu antworten: »Man muss [5] die Sache von zwei Seiten betrachten.« Und wenn Alphesiboia fragt: »Wie?«, lautet die Antwort: »Als Recht ward wohl ihr Tod erkannt, doch nicht mein Mord.« [[Ein anderes Beispiel ist der Prozess des Demosthenes und der Mörder des Nikanor:[164] Da nämlich die Entscheidung erging, sie hätten zu Recht getötet, schien jener auch zu Recht gestorben zu sein. Weiters der Prozess wegen des in Theben [10] Ermordeten,[165] über den der Mörder die Entscheidung darüber forderte, ob jener es verdiente, zu sterben, da es ja nicht ungerecht sei, den zu töten, der zu Recht stirbt]].

Ein anderer Topos ergibt sich aus dem Verhältnis von Mehr und Weniger, z. B.: »Wenn nicht einmal die Götter alles wissen, dann erst schwerlich die Menschen.« Das bedeutet: Wenn etwas bei jemandem, bei dem man es eher erwarten könnte, nicht zutrifft, dann ist klar, dass es erst recht nicht bei dem zutrifft, bei dem man es [15] weniger erwartet. Die Behauptung aber, dass der, der sogar seinen Vater schlägt, auch seine Nächsten schlägt, resultiert daraus, dass auch das mehr Erwartete vorhanden ist, wenn das weniger Erwartete vorhanden ist [schlägt jemand, so muss man in beiden Fällen aufzeigen, ob ein Weniger oder Eher vorliegt], denn man schlägt die Väter weniger als die Nachbarn; oder folgendermaßen: Wenn etwas nicht zutrifft, wo es eher zutreffen könnte, oder wenn etwas vorliegt, wo es weniger wahrscheinlich zutrifft, dann müsste man in beiden Fällen jeweils zeigen, dass etwas vorliegt und dass etwas nicht vorliegt. Ferner dann, wenn weder ein Mehr noch ein Weniger vorhanden ist; daher sagt man auch: »Du weinst mit deinem Vater um der Söhne Tod? Mit Oineus nicht, der Hellas' berühmten Sohn verlor.« Ein weiteres Argument: Wenn Theseus nicht unrecht gehandelt hat, so auch Alexandros[166] nicht, wenn nicht die Tyndariden, auch Alexandros nicht, und wenn Hektor an Patroklos Unrecht tat, dann auch Alexandros an Achill. Ebenso: Wenn die anderen Berufe nicht schlecht sind, sind es auch nicht die Philosophen. Und wenn die Feldherren nicht schlecht sind, weil sie häufig töten, sind es auch die Sophisten nicht. Schließlich: »Wenn ein Privatmann sich um euer Ansehen kümmern soll, so müsst dies auch ihr um das der Griechen tun.« Ein anderer Topos ergibt sich aus der Beachtung der Zeit, so etwa Iphikrates[167] in seiner Rede gegen Harmodios: »Wenn ich vor vollbrachter Tat verlangt hätte, eine Bildsäule zu bekommen, falls ich es zuwege bringe, hättet ihr sie mir gegeben. Nun habe ich sie vollbracht, und ihr wollt sie mir nicht geben? Gebt also kein Versprechen, wenn ihr etwas erhofft, denn wenn ihr es erlangt habt, widerruft ihr es wieder.« Und bezogen darauf, dass die Thebaner Philipp den Durchmarsch [1398a] nach Attika gestatteten, sagte man wiederum: »Hätte er dies gefordert, ehe er ihnen gegen die Phoker half, hätten sie es ihm versprochen, es wäre also nicht einzusehen, wenn sie ihn nicht durchziehen ließen, nur weil er dies verabsäumte und ihnen vertraute.« Ein weiterer Topos besteht darin, dass wir gegen uns gerichtete Äußerungen unsererseits gegen den Redner wenden. Diese »Umkehrung« geht unterschiedlich vor sich, so z. B. im *Teukros*[168], und auch Iphikrates bediente sich dieses Topos gegen Aristophon[169], als jener diesen fragte, ob er die Flotte etwa für Geld verrate. Als Aristophon dies verneinte, sagte er: »Du also, ein Aristophon, würdest sie nicht verraten, doch ich, Iphikrates, sollte es tun?« Freilich muss der Gegner einer sein, dem man Unrecht eher zutraut. Ist dem nicht so, macht sich jemand wohl lächerlich, wenn er dies gegen Aristeides, falls dieser als Ankläger auftritt, vorbrächte, das aber auf die mangelnde Glaubwürdigkeit des Anklägers gemünzt hat; denn in der Regel will der Ankläger dem Angeklagten überlegen sein. Das allerdings gilt es zu widerlegen. Überhaupt ist es nicht angebracht, wenn jemand andere dafür tadelt, was er selbst tut oder tun würde, oder wenn er andere das zu tun auffordert, was er selbst nicht tut oder nicht tun würde. Dann gibt es einen Topos, der von der Definition ausgeht, z. B. bei der Frage: Was ist das Göttliche?[170] Ist es ein Gott oder das Werk eines Gottes? Gewiss muss, wer an das Werk eines Gottes glaubt, auch die Existenz von Göttern annehmen. Ebenso argumentiert Iphikrates, wenn er sagt, dass derjenige der Ehrwürdigste ist, der moralisch der Beste ist, denn auch an Harmodios und Aristogeiton war nichts Ehrwürdiges, ehe sie eine ehrwürdige Tat vollbrachten. Er selbst stünde ihnen auch näher: »Meine Leistungen sind denen des Harmodios und des Aristogeiton näher verwandt als deine!« Oder wie es im *Alexandros*[171] heißt: Alle stimmen wohl darin überein, dass die Zuchtlosen sich nicht mit dem Genuss eines einzigen Körpers zufriedengeben. Aus eben diesem Grund, sagte Sokrates, gehe er nicht zu Archelaos.[172] Es sei ja Frevel, meinte er, sich Wohltätern gegenüber nicht in gleicher Weise revanchieren zu können wie Übeltätern gegenüber. Alle die Genannten stellen Definitionen auf, erfassen das Wesen der Dinge und machen das Dargelegte zum Gegenstand ihrer Schlüsse. Ein weiterer Topos wird aus der Mehrdeutigkeit von Wörtern gewonnen, wie wir in den *Topika* über den rechten Wortgebrauch[173] dargelegt haben. Ein anderer bedient sich der Unterteilung, z. B. wenn jemand sagt: Alle Menschen begehen Unrecht aus dreierlei Gründen, entweder aus diesem, jenem oder einem anderen Grund. Die ersten zwei kommen unmöglich in Frage, den dritten bringen die Ankläger nicht einmal selbst vor. Ein weiterer Topos verwendet die Induktion, wie z. B. im Falle der Frau aus Peparethos (vorgebracht wurde)[174], dass überall die Frauen hinsichtlich ihrer Kinder richtige Feststellungen abgeben; [1398b] so tat nämlich zum einen in Athen im Rechtsstreit um die Vaterschaft mit dem Rhetor Mantias[175] die Mutter im Hinblick auf den Sohn die Wahrheit kund, zum anderen gab in Theben beim Streit zwischen Ismenios und Stilbon[176] Dodonis ihr Kind als Sohn des Ismenios an, und daher hielt man Thettaliskos auch für den Sohn des Ismenios. Ein anderes Beispiel stammt aus dem *Nomos* des Theodektes, wo es heißt: Wenn man denen, die sich um fremde Pferde schlecht gekümmert haben, die eigenen nicht anvertraut und die eigenen Schiffe auch nicht solchen anvertraut, die die fremden zerstört haben, und wenn das also für alle Fälle gilt, so dürfen wir keinesfalls denen, die über fremdes Wohlergehen schlecht wachen, unser eigenes anvertrauen. Ebenso gilt, wie Alkidamas sagt,[177] dass alle vor weisen Menschen Hochachtung haben: Die Parier jedenfalls halten Archilochos, obwohl er ein Lästermaul war,[178] in Ehren, die Chier Homer,[179] obwohl er kein Landsmann war, und die Mytilenaier Sappho, obwohl sie eine Frau war, und die Lakedaimonier, alles eher als Freunde der Literatur, ernannten Chilon zum Geronten, [und die italischen Griechen Pythagoras,] und die Lampsakener bestatteten Anaxagoras, einen Fremden, und verehren ihn noch jetzt. [[Und die Athener standen in Blüte unter den Gesetzen Solons, die Lakedaimonier unter denen Lykurgs, und auch in Theben erlebte das Gemeinwesen, sobald ihm Philosophen vorstanden, einen Aufschwung.]] Ein weiterer Topos verwertet ein Urteil über einen gleichen, ähnlichen oder entgegengesetzten Fall, besonders dann, wenn alle Menschen zu jeder Zeit, sonst zumindest die meisten, die Weisen – entweder einhellig oder überwiegend – oder die Guten so urteilen; oder wenn die Richter selbst so entscheiden oder diejenigen, deren Ansicht die Richter gelten lassen, diejenigen, gegen deren Meinung man nicht urteilen kann, wie z. B. die Leute, die an der Macht sind, oder diejenigen, denen im Urteil zu widersprechen ungebührlich ist, wie Götter, [25] Väter oder Lehrer. In diesem Sinne äußerte sich Autokles gegen Meixidemides[180]: »Wenn es den ehrwürdigen Göttinnen recht war, sich vor dem Gericht des Areopag zu verantworten, sollte es dann nicht auch einem Meixidemides recht sein?« Oder ebenso Sappho, die sagt, dass das Sterben ein Übel sei, denn das hätten die Götter so bestimmt, sonst würden sie ja selbst sterben.[181] Ein anderes Beispiel ist Aristippos' Bemerkung Platon gegenüber, [30] als dieser ihm allzu schulmeisterlich zu sprechen schien: »Unser Gefährte hat aber doch gar nichts dergleichen gesagt«, wobei er Sokrates meinte. [32] Und Agesipolis[182] ließ, nachdem er zuvor in Olympia ein Orakel eingeholt hatte, in Delphi den Gott fragen, ob er derselben Ansicht sei wie sein [1399a] Vater, denn es sei ja angeblich schändlich[183], das Gegenteil zu behaupten.[184] Und wie Isokrates[185] über Helena schrieb, sie sei anständig gewesen, da doch Theseus so geurteilt hatte, dann über Alexandros, dem die Göttinnen den Vorzug gegeben hatten, und schließlich Isokrates über Euagoras meint, er sei anständig gewesen: [5] Konon, zumindest als er in Not war, ließ alle Übrigen außer Acht und kam zu Euagoras.[186] Ein zusätzlicher Topos resultiert aus den Aufgliederungen (eines Begriffs)[187], wie z. B. in den *Topika* (untersucht wird)[188], welche Art der Bewegung die Seele sei, denn entweder ist sie diese oder jene. Ein Beispiel gibt es aus dem *Sokrates* des Theodektes: »Gegen welches Heiligtum hat er gefrevelt, welche der Götter, die die Stadt anerkennt, hat er nicht geehrt?«[189] Da es sich [10] bei den meisten Dingen so verhält, dass ein und dieselbe Sache entweder etwas Gutes oder etwas

Schlechtes nach sich ziehen kann, besteht ein anderer Topos darin, auf Grund der Folgen zu- oder abzuraten, anzuklagen oder zu verteidigen, zu loben oder zu tadeln. So folgt der Bildung als Übel der Neid, als Gut die Weisheit: Daher soll man sich nicht bilden, denn man soll nicht Gegenstand des Neides werden. Oder: Man soll sich also bilden, denn man muss ja weise sein. Dieser Topos bildet die Kunst des Kallippos[190], die noch die Möglichkeit und anderes, was wir schon erwähnt haben, miteinbezieht. Mit einem weiteren Topos haben wir es zu tun, wenn man bei zwei sich widersprechenden Dingen zu- oder abraten und in beiden Fällen den eben erwähnten Topos einsetzen muss. Der Unterschied liegt darin, dass im ersten Fall zwei beliebige Dinge sich gegenüberstehen können, im zweiten aber nur gegensätzliche. So ließ nun eine Priesterin ihren Sohn nicht vor dem Volk reden, indem sie sprach: »Wenn du Gerechtes vorbringst, werden dich die Menschen hassen, wenn Ungerechtes, die Götter! Es ist nun aber doch notwendig, vor dem Volk zu sprechen, denn wenn man Gerechtes vorbringt, werden einen die Götter lieben, wenn Ungerechtes, die Menschen.«[191] Dasselbe besagt auch das Sprichwort »den Sumpf mit dem Salz kaufen«;[192] auch die Kreuzstellung[193] gehört hierher, wenn von einem Gegensatzpaar beiden Teilen sowohl Gutes als auch Schlechtes erwächst, was wiederum zueinander im Gegensatz steht. Weil die Menschen öffentlich nicht dasselbe loben wie insgeheim, sondern öffentlich das Gerechte und Edle über die Maßen, privat aber eher ihren Vorteil wollen, ergibt sich ein weiterer Topos dadurch, dass man daraus das eine oder andere herzuleiten versucht; das ist nämlich der wirksamste Topos bei paradoxen Sachverhalten. Dann gibt es einen Topos, der sich aus der zwischen verschiedenen Dingen bestehenden Verhältnismäßigkeit herleitet. So sagte z. B. Iphikrates, als man seinen Sohn, zwar noch zu jung dazu, zum Staatsdienst[194] zwang, nur weil er groß war, dass man, wenn man große Kinder als Männer erachte, den Volksbeschluss fassen solle[195], dass kleine Männer als Kinder [1399b] gelten. Und Theodektes sagte in seinem *Nomos*: »Zwar macht ihr Söldner wegen ihrer Anständigkeit zu Bürgern wie Strabax und Charidemos, wollt aber nicht die Söldner, die unheilbaren Schaden angerichtet haben, in die Verbannung schicken.« Ein weiterer Topos ist die Behauptung, [5] dass, wenn das Ergebnis dasselbe ist, auch die Voraussetzungen dieselben sind. So sagte z. B. Xenophanes, dass diejenigen, die behaupten, dass die Götter geboren werden, genauso Frevler seien wie jene, die sagen, sie stürben. Denn in beiden Fällen kommt heraus, dass es irgendwann eine Zeit gibt, zu der die Götter nicht existieren.[196] Man nimmt generell an, dass das Ergebnis bei jeder Sache dasselbe ist. »Ihr habt nicht vor, [10] über Isokrates zu urteilen, sondern über seine Beschäftigung, nämlich ob man philosophieren soll.«[197] Ebenso kann man behaupten, »Erde und Wasser geben« heiße Knechtschaft,[198] und am »gemeinsamen Frieden teilhaben« bedeute Befehle[199] auszuführen. Davon soll nun der Redner sich das herausnehmen, was er gerade braucht. Ein anderer Topos ergibt sich aus dem Umstand, dass die Menschen sich zu einem späteren Zeitpunkt nicht für dasselbe entscheiden wie zu einem früheren, [15] sondern für das Entgegengesetzte.[200] Darauf beruht auch folgendes Enthymem: »Wenn wir als Verbannte um die Heimkehr kämpften, sollen wir jetzt, wieder zu Hause, fliehen, um nicht kämpfen zu müssen?«[201] Das eine Mal wählten sie ja die Heimat um den Preis des Kampfes, das andere Mal den Frieden um den Preis des Verlustes der Heimat. Ein weiterer Topos ist die Behauptung, dass der Zweck, um dessentwillen etwas sein oder entstehen könnte, den Grund, warum etwas [20] ist oder entstanden ist, darstellt, z. B. wenn jemand einem anderen etwas gibt, um ihm dadurch, dass er es wieder wegnimmt, Leid zuzufügen. Daher sagt man auch:

Gar vielen gibt die Gottheit nicht aus Gnadenhuld
ihr großes Glück im Leben, sondern nur damit
dereinst ihr Unglücksschicksal augenfälliger sei.[202]

[25] Und der Spruch aus dem *Meleagros* des Antiphon:

Nicht um ein Tier zu töten, sondern
Zeugnis zu geben vor Hellas für Meleagros' Mut.[203]

Ebenso das Wort aus dem *Aias* des Theodektes, dass Diomedes Odysseus erkor, nicht aus Ehrerbietung, sondern um einen Gefährten zu haben, der ihm unterlegen sei. [30] Es ist ja möglich, dass er es deshalb getan hat. Ein anderer Topos ist der, den Streit- und Beratungsredner gleichermaßen anwenden: das Für und Wider sowie die Gründe, weswegen man etwas tut und unterlässt, zu beachten. Das sind die Voraussetzungen: sind sie gegeben, müssen wir so handeln, andernfalls davon absehen, z. B. ob etwas für einen selbst oder [35] Freunde möglich, leicht und nützlich ist oder den Feinden schädlich und ob, wenn etwas mit Strafe belegt ist, die Strafe geringer ist als die Schwere der Tat. [Aus diesen Gründen werden die Menschen zum Handeln motiviert, [1400a] aus den gegenteiligen davon abgehalten.] Auch zu Anklage- und Verteidigungsreden kommt es daher: Aus den abhaltenden Gesichtspunkten schöpfen die Verteidiger, aus den motivierenden die Ankläger. Dieser Topos stellt die ganze Kunst des Pamphilos und [5] Kallipos[204] dar. Ein weiterer Topos basiert auf Dingen, von denen man glaubt, dass es sie gibt, die aber unglaublich sind, weil man sie sich nicht vorgestellt hätte, wenn sie nicht existierten oder beinahe existierten. Umso mehr sei es so, denn die Existenz dessen, was existiert oder wahrscheinlich ist, nimmt man ja an; wenn etwas nun nicht glaubwürdig und nicht wahrscheinlich ist, müsste es wohl wahr sein, denn dies scheint es nicht auf Grund von Wahrscheinlichkeit und Glaubwürdigkeit zu sein. So sagte z. B. Androkles[205] aus dem Demos Pitthos in seiner Rede gegen das Gesetz, als sich auf seine Worte »Die Gesetze brauchen ein Gesetz, das diese berichtigt!« ein Geschrei erhob: »Es brauchen doch auch die Fische Salz!«, und doch ist es gegen jede Erwartung und Glaubwürdigkeit, dass sie Salz benötigen, wo sie doch im Salzwasser aufgewachsen sind. Ebenso ist es mit der Aussage: »Es brauchen gepresste Oliven[206] Öl«, obwohl es unglaublich ist, dass das, woraus man Öl gewinnt, auch Öl braucht. Ein weiterer zur Widerlegung geeigneter Topos besteht darin, auf Widersprüche zu achten, und zwar gesondert einerseits beim Gegner, [[ob sich etwas Widersprüchliches in all den Zeitangaben, Taten und Worten findet,]] z. B. der Satz: »Er sagt, er liebe euch, hat sich aber mit den Dreißig verschworen«,[207] andererseits beim Redner: »Er sagt auch, ich sei prozesssüchtig, kann aber nicht beweisen, dass ich je einen Prozess geführt hätte«,[208] und schließlich auf den Redner und den Streitgegner gemeinsam bezogen: »Dieser hat niemals jemandem etwas geborgt, ich aber habe schon viele von euch freigekauft«.[209] Ein weiterer Topos besteht darin, bei Menschen und Handlungen, die vorverurteilt worden sind oder nur so erscheinen, den Grund, weshalb es anders ist, als es den Anschein hat, zu nennen, denn es gibt einen Grund, warum dieser Anschein entsteht. So geriet eine Frau, als sie ihren eigenen Sohn umarmte,[210] weil sie ihn küssen wollte, in den Ruf, seine Geliebte zu sein, als jedoch der Grund für den Kuss genannt wurde, zerstreute sich der Vorwurf. Ein weiteres Beispiel findet sich im *Aias* des Theodektes: Odysseus nennt Aias den Grund, weshalb er, obwohl er tapferer sei als dieser, doch nicht dafür gelte. Ein anderer Topos geht von der Ursache aus und besagt, dass, wenn die Ursache vorliegt, auch das Ergebnis vorliegt, andernfalls aber nicht, Ursache und Ergebnis liegen ja zugleich vor, und ohne

Ursache passiert nicht das Geringste.[211] So erwiderte z. B. Leodamas[212] in seiner Verteidigungsrede auf die Anklage des Thrasybulos, dass sein Name auf einer Prangersäule auf der Akropolis gestanden, er ihn aber während der Herrschaft der Dreißig wieder getilgt habe: Das sei nicht möglich, denn die [35] Dreißig hätten ihm nur noch mehr vertraut, wenn es von seinem Hass auf die Demokratie ein steinernes Zeugnis gegeben hätte. Einen weiteren Topos erhält man, wenn man untersucht, ob etwas, das jemand empfiehlt, tut oder getan hat, auch auf andere Weise besser möglich gewesen wäre oder wäre, denn es ist klar, dass, [1400b] wenn das der Fall ist, er[213] es so nicht getan hat. Niemand wählt ja willentlich und wissentlich das Schlechte. Dies ist jedoch falsch, denn oft wird erst hinterher deutlich, wie man besser hätte handeln können, früher aber war es nicht zu erkennen. Wenn jemand eine Handlung beabsichtigt, die mit einer früheren im Widerspruch steht, so ergibt sich [5] aus der Prüfung beider Handlungen zugleich ein weiterer Topos. So riet Xenophanes, als ihn die Eleaten fragten, ob sie der Leukothea opfern und um sie trauern sollten oder nicht, sie sollten nicht um sie trauern, wenn sie sie für eine Göttin hielten, ihr aber nicht opfern, wenn sie sie als Menschen ansähen.[214] Ein anderer Topos ist die Anklage oder Verteidigung, ausgehend von begangenen Fehlern. So klagen etwa in der *Medea* [10] des Karkinos[215] einige Medea an, dass sie ihre Kinder tötete, denn sie seien ja nirgends zu sehen. Medea beging nämlich dadurch, dass sie die Kinder wegschickte, einen Fehler. Sie dagegen bringt zu ihrer Verteidigung vor, sie hätte nicht ihre Kinder, sondern Jason getötet, daher hätte sie dann einen Fehler gemacht, wenn sie Ersteres getan, Letzteres aber unterlassen hätte. [15] Dieser Topos eines Enthymems und diese Form stellt die ganze Kunst der Rhetorik von Theodoros[216] dar. Ein weiterer Topos geht vom Namen aus, so etwa Sophokles: »Genau, Sidero, sinnst du deinem Namen gemäß«,[217] dann wie man in den Lobpreisungen der Götter sich auszudrücken pflegt, weiters wie Konon Thrasybulos »thrasybulos« (Mann mit kühnem Plan) nannte. Ebenso sagte Herodikos zu Thrasymachos: »Immer bist du ein ›thrasymachos‹ (kühner Kämpfer)« und zu Polos: »Immer bist du ein ›polos‹ (Füllen)«, und über den Gesetzgeber Drakon meinte er, die Gesetze stammten nicht von einem Menschen, sondern von einem »drakon« (Drachen), so hart seien sie nämlich. Ebenso sagt Euripides' Hekabe zu Aphrodite: »Und trefflich fängt der Name der Göttin wie ›aphrosyne‹ (Unverstand) an!«[218] Ein weiteres Beispiel ist der Vers des Chairemon: »Pentheus (Trauermann), benannt nach dem Unheil, das da kommen wird«. Die widerlegenden Enthymeme nun stehen in höherer Wertschätzung als die beweisenden, weil ein widerlegendes Enthymem eine knappe Zusammenfassung von Gegensätzen ist, diese aber, nebeneinander dem Zuhörer präsentiert, besser einleuchten. Von allen Syllogismen aber, den widerlegenden ebenso wie den beweisenden, ernten diejenigen den lautesten Beifall, die man, ohne dass sie oberflächlich sind, von Anfang an vorhersieht (zugleich freuen sich die Hörer ja insgeheim, wenn sie den Schluss voraussehen), dann all jene Enthymeme, bei denen die Zuhörer im Verständnis so weit nachhinken, dass sie erst verstehen, wenn sie schon zu Ende sind.

24 Da es aber wirkliche und scheinbare Syllogismen geben kann, muss es auch wirkliche und scheinbare Enthymeme geben, weil ja das Enthymem eine Art Syllogismus ist. Unter den Topoi der scheinbaren [1401a] Enthymeme findet sich erstens der sprachliche[219], eine Art davon besteht darin, wie in der Dialektik[220] als letzte Aussage einen syllogistisch nicht abgeleiteten Schluss zu haben, und man sagt: »Also ist dieses und jenes nicht der Fall, folglich muss dieses und jenes gegeben sein.« Auch bei den Enthymemen ist es so: Eine kurze und antithetische Redeweise erweckt den Eindruck eines Enthymems, denn in dieser Ausdrucksweise ist das Enthymem zu Hause, und als solches erscheint es auf Grund der Ausdrucksweise. Um nun durch die Art der Darstellung den Eindruck einer syllogistischen Redeweise zu erwecken, ist es nützlich, die Ergebnisse vieler Syllogismen anzuführen, z. B. »Die einen hat er gerettet, andere gerächt, die Griechen befreit«. Jeder dieser Sätze wurde aus anderen Prämissen abgeleitet, stehen sie aber hintereinander, hat es den Anschein, es könnte auch aus ihnen etwas folgen. Die andere Art resultiert aus der Homonymie[221], z. B. wenn man sagt, die Maus sei ein edles Tier, da von ihr sich die ehrwürdigste aller Weihen herleite: Denn unter Mysterien[222] verstehe man ja die am höchsten geachtete Weihe, ebenso wenn jemand in seiner Lobrede auf einen Hund das am Himmel befindliche Sternbild des Hundes oder des Pan miteinbezieht,[223] weil Pindar (über ihn) sagte: »Glücklich bist du, den die Olympier den vielgestaltigen Hund der großen Göttin nennen«,[224] oder wenn man sagt, dass kein Hund zu sein[225] die größte Schmach sei, so dass es daher klar sei, dass es etwas Ehrenvolles ist, ein Hund zu sein. Oder zu behaupten, dass Hermes der geselligste unter den Göttern sei, denn er allein werde »Genosse[226] Hermes« genannt. Ferner, dass die Rede etwas überaus Bedeutsames sei, weil edle Männer nicht »des Geldes«, sondern »der Rede wert« seien.[227] »Der Rede wert« hat ja nicht nur eine einzige Bedeutung. Ein anderer (Topos des Trugschlusses)[228] besteht darin, dass der Redner Getrenntes verbindet oder Verbundenes trennt. Da nämlich das, was nicht dasselbe ist, häufig dasselbe zu sein scheint, muss man als Redner das einsetzen, was zweckmäßiger ist. Dem entspricht das Argument des Euthydemos, (wenn er etwa sagt,)[229] er wisse, dass eine Triere im Piräus liege, denn er kenne beide Begriffe.[230] Weiters, wenn man behauptet, der kenne ein Wort, der seine Bestandteile kenne, denn das Wort sei nichts anderes. Ebenso, wenn man sagt, dass auch das

Einfache nicht gesund sei, da das Doppelte krank mache, denn es sei widersinnig, dass zwei Güter ein Übel ergäben. In dieser Weise ist der Gesichtspunkt widerlegend, folgendermaßen indes ist er beweisend: »Ein Gut ergibt nicht zwei Übel.« Der ganze Topos gehört aber zu den Trugschlüssen. Ein weiteres Beispiel ist Polykrates' Aussage über Thrasybulos, dieser habe dreißig Tyrannen [35] gestürzt, er vereinige ja all diese in seiner Person. Oder die Worte im *Orest* des Theodektes: Hier wird es aus der Zerlegung (des Zusammengehörigen) gewonnen:

Recht ist's, wenn eine den Gemahl erschlug,

dass sie dann sterbe und der Sohn Rache für den [1401b] Vater nehme. Das ist ja auch geschehen. Nimmt man alles zusammen, ist es nämlich vielleicht nicht mehr gerecht. Es könnte aber der Trugschluss auch an der Auslassung liegen, denn man beseitigt das »von wem«. Ein weiterer Topos (des Trugschlusses) besteht darin, durch Übertreibung ein Argument abzustützen[231] oder zu Fall zu bringen. Das kommt vor, wenn man eine Tat aufbauscht, ohne nachgewiesen zu haben, [5] dass man selbst sie vollbracht hat;[232] denn entweder entsteht, wenn der Angeklagte die Tat aufbauscht, der Anschein, er habe sie nicht begangen, oder, wenn der Ankläger erzürnt ist, er habe sie doch begangen. Das ist freilich kein Enthymem, denn der Zuhörer begeht den Fehlschluss, dass der Angeklagte der Täter ist oder nicht ist, da der Beweis ausgeblieben ist. Ein anderer Topos ergibt sich aus einem Indiz, denn auch dieses hat keine aus Schlüssen gewonnene [10] Beweiskraft. Ein Beispiel dafür wäre, wenn jemand sagen wollte: »Liebende[233] bringen den Staaten Nutzen, denn die Liebe zwischen Harmodios und Aristogeiton hat den Tyrannen Hipparchos gestürzt.« Oder falls jemand sagen sollte, dass Dionysios ein Dieb sei, denn er sei schlecht. Das ist nämlich kein schlüssiges Argument, denn nicht jeder schlechte Mensch ist ein Dieb, wohl aber jeder Dieb schlecht.

Ein weiterer Topos basiert auf einem zufälligen Umstand. Ein Beispiel dafür wäre die Bemerkung des Polykrates über die Mäuse, dass sie eine Hilfe gewesen seien, weil sie die Bogensehnen zernagt hätten.[234] Ferner, wenn jemand behauptete, es sei die höchste Ehre, zum Essen geladen zu werden, denn da er dazu nicht geladen worden war, zürnte Achill den Achaiern auf Tenedos.[235] Dieser aber zürnte ob der Ehrenkränkung, und dabei ergab es sich eben, dass er nicht zum Mahl geladen wurde. Ein anderer Topos (des Trugschlusses) resultiert aus einer Folgerung, z. B. heißt es im *Alexandros*[236], Paris sei von edler Gesinnung. Er verschmähe nämlich den Umgang mit der Bevölkerung und lebe auf dem Ida-Gebirge für sich allein. Weil nun edel gesinnte Menschen von dieser Art sind, erscheint wohl auch dieser (Paris) edel gesinnt. Und weil er herausgeputzt nachts herumstreife, sei er ein Ehebrecher, denn das sei für Ehebrecher typisch. Ein ähnlicher Fall liegt auch vor, wenn jemand behauptet, dass Bettler auf Kultfesten singen und tanzen und dass es Verbannten freistehe, zu wohnen, wo immer sie wollen. Und weil das bei denen der Fall ist, die glücklich zu sein scheinen, könnten doch jene (Bettler und Verbannte), bei denen das ja auch der Fall ist, den Anschein von glücklichen Menschen erwecken. Der Unterschied besteht allerdings im »wie«, daher fällt dies auch unter den Begriff der Ellipse[237]. Ein weiterer Topos (des Trugschlusses) besteht darin, etwas nicht Ursächliches als Ursache hinzustellen, z. B. wenn etwas gleichzeitig oder nach etwas anderem geschehen ist; denn die Leute sehen das »danach« oft für ein »deswegen« an, besonders im politischen Leben: So sah Demades[238] die Politik des Demosthenes als Ursache aller Übel an, denn danach kam es zum Krieg. Ein Topos kommt auch zustande, indem man »wann« und »wie« beiseite lässt, z. B. wenn man behauptet, dass Alexandros Helena zu Recht erhalten habe, denn von ihrem Vater sei ihr ja die Wahl des Gatten eingeräumt worden.[239] Doch dies gilt wohl nicht für immer, sondern nur für das erste Mal, denn nur bis dahin reicht die [1402a] väterliche Gewalt. Oder wenn jemand behaupten sollte, das Schlagen von Freien sei Frevelmut. Auch das gilt ja nicht in jedem Fall, sondern nur, wenn man zuerst seine Hand zum ungerechten Schlag erhebt.[240] Weiters entsteht wie bei den Eristikern[241] ein scheinbarer Syllogismus, indem man etwas als allgemeingültig und nicht allgemeingültig, sondern nur in bestimmten Fällen gültig darstellt, wie z. B. in der Dialektik, indem man behauptet, dass das Nicht-Seiende existiert, denn das Nicht-Seiende existiert ja als Nicht-Seiendes. Oder: Vom Unerkennbaren kann man etwas wissen, denn man kann vom Unerkennbaren wissen, dass es nicht erkennbar ist. Ebenso gibt es auch in der Rhetorik ein scheinbares Enthymem, das sich aus dem nicht absolut Wahrscheinlichen, sondern aus dem nur in bestimmter Hinsicht Wahrscheinlichen ergibt. Diese Wahrscheinlichkeit gilt eben nicht absolut, wie auch Agathon[242] sagt:

> Man könnte wohl sagen, wahrscheinlich sei gerade dies,
> dass viel Unwahrscheinliches den Menschen widerfährt.[243]

Denn manches ereignet sich wider die Wahrscheinlichkeit, so dass auch das, was gegen die Wahrscheinlichkeit ist, wahrscheinlich ist. Wenn dem so ist, wird auch das nicht Wahrscheinliche als wahrscheinlich zu gelten haben. Aber nicht generell, sondern wie auch bei den Eristikern es ein Redetrick ist, das »im Hinblick worauf«, »worauf bezogen« und das »wie« beiseite zu lassen, so geschieht es auch hier[244], weil die Wahrscheinlichkeit nicht allgemein gilt, sondern nur in einer bestimmten Hinsicht. Aus diesem Topos besteht aber die Kunst des Korax[245]: Wenn jemand nicht einer Anklage entspricht, z. B. ein Schwächling der Anklage der Körperverletzung, so soll er freigesprochen werden, denn es (seine Täterschaft)[246] ist nicht wahrscheinlich. Wenn aber jemand dieser Anklage entspricht, z. B. weil er stark ist, (dann muss man erwidern)[247]: Es ist doch nicht wahrscheinlich, weil es zu erwarten war, dass es wahrscheinlich scheinen werde. Ebenso verhält es sich in den anderen Fällen: Entweder muss einer als der Anklage entsprechend gelten oder als nicht entsprechend. Beides scheint nun zwar wahrscheinlich, aber nur das eine ist wirklich wahrscheinlich, das andere nicht generell, sondern nur unter den erwähnten Umständen. Auch das Vorgehen, »das schwächere Argument zum stärkeren zu machen,«[248] gehört hierher. Daher gerieten die Leute auch zu Recht in Zorn über die Behauptung des Protagoras[249]; denn sie ist eine Lüge und bedeutet nicht die Wahrheit, sondern eine scheinbare Wahrscheinlichkeit und ist in keiner Kunst außer der Rhetorik und Eristik vertreten. So weit zu den Enthymemen, sowohl den wirklichen als auch den scheinbaren.

25 Anschließend an das Gesagte ist nun die Widerlegung[250] zu behandeln. Widerlegen aber heißt, entweder einen Antisyllogismus oder einen Einwand vorzubringen. Was den Antisyllogismus betrifft, so ist es klar, dass man sich derselben Topoi bedienen kann, denn Syllogismen werden aus allgemeinen Ansichten gebildet, und vieles, was so scheint, widerspricht sich. Einwände hingegen werden, wie in den *Topika*[251] dargelegt, auf vier Arten vorgebracht: aus der Sachlage selbst, aus einer ähnlichen, aus einer gegenteiligen Sachlage oder aus den bereits früher ergangenen Entscheidungen. Unter »aus der Sachlage selbst« verstehe ich Folgendes: Wenn z. B. ein Enthymem [1402b] über die Liebe besagte, dass sie etwas Wertvolles sei, so lässt sich darauf auf zweierlei Arten ein Einwand erheben: [252] indem man allgemein feststellt, dass jedes

Bedürfnis ein Übel sei, oder indem man einen Einzelfall vorbringt und sagt, dass man ja nicht von kaunischer Liebe[253] reden würde, wenn es nicht auch üble Formen der Liebe gäbe. Auf der Basis der gegenteiligen Sachlage wird der Einwand folgendermaßen gebildet: Wenn z. B. das Enthymem lautete: »Ein guter Mann handelt gut an all seinen Freunden«, (so könnte der Einwand gemacht werden:) »Aber auch ein schlechter Mensch handelt an ihnen nicht schlecht.« Aus einer ähnlichen Sachlage heraus (wird der Einwand gewonnen), indem man z. B., wenn das Enthymem besagte, dass diejenigen, die Schlimmes durchgemacht haben, stets voll Hass seien, erwiderte: »Aber auch die, denen Gutes widerfahren ist, lieben keineswegs immer.« Die Entscheidungen kommen von bekannten Männern: Wenn z. B. das Enthymem vorbrächte, dass man mit Betrunkenen Nachsicht haben sollte, denn sie gehen nicht wissentlich fehl, hieße die Erwiderung: Dann war Pittakos[254] keineswegs klug, denn sonst hätte er nicht höhere Strafen für den bestimmt, der sich in Trunksucht (gegen das Gesetz) vergeht.[255] Enthymeme können in vier Formen vorgebracht werden, nämlich als Wahrscheinlichkeit, Beispiel, Beweis und Indiz. Die von der Wahrscheinlichkeit abgeleiteten Enthymeme rühren von Dingen her, die meistens zutreffen oder zuzutreffen scheinen. Andere Enthymeme wiederum kommen durch Induktion[256], und zwar von einem einzelnen oder mehreren ähnlichen Fällen ausgehend, zustande. Wenn man das Allgemeine annimmt und dann auf das Einzelne schließt, gewinnt man ein Enthymem aus einem Beispiel. Andere Enthymeme wiederum werden durch das Notwendige und das sich immer Gleichbleibende mittels eines Beweises gewonnen, andere wieder durch generell oder zum Teil Gültiges mittels Indizien dafür, ob etwas ist oder nicht. Weil nun aber das Wahrscheinliche nicht immer, aber meistens zutrifft, so ist klar, dass man solche auf Wahrscheinlichkeit basierenden Enthymeme immer durch das Vorbringen eines Einwands widerlegen kann; die Widerlegung kann aber eine scheinbare sein und nicht [immer] zu Recht bestehen, denn der, der einen Einwurf vorbringt, widerlegt ja nicht die Wahrscheinlichkeit eines Sachverhalts, sondern seine Notwendigkeit. Daher ist auch der Verteidiger wegen dieses Fehlschlusses dem Ankläger gegenüber immer im Vorteil. Da der Ankläger seinen Beweis mittels Wahrscheinlichkeiten führt und da die Widerlegung, dass etwas wahrscheinlich ist oder dass etwas notwendig ist, nicht dasselbe ist, so ist das, was zumeist zutrifft, immer Einwänden ausgesetzt. Sonst träfe es ja nicht meistens zu und wäre wahrscheinlich, sondern träfe immer zu und wäre zwingend. Wenn aber ein Einwand auf diese Weise vorgebracht wird, dann glaubt der Richter, dass die betreffende Sache entweder nicht wahrscheinlich sei oder dass er es nicht entscheiden könne, wobei er, wie gesagt, einem Trugschluss unterliegt, denn er muss nicht nur von der Notwendigkeit, sondern auch von der Wahrscheinlichkeit ausgehend sein Urteil fällen, denn das heißt ja: »Urteilen nach bestem Wissen und Gewissen.«[257] Daher reicht es nicht aus, zu widerlegen, dass etwas mit Notwendigkeit zutreffe, sondern man muss auch widerlegen, dass es wahrscheinlich ist. Das wird der Fall sein, wenn der Einwand eher darauf abzielt, was meistens zutrifft. Ein solcher lässt sich aber auf zweierlei Weisen vorbringen, entweder zeitlich oder sachlich, am besten ist es [1403a] aber, wenn beides gegeben ist; denn wenn etwas oft auf eine bestimmte Weise zutrifft, dann hat es auch die höhere Wahrscheinlichkeit für sich. Aber auch Zeichen und auf einem Zeichen basierende Enthymeme lassen sich entkräften, wenn sie zutreffen, wie wir bereits in den ersten Abschnitten gesagt haben, denn dass kein Zeichen syllogistisch ist, ist uns aus den *Analytika* klar. Die Widerlegung von Beispielen ist dieselbe wie die von Wahrscheinlichkeiten: Wenn wir nämlich ein Beispiel dafür haben, dass sich etwas nicht auf eine bestimmte Weise verhält, dann ist das Enthymem widerlegt, weil es nicht der Notwendigkeit entspricht, auch wenn sich die Mehrzahl der Dinge oder eine Sache in der Mehrzahl der Fälle anders[258] verhält. Wenn sich aber die Mehrzahl der Dinge oder eine Sache in der Mehrzahl der Fälle auf eine bestimmte Weise verhält oder nicht, so muss man den Kampf dagegen führen, (indem man behauptet,)[259] dass der vorliegende Sachverhalt nicht ähnlich ist, nicht einmal sich ähnlich verhält oder sogar irgendeinen Unterschied aufweist. Indizien oder aus Indizien resultierende Enthymeme wird man nicht durch ihre fehlende Schlusskraft entkräften können (das ergibt sich für uns schon deutlich aus den *Analytika*), es bleibt also nur übrig zu zeigen, dass der behauptete Sachverhalt gar nicht vorliegt. Ist es aber augenscheinlich, dass er existiert und dass ein Indiz dafür vorliegt, so kann dies nicht mehr widerlegt werden, denn die Beweisführung ist schon zur Gänze offenkundig.

26 Steigerung und Verkleinerung sind keine Bestandteile des Enthymems. Unter Bestandteil verstehe ich dasselbe wie unter Topos, denn Bestandteil und Topos sind das, worunter viele Enthymeme fallen. Steigerung und Verkleinerung dienen dazu, aufzuzeigen, dass etwas groß oder klein, ebenso auch gut oder schlecht, gerecht oder ungerecht usw. ist. All dies ist Inhalt der Syllogismen und Enthymeme, so dass, wenn jedes davon nicht Topos eines Enthymems ist, dies auch für Steigerung und Verkleinerung nicht zutrifft. Auch die widerlegenden Enthymeme stellen keine eigene Gattung dar. Es ist ja klar, dass man mit einem Beweis oder einem Einwand widerlegt, durch einen Gegenbeweis aber das Gegenteil erweist. Wenn z. B. der eine bewiesen hat, dass etwas geschehen ist, so beweist der andere, dass es nicht geschehen ist, und umgekehrt. Daher besteht wohl hierin kein Unterschied (denn beide Seiten bedienen sich ja derselben Argumentationsweisen, sie bringen nämlich Enthymeme vor, dass etwas nicht ist oder ist), der Einwand aber ist kein Enthymem, sondern, wie in den *Topika*, die Äußerung einer Ansicht, aus der klar hervorgehen soll, dass (der Gegner) entweder keinen Schluss gezogen hat oder einem Irrtum erlegen ist.

Da es nun drei Gebiete sind, worüber in der Rhetorik [35] gehandelt werden muss, so viel nun zu Beispielen, Sentenzen, Enthymemen, überhaupt zu den Überlegungen, nämlich, woher wir sie nehmen [1403b] und wie wir sie entkräften werden. Es bleibt nur noch übrig, über Stil und Disposition zu sprechen.

Drittes Buch

1 Da es drei Stoffgebiete sind, die man in der Rhetorik behandeln muss, nämlich erstens, woher Überzeugungsmittel zu gewinnen sind, zweitens der sprachliche Ausdruck und drittens die Art der Disposition der Redeteile, so haben wir nun die Überzeugungsmittel folgendermaßen behandelt: aus wie vielen Arten sie bestehen, dass es davon drei Arten gibt, wie diese beschaffen sind und weshalb es nur so viele gibt. Alle Menschen kommen ja dadurch zu einer Überzeugung, dass sie, wenn sie entscheiden, sich selbst in eine bestimmte Stimmung versetzt sehen oder dass sie glauben, die Redner seien mit diesem oder jenem Charakterzug ausgestattet, oder dass sie vor einem Beweis stehen. Auch über die Enthymeme und woher man sie nehmen soll, haben wir gesprochen. Es gibt da ja einerseits die Arten der Enthymeme, andererseits die Topoi derselben. Als Nächstes ist der Ausdruck zu behandeln, denn es genügt nicht zu wissen, was man sagen muss, sondern es ist auch notwendig zu wissen, wie man dies sagen muss, und das trägt viel zum Erscheinungsbild der Rede bei. Als Erstes wurde natürlich untersucht, was das der Natur nach Erste ist und woher denn die Dinge ihre Glaubhaftigkeit haben, als Zweites dann, wie dies sprachlich darzulegen sei, und als Drittes, was die größte Wirkung hat, woran aber noch niemand sich versucht hat: die Vortragsweise[1]. Denn sogar Tragödie und Rhapsodik sind erst spät mit diesem Bereich konfrontiert worden, anfangs spielten ja die Dichter die Tragödien selbst. Es ist indes klar, dass es auch in der Rhetorik so etwas gibt wie in der Poetik. Mit Letzterer haben sich schon andere beschäftigt, unter ihnen auch Glaukon von Teos[2]. Hierbei geht es darum, wie man, um jeden beliebigen Affekt hervorzurufen, die Stimme einzusetzen hat,[3] wann man sie laut, wann leise, wann mittelstark, dann in welcher Stimmlage, z. B. einer hohen, tiefen oder mittleren, schließlich, welchen Rhythmus man in der betreffenden Situation anschlagen soll. Denn drei Dinge gilt es dabei zu beachten: Lautstärke, Tonfall und Rhythmus. Damit erringt man in Wettkämpfen Preise, und wie heutzutage dort die Schauspieler effektvoller sind als die Dichter, so ist es auch in den politischen »Kämpfen« infolge des jämmerlichen Zustandes der Regierungen. Darüber gibt es aber noch keine Theorie, zumal auch eine über den Ausdruck sich erst spät entwickelt hat. Und recht [1404a] betrachtet, scheint es auch etwas Gewöhnliches zu sein. Aber da die gesamte Beschäftigung mit der Rhetorik auf den Schein hinausläuft, so haben wir uns eben damit zu befassen, nicht weil es richtig, sondern weil es notwendig ist, da die Gerechtigkeit nicht mehr von einer Rede verlangt, als dass sie weder kränken noch allzu erfreuen soll. Gerechtigkeit ist ja ein Kampf mit bloßen Fakten, so dass alles, was über Beweise hinausgeht, überflüssig ist. Dennoch ist sie (die rhetorische Theorie), wie bereits gesagt, wegen der Schlechtigkeit der Zuhörer von großer Bedeutung. Die Beschäftigung mit sprachlichem Ausdruck jedoch ist in geringerem Ausmaß in jeder Disziplin vonnöten. Es ist nämlich, will man etwas klarlegen, durchaus von Belang, ob man so oder so formuliert, freilich nicht allzu viel: All das jedoch ist äußerer Schein und an die Adresse des Zuhörers gerichtet.[4] Daher lehrt so auch kein Mensch Geometrie. Jene Disziplin wird, wenn sie sich erst entwickelt hat, dasselbe vermögen wie die Schauspielkunst, einige haben auch kleine Versuche gemacht, sich über sie zu äußern, so etwa Thrasymachos in seinen *Eleoi*[5]. Es beruht doch die Schauspielerei auf einer natürlichen Anlage und ist einer Verwissenschaftlichung nicht zugänglich, soweit aber der sprachliche Ausdruck betroffen ist, ist sie es sehr wohl. Daher gibt es auch für die, die darin Könner sind, Preise, ebenso wie für Vortragsredner. Die Stärke der schriftlich verfassten Reden liegt viel mehr im sprachlichen Ausdruck als in der gedanklichen Tiefe. Den ersten Schritt setzten nun, wie es natürlich ist, die Dichter. Wörter sind nämlich Nachahmungen, dazu haben wir auch die Stimme, den Bestandteil des Körpers, der von allen am meisten zur Nachahmung fähig ist. Daher entstanden auch die verschiedenen Fachgebiete, die Rhapsodik, die Schauspielkunst und andere auch. Da die Dichter trotz ihrer oft einfältigen Äußerungen sich durch die Art ihres Sprechens offensichtlich Ruhm erworben haben, entstand aus diesem Grund zuerst der poetische Stil, wie der des Gorgias. Auch jetzt noch glaubt die Mehrheit der Ungebildeten, dass Redner dieser Sorte am schönsten sprechen. Dem ist keineswegs so, es ist vielmehr der Stil der Rede von dem der Dichtung verschieden.[6] Das zeigt schon die praktische Erfahrung: Die Tragödiendichter befleißigen sich ja auch nicht mehr derselben Ausdrucksweise, sondern wie sie vom Tetrameter zum Jambus übergingen, weil dieser von allen Metren der Rede am besten entspricht,[7] so [haben] sie auch diejenigen Wörter [aufgegeben], die außerhalb des Sprachgebrauchs liegen, mit denen sie jedoch anfänglich ihren Reden Schmuck verliehen – und die, die Hexameter verfassen, verfahren heute noch genauso. Es ist also lächerlich, diejenigen nachzuahmen, die selbst nicht mehr diese Ausdrucksweise verwenden. Daher ist es klar, dass wir nicht alles, was es über den Sprachstil zu sagen gibt, genau behandeln müssen, sondern nur den rhetorischen Sprachstil, den wir hier erörtern. Über jenen haben wir in der *Poetik* gesprochen.

2 [1404b] Dies sei nun der Inhalt unserer Betrachtung, und es sei definiert, dass der höchste Vorzug des Stils dessen Klarheit ist (eine Rede ist ja eine Art Hinweis, so dass sie ihre Aufgabe, wenn sie nichts klarlegt, verfehlt), weder niedrig, noch allzu würdevoll, sondern angemessen;[8] der poetische Stil ist nun wohl nicht niedrig, aber für die Prosarede nicht passend. Von den Substantiva und Verba bewirken die gebräuchlichen die Klarheit der Rede, die anderen Wörter, über die in der *Poetik* gesprochen worden ist, machen die Rede nicht niedrig, sondern schmuckreich,[9] denn die Abweichung vom Gewöhnlichen lässt den Stil erhabener erscheinen. Die Menschen erleben ja hinsichtlich des sprachlichen Ausdrucks dasselbe wie im Umgang mit Freunden und Mitbürgern. Daher ist es nötig, der Sprache einen fremden Ton zu geben, denn man bewundert das, was entfernt ist, und was Bewunderung hervorruft, ist angenehm. In der gebundenen Rede erzeugt vieles diese Wirkung, und dort hat es auch seinen Platz (die Dinge und Personen, von denen dort gesprochen wird, sind uns ja weiter entrückt, da es auch in diesem Fall eher unpassend anmutete, wenn ein Sklave oder ein sehr junger Bursche in Schönrederei verfiele oder wenn man dies bei einem allzu unwichtigen Thema täte, sondern auch hierbei besteht das rechte Maß im Zusammenziehen und Erweitern). In Prosareden aber bewirkt der fremde Ton einen Mangel[10], denn hier ist die Thematik weniger bedeutsam. Daher muss der Redner unauffällig ans Werk gehen und keinen gekünstelten, sondern einen natürlichen Eindruck erwecken (dies nämlich überzeugt, jenes bewirkt das Gegenteil, denn die Leute fühlen sich betrogen, wenn man heimlich etwas gegen sie im Schilde führt, ähnlich wie wenn Wein gepanscht wird), z. B. trifft dies auf die Stimme des Theodoros[11] im Gegensatz zu den übrigen Schauspielern zu: Seine erscheint wie die eines Redners, die der anderen hingegen wirken fremd. Dieser Trick glückt, wenn man seine Rede komponiert, indem man seinen Wortschatz aus der gewöhnlichen Umgangssprache nimmt, wie dies Euripides macht und als Erster gezeigt hat. Da nun Nomina und Verba die Bestandteile einer Rede sind, und die Nomina so viele Arten enthalten, wie es in der *Poetik* dargelegt wurde, so darf man davon die Dialektausdrücke, die zusammengesetzten und Neuprägungen selten und in wenigen Fällen verwenden (wo aber doch, davon später[12], den Grund für deren Verwendung haben wir schon erwähnt! Sie weichen nämlich vom Angemessenen zu sehr ab). Nur das Wort in seiner vorherrschenden und eigentümlichen Bedeutung aber und nur die Metapher[13] sind für den sprachlichen Ausdruck von Prosareden anwendbar. Ein Hinweis darauf ist die Tatsache, dass nur diese alle Menschen gebrauchen. Alle unterhalten sich ja in Metaphern und mittels Ausdrücken mit eigentümlicher und vorherrschender Bedeutung. Es ist daher klar, dass sich unbemerkt ein fremdartiger Ton einstellen wird, wenn jemand sich gut darauf versteht, und der Ausdruck an Klarheit gewinnen wird. Das wäre also der Vorzug der rhetorischen Rede. Unter den Nomina sind dem Sophisten Homonyme von Nutzen (durch diese betreibt er ja sein böses Werk), dem Poeten hingegen Synonyme. Als gebräuchliche Wörter [1405a] und Synonyme (nenne ich) beispielshalber »wandern« und »gehen«, denn diese Wörter sind allgemein üblich und bedeutungsgleich. Was nun jedes dieser Wörter bedeutet, wie viele Arten an Metaphern es gibt und dass sie sowohl in der Dichtung als auch in der Prosa sehr wirkungsvoll sind, ist – wie erwähnt – in der *Poetik* behandelt worden. In der Prosa muss man sich daher desto größere Mühe darin geben, über je weniger Hilfsmittel als die Dichtung sie verfügt. Eindringlichkeit, Anmut und Fremdartigkeit hat besonders die Metapher, freilich kann man sie sich aber nicht von einem anderen aneignen.[14] Aber sowohl Epitheta als auch Metaphern müssen in der Rede passen, das wird aber nur auf dem Wege der Analogie gehen. Ist dies nicht der Fall, wird sich der Ausdruck als unangemessen erweisen, da Widersprüche zwischen beieinanderliegenden Gliedern besonders ins Auge fallen. Man muss aber darauf achten, was dem Greis ebenso passt wie dem Jüngling sein Purpurkleid, denn dasselbe Gewand passt ihm keineswegs. Und wenn man etwas ausschmücken will, muss man die Metapher vom besseren Vertreter derselben Gattung bilden, will man tadeln, von schlechteren Vertretern. Damit meine ich z. B., dass man, da Gegensätzliches derselben Gattung angehört, sagt: »Der Bettler bittet« und »Der Bittsteller bettelt«, weil beides Arten des Begehrens sind; dies bedeutet das Geschilderte umzusetzen. So nannte [20] auch Iphikrates Kallias Bettelpriester und nicht Fackelträger.[15] Dieser aber antwortete, Iphikrates sei eben kein Eingeweihter, denn sonst hätte er ihn nicht Bettelpriester, sondern Fackelträger[16] genannt. Beides bezieht sich zwar auf die Gottheit, nur ist das eine ehrenhaft, das andere nicht. Dann sagt so mancher »Dionysosschmarotzer«, sie selbst bezeichnen sich aber als Künstler. Dies sind beides Metaphern, [25] die eine ist eine von Leuten, die verächtlich sprechen, die andere das Gegenteil. Auch die Seeräuber nennen sich neuerdings »Geschäftsleute«. Daher kann man sagen, ein Übeltäter habe gefehlt, der Fehlende Unrecht begangen, ferner der Dieb habe gestohlen und geplündert. Aber ein Ausspruch wie der des Euripideischen Telephos: »Ruder beherrschen und in Mysien an Land gehen«[17] [30] ist unpassend, denn der Ausdruck »beherrschen« ist über Gebühr erhaben. Darüber kann man sich nicht hinwegtäuschen. Aber auch bei den Silben kann ein Fehler auftreten, wenn sie kein angenehmer Klang auszeichnet: Dionysios Chalkus[18] z. B. nennt in seinen Elegien die Poesie »Gebrüll der Kalliope«, weil beides Laute seien, die Metapher ist allerdings schlecht bei Lauten, [35] die keine spezifische Bedeutung haben. Ferner soll man Metaphern, die Dinge ohne Namen bildlich ausdrücken sollen, nicht von weither holen, sondern von Verwandtem und Gleichartigem ausgehen, indem man etwas zur Sprache bringt, durch dessen Nennung die Verwandtschaft der Begriffe deutlich wird, wie z. B. in dem bekannten Rätsel: [1405b] »Ich sah einen Mann mit Feuer Eisen an einen anderen kleben.«[19] Dieses Geschehen hat keinen Namen, aber beides bedeutet ein Anfügen, das Ansetzen des Schröpfkopfes wird

»Schmieden« genannt. Aus guten Rätseln kann man überhaupt treffliche Metaphern gewinnen, denn Metaphern sprechen insofern in Rätseln, als klar werden müsste, dass die Übertragung trefflich erfolgt ist. Auch aus dem Bereich des Schönen (soll man Metaphern nehmen)[20]: Die Schönheit des Ausdrucks liegt, wie Likymnios[21] sagt, entweder in seinem Klang oder in seiner Bedeutung, dasselbe gilt aber auch für die Hässlichkeit. Es gibt auch noch etwas Drittes, wodurch ein sophistisches Argument widerlegt wird: Es stimmt nämlich keineswegs, dass es, wie Bryson[22] behauptet, unmöglich sei, sich hässlich auszudrücken, da es dasselbe bedeute, ob man nun den einen anstelle eines anderen Begriffs verwendet. Da unterliegt man einer Täuschung: Der eine Ausdruck ist ja treffender als der andere, liegt dem bezeichneten Gegenstand näher und ist geeigneter, einen Sachverhalt vor Augen zu führen. Dazu kommt, dass etwas, das sich nicht gleich ist, dieses und jenes bezeichnet, so dass auch in dieser Hinsicht schon eines für schöner oder hässlicher als ein anderes eingestuft werden muss. Beides bezeichnet ja Schönes und Hässliches, aber das nicht, in welcher Hinsicht etwas schön oder hässlich ist, wenn aber doch, dann das eine mehr, das andere weniger. Metaphern sind also dem zu entnehmen, was entweder dem Klang, der Bezeichnung, der Wahrnehmung oder irgendeiner sonstigen Empfindung nach schön ist. Es macht durchaus einen Unterschied, dass man etwa Eos eher rosenfingrig[23] nennt als purpurfingrig oder – noch schlechter – rotfingrig. Und bei den Epitheta ist es durchaus auch möglich, Beifügungen aus dem Bereich des Schlechten und Schändlichen zu nehmen, z. B. Muttermörder[24], ebenso aus dem Bereich des Besseren, z. B. Vaterrächer. So wollte auch Simonides, als ihm der Sieger eines Maultierrennens eine zu geringe Bezahlung anbot, keine Siegeshymne verfassen, so als ob er eine Abneigung davor gehabt hätte, Halbesel zu besingen. Als ihm jener aber genug zahlte, dichtete er: »Seid mir gegrüßt, Töchter der windfüßigen Pferde,«[25] – und doch waren sie auch Töchter von Eseln. Auch das Verkleinern gehört hierher. Ein Deminutiv ist etwas, das sowohl Schlechtes als auch Gutes verkleinert, wie denn [30] auch Aristophanes in seinen *Babyloniern*[26] scherzhaft statt Gold Goldchen, statt Kleid Kleidchen, statt Schmähwort Schmähwörtchen und auch Wehwehchen sagt. Doch hier muss man vorsichtig sein und in beidem[27] das rechte Maß im Auge behalten.

3 Das Frostige[28] im sprachlichen Ausdruck entsteht aus vier Ursachen: [35] Erstens in den aus zwei Nomina zusammengesetzten Wörtern, wie Lykophron[29] vom »vielgesichtigen« Himmel, von der »hochgipfeligen« Erde und vom »engpfadigen« Ufer spricht, Gorgias von »musenarmen« Schmeichlern und von [1406a] »Meineidigen« und »Eidtreuen« sprach und wie Alkidamas sagte, vom Zorn erfüllt sei seine Seele, feuerfarben werde sein Gesicht und »zum Ziele führend« werde seiner Ansicht nach ihr Eifer sein, und zielführend machte er seiner Worte Überzeugungskraft, [5] und der Boden des Meeres sei »blaufarben«. All diese Wendungen erhalten wegen der aus zwei Bestandteilen zusammengesetzten Ausdrücke ein dichterisches Gepräge. So viel zu einer Ursache des Frostigen. Die zweite Ursache liegt im Gebrauch von Dialektausdrücken, so nennt Lykophron Xerxes einen »Monstermann«, heißt Skiron eine Landplage und prägt Alkidamas die Ausdrücke: »Spielzeug für die Dichtung«, »Übermut der Natur« [10] und »gewetzt an der reinen Schärfe des Verstands«. Die dritte Ursache (für das Frostige im Ausdruck)[30] liegt im Gebrauch langer, unpassender oder zu zahlreicher Epitheta. In der Dichtung ist es zwar schicklich, von »weißer Milch« zu sprechen, in der Prosa aber ist dies teils unpassender, teils, wenn hierin übertrieben wird, bestätigt und verdeutlicht dies, dass es sich um Poesie handelt. Eine solche Verwendung ist aber doch notwendig [15] (sie bringt Abwechslung ins Gewohnte und verfremdet den Ausdruck), aber es ist das rechte Maß zu beachten, da es sonst größeren Schaden anrichtet, als die Rede aufs Geratewohl zu sprechen. Letzteres hat zwar keinen Vorzug, Ersteres aber einen Nachteil. Daher erscheint auch der Stil des Alkidamas als frostig: Er verwendet nämlich Epitheta nicht als Würze, sondern als Speise[31], so häufig, so viel gewaltiger, so einleuchtend sind sie, dass er z. B. nicht »Schweiß« sagt, sondern »feuchter Schweiß«, nicht »zu den Isthmischen Spielen«, sondern »zur Festversammlung der Isthmischen Spiele«, nicht »Gesetze«, sondern »Gesetze, Könige der Staaten«[32], nicht »im Lauf«, sondern im »Lauftrieb der Seele«, nicht »Musenheiligtum«, sondern »Musenheiligtum der Natur«. Ferner sagt er »finster blickende Sorge der Seele«, weiters nicht »Schöpfer der Anmut«, sondern »Schöpfer der landläufigen Anmut«, ebenso »Verwalter des Vergnügens der Zuhörer«. Dann (sagt er)[33] auch nicht: »er verbarg mit Zweigen«, sondern »er verbarg mit Zweigen des Waldes«, nicht »er umhüllte seinen Leib«, sondern »er umhüllte seines Leibes Scham«, ferner: »Nachahmungstrieb der Seele« (dies ist ein zusammengesetztes Wort und Epitheton zugleich, so dass eine poetische Wendung entsteht), und so auch »ein außerordentliches Übermaß an Schlechtigkeit«. Daher fügt man durch solch eine dichterische Ausdrucksweise der Unangemessenheit noch einen lächerlichen und frostigen Ton sowie auf Grund der Geschwätzigkeit im Ausdruck eine Verworrenheit hinzu, denn, wenn ein solcher Redner auch auf einen Verständigen einredet, löst er jegliche Klarheit auf, da er den Zuhörer einnebelt. Zusammengesetzte Wörter verwenden die Leute, wenn etwas keine eigene Bezeichnung hat und das Wort leicht durch Zusammensetzung zu bilden ist, wie z. B. »Zeit-vertreib«. Verfährt man indes häufig so, wirkt es gänzlich [1406b] dichterisch. Daher ist die Art, sich in Doppelworten auszudrücken, für Dithyrambendichter besonders brauchbar, da diese die Wirkung des Klanges zu nutzen verstehen. Für Epiker aber sind es Dialektausdrücke, sie schaffen eine eigenwillige Feierlichkeit. [Die Metapher für die jambische Dichtung, die ja, wie erwähnt, heutzutage gepflegt wird.] Die vierte Ursache für das Frostige liegt in den Metaphern, denn auch sie können unpassend sein, zum Teil, weil sie lächerlich sind (auch die Komödiendichter gebrauchen ja Metaphern), zum Teil wegen ihres zu hochtrabenden und tragischen Tons. Unklar sind sie, wenn sie weit hergeholt sind, so z. B. Gorgias: »Frischgrün und voller Saft[34] sind die Sachen – du aber hast sie unschön gesät und andererseits übel geerntet«. Das ist freilich zu dichterisch. Oder wie Alkidamas[35] die Philosophie »Bollwerk gegen die Gesetze« und die Odyssee »schönen Spiegel des menschlichen Lebens« nennt und auch etwa sagt: »er brauche kein solches Kinderspielzeug in seiner Dichtung«. All das ist nämlich aus den genannten Gründen unglaubwürdig. In bester tragischer Diktion äußert sich Gorgias einer Schwalbe gegenüber, die im Flug ein Häufchen Kot auf ihn fallen lässt: »Schande über dich, Philomele!« Denn für einen Vogel ist die Tat ja nicht verwerflich, wohl aber für eine Jungfrau. Trefflich war also seine Schelte insofern, als er sie als die ansprach, die sie einst war, und nicht als das, was sie jetzt ist.

4 Aber auch das Gleichnis ist eine Metapher, denn der Unterschied zwischen beiden ist gering: Wenn man nämlich [von Achill] sagt, »wie ein Löwe griff er an«, so ist das ein Gleichnis, sagt man aber »der Löwe griff an«, eine Metapher. Weil beide mutig sind, nennt man Achill metaphorisch einen Löwen.[36] Das Gleichnis ist aber auch in der Rede nützlich, freilich selten, denn es ist ja dichterisch. Zu formulieren sind sie wie Metaphern, das sind sie auch bis auf den genannten Unterschied. Ein Beispiel für ein Gleichnis sind die Worte Androtions[37] gegen Idrieus, nämlich dieser gleiche den Hündchen, die man von der Kette lässt, denn sie fallen den Menschen an und beißen, und so sei auch Idrieus, einmal aus dem Kerker entlassen, ein Problem. Ebenso verglich [30] Theodamas Archidamos mit einem Euxenos ohne Wissen um die Geometrie, und zwar anhand der Analogie, dass Euxenos dann als ein Archidamos mit geometrischen Kenntnissen gelte. Oder wie es in Platons *Politeia* heißt:[38] Die, die den Gefallenen die Rüstung rauben, gleichen den Hunden, die die Steine beißen, nicht aber dem, der nach ihnen wirft. Und sein Gleichnis [35] auf das Volk: Es sei wie ein Schiffskapitän, der stark, aber etwas taub sei. Ferner ein Gleichnis über die Verse der Dichter: Sie gleichen reifen Männern, ohne schön zu sein. Denn wie diese, die ihre Jugendblüte abgelegt haben, sind auch die Verse, deren Maß [1407a] aufgelöst worden ist, nicht mehr dieselben. Ferner das Gleichnis des Perikles über die Samier: Sie ähneln den Kindern, die Leckerbissen erhalten und dennoch weiterweinen. Oder sein Gleichnis über die Böotier: Sie sind den Steineichen ähnlich, denn Steineichen drücken einander zu Boden, und so ergeht es auch den Böotiern [5] im Kampf gegeneinander. Ein Beispiel bietet auch Demosthenes'[39] Gleichnis über das Volk, es gleiche denen, die auf Schiffen an Seekrankheit leiden. So verglich auch Demokrates[40] die Redner mit Ammen, die die Babynahrung selbst trinken und dann die Kleinen mit ihrem Speichel befeuchten. Des Weiteren verglich Antisthenes den dummen Kephisodotos mit Weihrauch, [10] weil er durch seine Auflösung Freude bereitet. All dies kann man sowohl als Gleichnis als auch als Metapher formulieren. Daher ist klar, dass alles, was als Metapher Beifall findet, dies auch als Gleichnis tun wird und Gleichnisse Metaphern sind, die eines ⟨erklärenden⟩[41] Wortes bedürfen. Immer aber muss die aus einer Analogie gewonnene Metapher in Korrelation stehen [15] zu zwei Dingen gleicher Art. Wenn z. B. die Trinkschale der »Schild des Dionysos« ist, passt es auch, den

Schild »Trinkschale des Ares« zu nennen. Aus diesen Bestandteilen also setzt sich eine Rede zusammen.

5 Das erste Prinzip des Stils ist gutes Griechisch[42]. Dies erreicht man durch die Beachtung von fünf Dingen: erstens durch Konjunktionen, wenn man sie entsprechend ihres natürlichen zeitlichen Verhältnisses zueinander einsetzt, was bei einigen von ihnen unbedingt erforderlich ist, wie z. B. ein »zwar« und ein »ich zwar« ein »aber« und ein »dieser aber« verlangen. Man darf sie aber nur so lange aufeinander beziehen, wie das Gedächtnis reicht, sie nicht weit voneinander trennen und nicht eine andere Konjunktion vor der notwendigen Entsprechung einfügen, was ja sehr selten passt, z. B.: »Ich aber, da er mir dies gesagt hatte (denn es kam Kleon bittend und fordernd), brach auf und nahm sie mit.« Hier sind viele Verbindungswörter vor dem erwarteten eingeschoben. Wenn vieles dazwischentritt [vor »ich brach auf«], wird es unverständlich. Eine Voraussetzung guten Stiles also liegt im richtigen Gebrauch der Bindewörter, eine zweite darin, Dinge mit ihren eigentlichen Bezeichnungen zu benennen und nicht mit Umschreibungen. Eine dritte ist es, keine unklaren Ausdrücke (Amphibolien) zu verwenden, es sei denn, es soll nicht das Gegenteil erreicht werden.[43] Das machen Leute, wenn sie nichts zu sagen haben, aber vorgeben, etwas von Bedeutung zu sagen. Leute etwa, die in Versen sprechen, sind von dieser Sorte, z. B. Empedokles. Das wortreiche Umkreisen des Eigentlichen lenkt ja nur ab, und den Zuhörern geht es dabei wie der Menge mit den Wahrsagern. Wenn diese sich in Unklarheiten ergehen, nickt sie ihnen beifällig zu, wie z. B. bei folgender Prophezeiung:

> Über den Halys gerückt, wird Krösus ein mächtiges Reich
> zerstören.

[1407b] Weil dadurch die Irrtumsmöglichkeit überhaupt geringer ist, sprechen die Wahrsager in Gattungsbegriffen über eine Sache. Denn auch bei Paar-Unpaar-Spielen[44] trifft man wohl öfter, wenn man »gerade« oder »ungerade« sagt, als wenn man eine genaue Zahl angibt, und so hat man auch eher Erfolg, wenn man nur das Eintreten eines zukünftigen Ereignisses behauptet, als wenn man auch den genauen Zeitpunkt nennt. Daher legen sich auch die Wahrsager in keinem Zeitpunkt fest. Alle diese Beispiele ähneln einander, daher soll man sich vor ihnen hüten, es sei denn, man will gerade eine solche Wirkung erzielen. Die vierte Anforderung entspricht der von Protagoras gemachten Einteilung der Wörter in männliche, weibliche und sächliche, denn auch diese gilt es genau zu berücksichtigen: »Als Angekommene und gesprochen Habende ging sie fort.«[45] Fünftens ist Mehrzahl, [Wenigkeit] und Einzahl richtig wiederzugeben: »Sie kamen und schlugen mich.« Überhaupt muss das Geschriebene leicht vorzulesen und vorzutragen sein, was beides auf dasselbe hinausläuft. Dies verhindert etwa der Gebrauch vieler Konjunktionen oder Passagen, die sich nicht leicht interpungieren lassen, wie die des Herakleitos. Seine Texte zu interpungieren ist nämlich ein schwieriges Unterfangen, da es unklar ist, wohin etwas gehört, zum Folgenden oder zum Vorigen. So z. B. gleich am Anfang seiner Schrift, wo er sagt: »Dieser Logos, der da ist immer bleibt er den Menschen unverständlich.«[46] Hier ist es doch unklar, wohin »immer« [gehört].[47] Schließlich bewirkt einen Solözismus[48] auch der Mangel einer Verbindung, wenn man [nicht] das anfügt, was zu beiden passt. Wenn man z. B. von Klang und Farbe spricht, ist »sehend« nicht der gemeinsame Oberbegriff, sondern »bemerkend«. Unklar drückt man sich auch aus, wenn man nicht (den eigentlichen Hauptgedanken)[49] voranstellt und wenn man im Begriffe ist, viele Zwischensätze einzuschalten, z. B.: »Ich war im Begriffe, nachdem ich mich mit

jenen über dies und das auf diese Weise unterhalten hatte, abzureisen« anstatt: »Ich war im Begriffe, nach der Unterhaltung abzureisen«, und erst dann zu sagen: »Dies und das kam auf diese Weise dabei zustande.«

6 Zur Erhabenheit des Stils trägt unter anderem bei: eine Umschreibung anstelle des betreffenden Wortes zu verwenden, z. B. nicht »Kreis« zu sagen, sondern »Fläche, (deren Umgrenzung) vom Mittelpunkt aus den gleichen Abstand hat«. Der Kürze des Stils dient das Gegenteil, nämlich an Stelle der Umschreibung der Begriff selbst. Dies gilt auch für das Schändliche und Unschickliche: Wenn das Schändliche in der Umschreibung liegt, nenne man den Begriff, wenn im Begriff, dann umschreibe man ihn! (Zur Erhabenheit des Stils trägt auch bei,) mit Metaphern und Beiwörtern einen Sachverhalt zu verdeutlichen, doch hüte man sich davor, ins Poetische zu verfallen. Ferner die Einzahl in die Mehrzahl zu setzen, wie dies die Dichter tun: Wenn es auch nur einen Hafen gibt, sagen sie dennoch »in die Häfen der Achäer« und »des Briefes vielgefaltete Blätterbündel sind dies.«[50] (Ebenso dient der Erhabenheit,) die Worte nicht zu verbinden, sondern jedes für sich stehen zu lassen, z. B.: »der Frau, der unsrigen«. Im gedrängten Stil hingegen macht man das Gegenteil: »unserer Frau«. Ferner mit einer Konjunktion zu sprechen, im Kurzstil aber ohne sie, aber dennoch nicht unverbunden, z. B. [1408a] »hingekommen seiend und sich unterhalten habend« und »hingekommen seiend unterhielt ich mich.« Auch der Kunstgriff des Antimachos[51] ist dazu nützlich, nämlich davon zu sprechen, was etwas nicht besitzt, was er über den Teumessos[52] ja tut: »Es ist ein windumwehter kleiner Hügel.« Der Steigerung sind hierin keine Grenzen gesetzt. Wie etwas nicht ist, das lässt sich sowohl auf Gutes als auch auf Schlechtes anwenden, wie man es eben gerade braucht. Daher nehmen auch die Dichter ihre Ausdrücke, wie »das saitenlose« und das »leierlose Lied«, denn sie leiten sie aus einem Mangelzustand ab. Beliebt ist dies bei Metaphern, wenn es in analogen Metaphern ausgedrückt wird, z. B. wenn man sagt, die Trompete sei ein leierloses Lied.

7 Angemessenheit wird der Stil haben, wenn er Pathos und Ethos vermitteln kann, und das analog dem zugrundeliegenden Sachverhalt. Diese Analogie[53] liegt vor, wenn man weder über gewichtige Dinge beiläufig noch über Nichtigkeiten feierlich spricht und ein unbedeutendes Wort nicht mit Schmuck überhöht. Sonst wird es zur Komödie, wie es Kleophon[54] macht. Einiges nämlich geriet ihm ähnlich, wie wenn jemand sagte: »O du erhabener Feigenbaum!« Pathos erzeugt, wenn Übermut vorliegt, der Stil eines erzürnten, wenn Gottloses und Schamloses vorliegt, der Stil eines entrüsteten Redners, der die Sachlage fast nicht auszusprechen wagt; Pathos erzeugt es ebenso, bei Lobenswertem voll Bewunderung, bei Mitleiderregung voll niedergeschlagener Betroffenheit zu sprechen und ähnlich in anderen Fällen. Der Sachverhalt und die ihm angepasste Ausdrucksweise erst wirken überzeugend. Die Seele erliegt nämlich einem Trugschluss, da ja der Redner ihrer Meinung nach die Wahrheit spreche, weil sich die Leute in solchen Situationen so verhalten, dass sie glauben, die Sachlage sei so, auch wenn sie nicht der Darstellung des Redners entspricht, und der Zuhörer stets dem mit Pathos Sprechenden in seinen Emotionen folgt, auch wenn dieser nichts Wesentliches aussagt. Daher machen viele die Zuhörer nur durch lautes Gepolter betroffen.[55] Diese von äußeren Anzeichen bestimmte Beweisführung bringt auch den Charakter zum Ausdruck, weil jeder Art Mensch und jeder Haltung eine entsprechende Ausdrucksweise folgt. Unter Art Mensch verstehe ich die Unterscheidung nach dem Alter wie Kind, Mann oder Greis, Unterscheidungen wie Frau oder Mann und Spartaner oder Thessalier, unter Haltung aber das, wodurch der Mensch im Leben dazu wird, was er ist: Nicht jede Haltung

[30] gibt ja dem Leben eine besondere Ausprägung. Wenn man also die zur Haltung passenden Wörter gebraucht, wird man eine individuelle Eigenart entwickeln, denn es sprechen der Bauer und der Gebildete wohl weder über dasselbe noch in derselben Weise. Einen gewissen Eindruck auf die Zuhörer machen auch Wendungen, die die Redenschreiber bis zum Überdruss gebrauchen, wie: »Wer weiß denn nicht« und: »Alle wissen«. Der Zuhörer stimmt [35] aus Scham zu, um auch daran teilzuhaben, was alle anderen wissen. Dass man etwas zu passender wie zu unpassender Gelegenheit vorbringen kann, [1408b] gilt für alle Arten der Rede. Es gibt ein Heilmittel gegen jede Übertreibung, das allbekannt ist: Der Redner soll nun sich selbst deswegen zurechtweisen! Das erweckt dann den Eindruck der Wahrheit, da dem Redner ja nicht entgeht, was er tut. Ferner darf man nicht alle Mittel, die analog passen, zugleich [5] einsetzen, denn so wird [der Zuhörer] hinters Licht geführt. Ich meine dies so: Wenn die Wörter hart sind, soll man dies nicht auch noch durch Stimme, Mimik [und sonst (dazupassende Mittel)[56]] unterstreichen, sonst wird alles [als das, was es ist,] durchschaubar. Wenn aber der Redner dieses anwendet, jenes aber nicht, macht er dasselbe, ohne dass es jemand merkt. Wenn das Weiche indes hart und das Harte weich [10] vorgetragen wird, wird man unglaubwürdig. Zusammengesetzte Wörter, Epitheta in größerer Zahl und Fremdwörter[57] passen am ehesten zu einem pathetischen Redner, denn einem erregten Redner lässt man es durchgehen, wenn er ein Übel »zum Himmel ragend« oder »ungeheuerlich« nennt. Dies ist auch dann der Fall, wenn er die Zuhörer schon in seinen Bann geschlagen und sie schon durch Lob, Tadel, [15] Wut oder Sympathie in innere Aufregung versetzt hat, wie es etwa Isokrates am Ende seines *Panegyrikos* tut: »Ruhm und Erinnerung« und »alle, die es durchgemacht haben«.[58] Denn wenn man in Begeisterung versetzt ist, lässt man solche Äußerungen fallen, so

dass auch die Zuhörer das ganz selbstverständlich in sich aufnehmen, weil sie in ähnlicher Stimmung sind. Daher passt diese Ausdrucksweise auch zur Dichtung, denn sie ist inspiriert. Man soll sich also der Ausdrucksweise in der eben dargelegten Form befleißigen oder aber ironisch gefärbt sprechen, wie Gorgias es tat und auch gewisse Abschnitte im *Phaidros*[59].

8 Die Form der Rede darf weder metrisch gebunden noch unrhythmisch sein. Ersteres wirkt ja nicht überzeugend (es erscheint nämlich gekünstelt) und lenkt zugleich ab. Es lässt (den Hörer) nur darauf achten, wann eine ähnliche Klausel wiederkehrt. Genauso wie Kinder das Rufen der Herolde vorwegnehmen: »Wen nimmt sich der Freigelassene zum Anwalt? – Kleon!« Was aber ohne Rhythmus ist, ist endlos. Einen Abschluss muss es aber geben, nur nicht durch eine Klausel, denn ohne Reiz und geistig nicht erfassbar ist Endloses.[60] Alles wird durch eine Zahl begrenzt. Für die Form des sprachlichen Ausdrucks nun ist diese Zahl der Rhythmus, dessen Bestandteile wiederum die Metren sind. Daher muss die Rede einen Rhythmus haben, hingegen kein Metrum, sonst wird sie nämlich zur Dichtung. Der Rhythmus soll nicht peinlich genau eingehalten werden: Das wird dann schon gegeben sein, wenn das bis zu einem bestimmten Grad der Fall ist. Unter den Rhythmen ist der Hexameter feierlich, für die Prosarede nicht geeignet und ohne Harmonie. Der Jambus hingegen ist von sich aus schon das Sprechmaß der meisten Menschen.[61] Daher erklingt beim Sprechen von allen Maßen am meisten der Jambus. Allerdings muss eine gewisse Feierlichkeit entstehen und den Zuhörer entrücken. Der Trochäus wiederum ist eher das Maß des Kordaxtanzes[62]. Das wird schon durch die [1409a] Tetrameter klar, denn ihnen ist ein schnell dahintänzelnder Rhythmus eigen. Übrig bleibt der Päan, den man seit Thrasymachos verwendete, ohne eigentlich zu wissen, was er genau ist. Der Päan ist der dritte Rhythmus und knüpft an die erwähnten an. Er verkörpert nämlich das Verhältnis von drei zu zwei, während von jenen das eine Maß ein Verhältnis von eins zu eins, das andere aber von zwei zu eins aufweist. An diese Zahlenverhältnisse schließt sich das Anderthalbfache an, und das ist der Päan.[63] Die übrigen Rhythmen sind zu meiden, teils aus den genannten Gründen, teils weil sie Versmaße sind. Nur der Päan ist zu verwenden, denn von allen genannten Rhythmen ist nur er kein Versmaß, so dass er am ehesten unbemerkt bleibt. Jetzt verwendet man ein und denselben Päan am Anfang und am Ende, es ist aber zwischen Anfang und Ende ein Unterschied zu machen. Es gibt aber zwei einander entgegengesetzte Formen des Päan, von denen die eine für den Anfang passt, wofür sie auch verwendet wird. Das ist die, die mit einer Länge beginnt und mit drei Kürzen endet, wie z. B. »Delosgeboren oder vielleicht Lykien« und »Goldlockige Hekate, Kind des Zeus«. Die andere Form des Päan ist umgekehrt, sie beginnt mit drei Kürzen und endet mit einer Länge: »Und es verhüllte so das Land wie auch den Strom, dazu das Meer (die) Nacht.« Dies schafft einen Abschluss, denn eine Kürze verstümmelt ihn wegen ihrer Unabgeschlossenheit. Vielmehr muss man durch eine Länge einen Einschnitt setzen, und der Abschluss muss klar sein, nicht durch ein vom Schreiber danebengesetztes Zeichen, sondern durch den Rhythmus. Dass also der Stil rhythmisch wohlgegliedert sein muss und auch nicht unrhythmisch sein darf, ist nun geklärt, ebenso welche Rhythmen das können und welche Eigenart sie haben müssen.

9 Die Sprache muss entweder anreihend und durch Bindewörter zusammengehalten sein wie die Einleitungsgesänge der Dithyramben oder periodisch gegliedert und ähnlich den Anabolen[64] der alten Dichter. Der anreihende Stil besteht seit alters [[– die Geschichtsdarstellung des Thuriers Herodot ist darin abgefasst –]], früher nämlich gebrauchten ihn alle, jetzt aber nicht mehr viele. Unter einem anreihenden Stil verstehe ich einen solchen, der [30] in sich keinen Abschluss hat, wenn nicht der dargestellte Inhalt zu einem natürlichen Ende kommt. Er ist wegen dieser Endlosigkeit allerdings ohne Reiz. Es will doch jeder ein Ziel vor Augen haben. Daher schnappt man an den Wendemarken nach Luft und ist ermüdet, denn solange man das Ziel vor Augen hat, lässt man nicht nach. So viel also zum anreihenden Stil; hingegen verläuft der durch Verschlingung der Sätze gebildete [35] in Perioden. Periode nenne ich einen Satz, der in sich selbst einen Anfang und ein Ende und einen überschaubaren Umfang hat. [1409b] Das ist angenehm und leicht verständlich, angenehm, weil es diese Endlosigkeit durchbricht und weil der Zuhörer auf Grund der immer in sich abgeschlossenen Einheiten stets glaubt, er erfasse etwas. Demgegenüber ist es kein Vergnügen, nichts vorhersehen zu können und zu keinem Ende zu kommen; leicht verständlich ist es, weil es [5] gut im Gedächtnis bleibt. Das wird dadurch erreicht, dass der periodisierende Stil einem bestimmten Zahlenverhältnis folgt, was ja das Erinnerungsvermögen am meisten fördert. Daher merkt sich jeder auch Verse leichter als Prosa, denn in Ersteren steckt ein Zahlenverhältnis, wodurch sie gemessen werden können. Eine Periode muss aber auch gedanklich abgeschlossen sein und darf nicht zerhackt werden wie die folgenden [Sophokleischen] Jamben:

> [10] Kalydon ist dieses Land; von Pelops' Erde …[65]

Durch diese (Zeilen-)Teilung kann man das Gegenteil annehmen, so in vorliegendem Vers etwa, dass Kalydon auf der Peloponnes liege. Eine Periode ist entweder in Kola[66] gegliedert oder einfach. Die in Kola gegliederte Redeweise ist eine abgeschlossene, unterteilte und [15] die Atmung erleichternde, und zwar nicht nur in der Zäsur [wie in der Periode], sondern überhaupt. Ein Kolon ist der eine Teil einer solchen Redeweise. Einfach nenne ich sie, wenn sie nur ein Kolon hat. Weder die Kola noch die Perioden dürfen kurz (wie Mäuseschwänzchen)[67] sein noch zu lang. Denn Kürze lässt den Zuhörer oft stolpern. Wenn er nämlich in vollem Laufe nach vorne dem Versmaß nach, von dem er eine klare Vorstellung hat, bei einer Unterbrechung abgelenkt wird, muss er wie über einen überraschenden Widerstand straucheln. Sind die Kola hingegen zu lang, lassen sie den Zuhörer zurückbleiben wie diejenigen, die auf ein Ziel hin einen Umweg gehen [denn auch diese bleiben hinter den Mitspazierenden zurück]. In ähnlicher Weise wird aus langen Perioden eine Rede gleich wie bei einer Anabole. (Daher rührt das, was Demokrit von Chios an Melanippides verspottete, der ja eher Anabolen denn Antistrophen dichtete:

> So tut Schaden sich selbst, wer anderen Schaden zu tun sucht,
> und dem Dichter ist selbst zum Verderb der gedehnte Eingang.[68]

Solches passt ja auch zu denen, die in langen Kola sprechen); zu kurze Kola hingegen lassen keine Periode entstehen, sie hetzen den Zuhörer nur Hals über Kopf vorwärts. Der in Kola gegliederte Redestil ist entweder koordinierend oder antithetisch angeordnet. Koordinierend ist z. B. der Satz: »Schon oft habe ich mich gewundert über die, die Festversammlungen ausgerichtet und gymnische Wettkämpfe eingesetzt haben.«[69] Antithetisch hingegen ist der Stil, wenn in jedem Kolon einander Gegensatzpaare gegenüberstehen oder dasselbe (Prädikat) [1410a] mit Gegensätzen verbunden ist, wie z. B.: »Beiden waren sie von Nutzen, sowohl denen, die zurückgeblieben waren, als auch denen, die sie begleitet hatten, denn den Letzteren erwarben sie einen noch größeren Besitz, als diese zu Hause schon hatten, den Ersteren ließen sie einen ausreichenden Besitz zu Hause zurück.« »Zurückbleiben« und »Begleitung« sind Gegensätze, ebenso »genügend« und »mehr«. (Ein weiteres Beispiel ist:)[70] »so dass denen, die Geld brauchen, und denen, die es genießen wollen«. Hier stehen »Genuss« und »Erwerb« einander gegenüber. Und ferner: »Hierbei geschieht es oft, dass die Verständigen Unglück haben und die Unverständigen Erfolg.« – »Eben hielt man sie noch der Ehrenpreise für würdig, nicht viel später übernahmen sie die Herrschaft über die See.« – »Übers Land zu segeln, übers Meer aber zu marschieren, indem er den Hellespont mit Brücken verband und den Athos durchgrub«. Ferner: »Die, die von Natur aus Bürger sind, werden durch das Gesetz der Heimat beraubt.« – »Die einen von ihnen gingen jämmerlich zugrunde, die anderen wurden schimpflich gerettet.« Und: »im eigenen Haus sich Barbaren als Sklaven halten, aber öffentlich zusehen, dass viele Verbündete in Knechtschaft sind«. Des Weiteren: »entweder lebend behalten oder sterbend zurücklassen«. Und was jemand vor Gericht gegen Peitholaos und Lykophron sagte: »Diese haben euch verkauft, solange sie zu Hause waren, jetzt sind sie aber zu euch gekommen und haben euch gekauft.« All diese Beispiele haben die oben genannte Wirkung. Angenehm ist eine solche Sprechweise, weil Gegensätze ohnehin sehr leicht fassbar und, wenn sie nebeneinander stehen, noch fassbarer sind und weil sie einem Syllogismus gleicht. Eine Widerlegung ist ja eine Sammlung von Gegensätzen. Eine Antithese[71] ist nun etwas Derartiges. Eine Parisosis liegt vor, wenn die Kola gleich sind, eine Paromoiosis[72], wenn zwei Kola ähnlich auslauten. Das muss am Anfang oder am Ende geschehen. Der Anfang hat immer (ähnliche) Wörter, das Ende (ähnliche) Endsilben oder Flexionsstufen desselben Wortes oder überhaupt dasselbe Wort. Am Anfang kann solches stehen: »Einen Acker (*agrón*) bekam er von ihm, einen unbeackerten (*argón*)«, und: »Doch versöhnten sie Gaben und mild zuredende Worte.«[73] Am Ende findet sich: »Man hätte denken können, er habe das Kind nicht gezeugt, sondern sei selbst eines geworden«[74], ferner: »Mit vielen Sorgen und ohne ein Morgen«. Ein Beispiel für Flexionsstufen desselben Wortes: »Wert zu sein eines Standbildes in Erz, ohne der Münze aus Erz wert zu sein«, und ein Beispiel für dasselbe Wort: »Als er lebte, sprachst du von ihm schlecht, jetzt schreibst du über ihn schlecht«. Ein Beispiel für den Gebrauch einer gleichen Silbe: »Was wäre dir denn Schlimmes geschehen, hättest du einen faulen Mann gesehen?« Es kommt vor, dass ein Satz all das zusammen aufweist [1410b] und eine Antithese, eine Parisosis und ein Homoioteleuton[75] hat. Die Anfänge der Perioden sind fast vollständig in den *Theodekteia*[76] aufgezählt. Es gibt jedoch auch falsche Antithesen, wie z. B. auch Epicharm eine dichtete:

> Manchmal war ich im Haus jener, manchmal auch mit jenen.[77]

10 Nachdem dies geklärt wäre, gilt es zu besprechen, wie Esprit[78] und Glanz zustande kommen. Mit beidem den Stil auszustatten, dazu bedarf es des Talents und der Übung, zu zeigen, wie man dazu kommt, ist Aufgabe vorliegender methodischer Überlegung. Darüber also wollen wir jetzt handeln und alles Punkt für Punkt aufzählen. Ausgehen wollen wir von folgenden Gedanken: Mühelos etwas dazuzulernen bereitet von Natur aus allen Menschen Freude, es sind aber Worte, die etwas vermitteln, so dass gerade die Worte, die uns neue Erkenntnis verschaffen, die angenehmsten sind. Dialektausdrücke nun sind uns nicht immer bekannt, die gängigsten Ausdrücke sind uns aber geläufig. So bewirkt am ehesten die Metapher dies[79], denn wenn man das Alter ein »Schilfrohr«[80] nennt, vermittelte man durch den Gattungsbegriff Verstehen und Erkenntnis. [15] Beides hat ja die Zeit der Blüte hinter sich. Dasselbe bewirken nun auch die Bilder[81] der Dichter, und wenn sie dies auf hervorragende Weise tun, erscheint das geistreich. Ein Bild ist ja, wie bereits früher dargelegt,[82] eine Metapher mit unterschiedlicher Ausrichtung. Es findet weniger Gefallen, weil es länger ist, und es macht nicht deutlich, dass dieses jenes ist. Deshalb sucht die Seele auch nicht danach. [20] Daher sind zwangsläufig diese Redeweisen und diese Enthymeme geistreich, die uns zu schneller Erkenntnis führen. Folglich finden wenig tiefgründige Enthymeme keinen Beifall (»wenig tiefgründig« nenne ich, was jedem einleuchtet und worüber man nicht weiter nachdenken muss), ebensowenig wie alles, was, obwohl es dargelegt worden ist, unverstanden bleibt, was zugleich mit der Darlegung schon Erkenntnis [25] vermittelt, obwohl vorher keine vorhanden war, oder was ein wenig später zum Nachdenken anregt. So kommt man ja zu einer Erkenntnis, anders zu gar nichts. Solcherlei Enthymeme finden Gefallen bezüglich der Absicht des Gesagten, hinsichtlich des Stils aber auf Grund ihrer besonders figurierten Darstellung, wenn man etwa in Antithesen spricht wie: »Den Frieden, der den anderen gemeinsam ist, [30] als Krieg gegen ihre eigenen Interessen ansehend.«[83] Hier bildet Krieg einen Gegensatz zu Frieden. Ferner finden sie durch die Worte selbst Gefallen, wenn sie eine Metapher bilden, freilich weder eine fremdartige[84] – die ist schwer zu verstehen – noch eine wenig tiefgründige, die löst nämlich keinerlei Empfindung aus. Schließlich dadurch, dass man etwas vor Augen führt. Es ist doch nötig, dass der Zuhörer eher [das], was gerade geschieht, sieht als [35] das, was sein wird. Auf dreierlei soll man also abzielen: Metapher, Antithese und Anschaulichkeit.[85] Von den vier Arten der Metapher [1411a] ist die durch Analogie gebildete die beliebteste, so wie Perikles von der im Krieg gefallenen Jugend sagt, sie sei aus der

Stadt verschwunden, wie wenn jemand dem Jahr den Frühling nähme. Ferner des Leptines Spruch über die Lakedaimonier: Er erlaube nicht, dass man dabei zusehe, wie Griechenland einäugig werde. Oder Kephisodotos, der in Zorn geriet, als Chares sich im Olynthischen Krieg bemühte, Rechenschaft abzulegen, und sagte, der versuche erst jetzt, sich zu rechtfertigen, wo er dem Volk die Kehle zuschnüre. Ebenso sagte er einmal zur Aufmunterung der Athener, die nach Euböa ausrückten, um sich Proviant zu verschaffen, es müsse der Volksbeschluss des Miltiades ausrücken. Auch Iphikrates war, als die Athener mit Epidauros und dem Küstenland einen Waffenstillstand schlossen, erbost und sagte, sie hätten sich selbst des Reisegelds für den Krieg beraubt. Peitholaos ferner nannte etwa das Staatsschiff »Paralos« die Keule des Volkes, Sestos hingegen das Backbrett des Piräus. Und Perikles befahl, die Insel Ägina, das Gerstenkorn des Piräus, zu entfernen. Moirokles wiederum sagte, er sei nicht schlechter als eine bestimmte andere Person und nannte den Namen eines tugendsamen Menschen, dieser sei nämlich zu einem Zinssatz von 33⅓ Prozent schlecht, er hingegen nur zu 10 Prozent. Oder der Jambus des Anaxandrides über seine Töchter, die mit dem Heiraten in Verzug gerieten:

> Zur Ehe überfällig[86] sind die Jungfrauen mir.

Ferner das Wort des Polyeuktes über einen Apoplektiker namens Spensippos, er könne nicht Ruhe geben, obwohl er vom Schicksal in eine fünflöchrige Krankheit[87] gebunden sei. Des Weiteren nannte Kephisodotos die Trieren bunte Mühlsteine, und der Hund (der Kyniker Diogenes) hieß die Kneipen attische Phiditien. Aision sagte, sie hätten die Stadt nach Sizilien ausgegossen, denn das ist metaphorisch und anschaulich. Ebenso sagte er: »So dass Hellas aufschrie«, und auch das ist irgendwie eine Metapher und anschaulich. Oder wie Kephisodotos befahl, sich davor zu hüten, viele Aufläufe zu veranstalten. Ebenso äußert sich Isokrates gegen diejenigen, die zu den Festversammlungen »zusammenlaufen«. Und so heißt es auch im Epitaph: »Es wäre durchaus angebracht gewesen, dass sich Hellas am Grab der bei Salamis Gefallenen (vor Trauer) sein Haar geschoren hätte, da ja zugleich mit deren Tapferkeit auch die Freiheit begraben worden sei.« Wenn er nun gesagt hätte, es wäre angebracht gewesen, in Tränen auszubrechen, da die Tapferkeit mitbegraben worden sei, so wäre auch dies eine Metapher und anschaulich gewesen, [1411b] die Worte aber »zugleich mit deren Tapferkeit auch die Freiheit« enthalten dazu noch eine Art Antithese. Und wie Iphikrates z. B. sagte: »Der Weg meiner Worte führt mitten durch die von Chares vollbrachten Taten«. Das ist eine Metapher, gebildet durch Analogie, und das »mitten durch« bewirkt die Anschaulichkeit. Ebenso ist das Diktum »gegen Gefahren Gefahren zu Hilfe rufen« eine Veranschaulichung und eine Metapher. Ferner sagte Lykoleon in seiner Verteidigungsrede für Chabrios: »Ohne Ehrfurcht vor seinem Fürsprecher, dem bronzenen Standbild«. Das ist eine Metapher, in einer konkreten Situation gebildet, die zwar nicht immer passt, dafür aber anschaulich ist. In seiner Gefahr bittet ja die Statue, das leblose Belebte, das Mahnmal seiner für die Stadt geleisteten Taten. Ferner: »in jeder nur denkbaren Weise sich um niedrige Denkungsart bemühend«, denn »sich um etwas bemühen« bedeutet »etwas steigern«. Ebenso der Satz: »Gott entzündete den Verstand als Licht in der Seele«. Beides soll ja etwas deutlich machen. Weiters: »Wir beenden die Kriege nicht, sondern schieben sie hinaus«, beides betrifft Zukünftiges, sowohl der Aufschub als auch ein Frieden dieser Art. Ferner die Behauptung, Friedensverträge seien ein viel schöneres Siegesdenkmal als die im Krieg errungenen, denn Letztere gelten nur kleinen Ereignissen und einem einzelnen Erfolg, Erstere hingegen dem ganzen Krieg. Beides ist ja ein Zeichen des Sieges. Ebenso, »die Staaten leisteten, kommt ein Tadel der Bevölkerung auf, gewaltige Wiedergutmachung«: die Wiedergutmachung ist ja eine Art von berechtigter Einbuße. Somit ist also dargelegt, dass eine geistreiche Formulierung aus der durch Analogie gebildeten Metapher und durch Augenscheinlichkeit entstehen kann.

11 Es muss nun noch besprochen werden, was mit Augenscheinlichkeit gemeint ist und was man tun muss, um sie zu bewirken. Unter Augenscheinlichkeit verstehe ich nun, (beim Zuhörer) eine Vorstellung hervorzurufen, die etwas Tätiges bezeichnet, z. B. es ist eine Metapher, wenn man einen rechtschaffenen Mann ein Quadrat nennt, denn beides ist vollkommen, aber es drückt nichts Tätiges aus. Dagegen bezeichnet: »Er steht in blühendem Alter« Tätigkeit, ebenso: »dich, gleichsam entfesselt«[88] und »da sprangen auf ihre Füße Hellas' Männer all«[89]. »Aufspringen« ist eine Tätigkeit und Metapher, es meint nämlich »schnell«. Ebenso befleißigt sich Homer allenthalben, Unbelebtes durch Metaphern zu beleben. Er ist doch berühmt dafür, in allem Tätigkeit darzustellen, wie z. B. in Folgendem: »und der tückische Stein rollt' wieder zu Tale«[90], »es flog der Pfeil dahin«[91], »heranzufliegen begierig«[92], »standen empor aus der Erde, voll Gier, im Fleische zu schwelgen«, und schließlich: »Dass vorne die Brust das stürmende Erz ihm durchbohrte«[93]. In all diesen Versen scheint Tätigkeit zu bestehen eben dadurch, dass etwas belebt wird; denn schamlos sein, stürmen und dergleichen bedeutet Aktivität. Das aber verknüpfte der Dichter[94] durch die in Analogie gebildete Metapher. Wie sich ja der Stein zu Sisyphos, so verhält sich der Schamlose zu dem, den er schamlos behandelt. Dasselbe macht der Dichter in seinen berühmten Bildern bei unbelebten Dingen: »krummgewölbt und beschämt, vorn andere, andere hinten«[95], denn er stellt das alles bewegt und le-

bend dar, Tätigkeit aber ist Bewegung. Metaphern sollen, wie oben gesagt,[96] aus verwandten, nicht offenkundigen Dingen gebildet werden, wie es ja auch in der Philosophie Scharfsinn verrät, Ähnliches auch in weit auseinanderliegenden Dingen zu erkennen. Archytas[97] beispielshalber sagte, ein Richter und ein Altar seien dasselbe, denn zu beiden nehme der, der Unrecht erfährt, Zuflucht. Oder wenn jemand behaupten sollte, ein Anker und ein Haken seien dasselbe, denn beide sind gewissermaßen tatsächlich dasselbe, der Unterschied besteht nur darin, dass Ersterer unten, Letzterer oben ist. Oder zu sagen, dass Städte in ausgeglichenem Verhältnis zueinander stehen, ist dasselbe in völlig unterschiedlichen Dingen, die Gleichheit betrifft sowohl die Oberfläche als auch die Machtfülle. Der geistvolle Reiz kommt meist durch Metapher und einen zusätzlichen Trick zustande, denn der Zuhörer wird sich eher klar darüber, etwas gelernt zu haben, wenn es seiner bisherigen Vorstellung widerspricht, und er scheint in seinem Inneren zu sagen: »Wie wahr! Ich habe mich geirrt.« Der geistvolle Reiz eines Ausspruchs liegt darin, dass nicht gemeint ist, was gesagt wird, wie z. B. das Wort des Stesichoros: »Die Zikaden werden ihnen vom Boden aus ein Lied singen.« Aus demselben Grund ist, was trefflich in Form eines Rätsels gesagt ist, vergnüglich, denn es bedeutet einen Wissensgewinn und ist in einer Metapher formuliert. Dazu gehört auch das, was Theodoros mit »Neues sagen!« meint.[98] Das geschieht, wenn etwas der Erwartung zuwiderläuft und, wie jener sich ausdrückt, nicht der bisherigen Ansicht entspricht, sondern die Redner wie Spaßmacher Wörter verdrehen. Das bewirken auch Späße, die die Abfolge von Buchstaben verändern, denn sie täuschen die Erwartung. Und ebenso Verse, die nicht so sind, wie es der Hörer erwartete: z. B.: »Er ging und an den Füßen trug er Beulen.«[99] Man hätte freilich »Schuhe« erwartet. Der Witz muss aber sogleich, wenn es ausgesprochen wird, verständlich sein. Die Vertauschung von Buchstaben bewirkt, dass der Sprecher nicht das meint, was er sagt, sondern das, worauf das betreffende Wort anspielt, wie z. B. Theodoros über den Kitharöden Nikon sagt: »Er thrakert dich;«[100] er gibt nämlich vor, [35] er meine: »Er verwirrt dich«, und täuscht so die Hörer, denn er meint etwas anderes. Daher [1412b] ist das für den Zuhörer vergnüglich, wenn er es durchschaut, wenn er aber nicht begreift, dass jener ein Thraker ist, wird er die Formulierung nicht geistreich finden. Dasselbe gilt beim Ausspruch: »Du willst ihn verpersern.«[101] Beides darf nur gesagt werden, wenn es auch passt. So fällt es auch unter geistreiche Formulierung, wenn man z. B. sagt, für die Athener sei die Herrschaft (*archḗ*) über das Meer nicht [5] zum Anfang (*archḗ*) der Übel geworden, denn es bringe ihnen ja Vorteile, oder wie Isokrates einmal sagte: »Die Herrschaft ist für die Stadt der Anfang aller Übel.«[102] In beiden Fällen ist etwas gesagt, das man nicht erwartet hätte, und man erkannte doch, dass es wahr ist. Denn von der Herrschaft (*archḗ*) zu sagen, dass sie eine Herrschaft (*archḗ*) sei, ist ja keinesfalls klug, aber nicht so, sondern anders meint es der Redner und will *archḗ* nicht wie das erste Mal, [10] sondern in einer anderen Bedeutung verstanden wissen.[103] In all diesen Fällen kommt man dann zu einem Erfolg, wenn man in passender Weise ein Homonym oder eine Metapher einführt: z. B.: »Anaschetos ist nicht erträglich (*anaschetós*)«[104] brachte eine Homonymie zum Ausdruck, und dies durchaus passend, wenn der Betreffende wirklich ein unangenehmer Zeitgenosse ist. Ebenso: »Du mögest nicht fremder sein als ein Fremder eben fremd ist«[105] oder: [nicht mehr als es notwendig ist]. Oder [15] auch: »Der Fremde muss nicht immer fremd sein«, auch hier ist ja die Bedeutung verschieden. Ebenso das vielgepriesene Wort des Anaxandrides: »Schön ist's zu sterben, bevor man etwas Todeswürdiges tut.«[106] Das ist dasselbe, wie wenn man sagt: »Würdig ist es, zu sterben, wenn man zu sterben nicht würdig ist« oder: »Würdig ist es zu sterben, wenn man des Todes nicht würdig ist« oder »nichts Todeswürdiges getan hat.« Der Gedanke ist in all diesen Formulierungen derselbe, je kürzer aber und je gegensätzlicher man formuliert, umso mehr Anklang findet man. Das kommt daher, dass das Verständnis durch den Gegensatz gesteigert, durch die Kürze beschleunigt wird. Dabei muss man stets darauf achten, an wen man dabei seine Worte richtet oder dass man korrekt formuliert, und ob das Gesagte wahr und keine Binsenweisheit ist. Es ist ja möglich, dass diese zwei Bedingungen auseinanderfallen, wie z. B.: »Man soll sterben, bevor man auf Abwege gerät« – das ist aber nicht geistreich. – »Ein gut situierter Mann soll eine entsprechende Frau heiraten!« – aber ebenfalls nicht geistreich. (Gelungen ist es,) wenn der Redner jedoch beides zusammen einsetzt: »Würdig stirbt, wer zu sterben nicht würdig!« Je mehr der Redner davon aufbietet, umso geistvoller erscheint es, z. B. wenn die Wörter eine Metapher, dazu noch eine bestimmte Metapher, eine Antithese und Parisosis ergeben und einen aktiven Vorgang ausdrücken. Auch die Vergleiche sind, wie oben bereits dargelegt wurde,[107] gewissermaßen beliebte Metaphern. Sie bestehen aus stets zwei Teilen, wie die in Analogie gebildete Metapher. Beispielsweise sagen wir: »Der Schild ist die Trinkschale des Ares« und: [1413a] »Der Bogen ist eine saitenlose Phorminx«. In dieser Weise drücken es nun die Redner nicht einfach aus, den Bogen indes Phorminx oder den Schild Trinkschale zu nennen, das ist einfach im Ausdruck. Vergleiche macht man als Redner auch, indem man z. B. einen Flötenspieler mit einem Affen oder einen Menschen, der blinzelt, mit einer Flamme, auf die Tropfen fallen, vergleicht, denn beide zucken zusammen. Gut ist aber der Vergleich, wenn er auch eine Metapher enthält. Denn man kann den Schild mit der Trinkschale des Ares und die Ruine mit einem Hausfetzen vergleichen und Nikeratos einen von Pratys gebissenen Philoktetes nennen, ein Vergleich, den Thrasymachos[108] anstellte, als er sah, wie Nikeratos langhaarig und ungepflegt im Rhapsodengesang dem Pratys unterlag. Hierin scheitern die Dichter besonders, wenn ihnen der Vergleich nicht gelingt, andernfalls aber trägt es ihnen große Anerkennung ein. Ich meine damit, wenn sie den Vergleichspunkt nicht vermitteln können: »Seine Schenkel bewegt er, gewunden wie Eppich« und »wie Philammon kämpfend mit dem Lederranzen«. Alles dieser Art sind auch Vergleiche. Dass aber Vergleiche Metaphern sind, ist schon wiederholt festgestellt worden. Auch die Sprichwörter sind Metaphern, nur von einem Genus in ein anderes. Wenn z. B. jemand etwas erwirbt in der Erwartung, ihm widerfahre dadurch Gutes, und deshalb Schaden erleidet, so sagt man: »wie der Karpathier den Hasen«[109]. Beide haben ja Besagtes erlitten. Damit wären nun Quellen und Ursachen des geistvollen Witzes mehr oder minder abgehandelt. Auch Hyperbeln sind beliebte Metaphern, wenn man z. B. über einen, dem ein blaues Auge verpasst wurde, sagt: »Ihr hättet geglaubt, er sei ein Maulbeerkorb!« Denn das Auge ist gewissermaßen blau, aber es so zu sagen, ist wohl doch sehr übertrieben. Und zu sagen, es ist »wie dies und das«, ist eine Hyperbel, die sich im sprachlichen Ausdruck abhebt.

Gleich wie Philammon kämpfend mit dem Lederranzen:

Hier hätte man meinen können, Philammon selbst sei es, der mit einem Lederranzen kämpft. –

Die Schenkel bewegen wie gewundenen Eppich.

Man hätte glauben können, er habe keine Schenkel, sondern Eppichbüschel, so krumm sind sie. Es sind Hyperbeln Zeichen von jungen Männern, denn sie offenbaren Heftigkeit.[110] [30] [[Daher reden besonders Erzürnte auf diese Weise:

> Gäb er auch so viel mir, als Körner im Sand und im Staub sind.
> Keine Tochter begehr ich von Atreus' Sohn Agamemnon,
> [33] stritte an Schönheit sie auch mit Aphrodite, der goldnen,
> käme an Werken sie gleich der strahlenden Göttin Athene.[111]]]

[1413b] [Damit arbeiten aber auch besonders die attischen Redner.] Daher ist so zu reden für einen Älteren unschicklich.

12 Man darf aber auch nicht vergessen, dass für jede Gattung eine andere Ausdrucksweise passt. Denn der Stil in Veröffentlichungen ist nicht derselbe wie der in Streitreden, der in Volksreden nicht derselbe [5] wie der vor Gericht. Auf beides muss man sich verstehen: einerseits darauf, in korrektem Griechisch eine Rede zu halten, andererseits nicht gezwungen zu sein, still zu sein, wenn man sich anderen mitteilen möchte, wie es ja denen ergeht, die sich schriftlich nicht ausdrücken können. Der schriftliche Stil ist der präziseste, der Stil der Streitrede entspricht am ehesten der Kunst eines Schauspielers. [10] Von Letzterem gibt es zwei Arten: den ethischen und den pathetischen Stil. Daher sind auch die Schauspieler auf derartige Dramen aus und die Dichter auf derartige Schauspieler. Hochgehalten werden Autoren, die für das Lesepublikum schreiben, wie z. B. Chairemon (denn er ist präzise wie ein Redenschreiber) und unter den Dithyrambendichtern Likymnios. Bei einem Vergleich erscheinen [15] die schriftlichen Reden in öffentlichen Redewettbewerben dürftig, die Reden der Rhetoren [oder die, die vorgetragen werden,] dilettantisch, wenn man sie (zum Lesen) in Händen hält. Der Grund dafür ist, dass sie nur in einen Redestreit passen. Daher erfüllen auch

Elemente, die zum Vortrag bestimmt sind, kommt es nicht zum Vortrag, nicht ihren Zweck und erscheinen töricht, wie ja auch Asyndeta und die ständigen Wiederholungen [20] in der schriftlichen Fassung mit Recht missbilligt werden, in der Streitrede jedoch nicht, und die Rhetoren setzen dies auch ein, denn zum Vortrag gehört es. Wenn man mehrmals dasselbe sagt, ist Abwechslung vonnöten. Dies bahnt der Vortragskunst gleichsam den Weg: »Dieser ist es, der euch bestohlen, dieser ist es, der euch getäuscht, dieser ist es, der euch zu guter Letzt noch zu verraten versucht hat!« [25] So tat es auch der Schauspieler Philemon in der *Gerontomania* des Anaxandrides, wenn er die Rolle des Rhadamanthys und des Palamedes spielte und im Prolog der *Frommen* den Monolog (sprach). Denn wenn jemand solches nicht darstellt, gerät er zum »Balkenträger«.[112] Auch bei den Asyndeta gilt dasselbe: »Ich kam, traf ihn, bat ihn.« [30] Man muss ja dabei nach Art eines Schauspielers darstellen und darf nicht wie einer sprechen, der stets mit dem gleichen Ausdruck und Tonfall immer dasselbe sagt. Asyndeta haben noch eine Besonderheit: Zu gleicher Zeit scheint vieles gesagt zu sein. Die Konjunktion macht nämlich aus vielem eines, so dass bei ihrem Fehlen offenbar umgekehrt aus einem vieles wird. Das Asyndeton bewirkt also eine Steigerung. »Ich kam, sprach, [1414a] bat« (das erscheint als Vielheit), »er achtete nicht auf das, was ich sagte«. Das will auch Homer in der Stelle ausdrücken: »Nireus aus Syme, Nireus, Sohn der Aglaia, Nireus, der als der Schönste …«[113] Über wen nämlich vieles ausgesagt wird, der muss auch oft genannt sein. Wird er nun [5] oft genannt, so scheint auch vieles über ihn gesagt zu sein, so dass der Dichter, der nur einmal an ihn durch einen Fehlschluss erinnert, ihn hervorgehoben und ihm ein Denkmal gesetzt hat, obwohl er ihn später nicht mehr erwähnt. Der Stil der Volksrede ist durchaus der Schattenmalerei[114] ähnlich: je größer die Zuhörermenge, umso größer der Beobachtungsraum, daher ist

Sorgfalt für beide Teile verlorene Mühe und weniger von Bedeutung. Für ein Gericht ist schon größere Sorgfalt gefordert,[115] besonders bei nur einem Richter, denn da kommt es auf die formale Rhetorik am wenigsten an. Hier lässt sich ja gut überblicken, was zur Sache gehört und was ihr fremd ist, auch fehlt der Wettkampf, so dass die Entscheidung (von Beeinflussung) frei ist. Daher genießen nicht dieselben Redner in allen diesen Gattungen Ansehen. Wo es am meisten auf die Vortragskunst ankommt, dort fehlt es an Sachlichkeit. Das ist dort der Fall, wo es auf die Stimme ankommt, am meisten auf eine laute. Der Stil der Festrede kommt der geschriebenen Sprache am nächsten, denn sie ist zum Lesen bestimmt. Dann folgt der Gerichtsstil. Im Stil weiters die Unterteilung zu treffen, dass er gefällig und erhaben sein müsse,[116] ist überflüssig. Warum sollte er denn dies in höherem Grade sein als maßvoll, edel und was es sonst noch an ethischen Qualitäten gibt? Die Ausführungen selbst werden ihn klarerweise gefällig machen, wenn wir das Wesen guten Stils richtig definiert haben. Weshalb sollte er sonst verständlich und nicht primitiv sein, sondern angemessen? Wenn er schwatzhaft ist, ist er nicht klar, auch nicht, wenn er zu knapp ist, sondern ein Mittelweg ist es, der selbstverständlich passt. Die Ausführungen werden den sprachlichen Ausdruck gefällig machen, wenn er auf einer rechten Mischung beruht: aus Herkömmlichem und Fremdem, Rhythmus und Glaubwürdigkeit, die von der Angemessenheit ausgeht. Somit ist der Stil behandelt, sowohl in seiner Gesamtheit als auch in den Besonderheiten der einzelnen Redegattungen. Es bleibt noch, etwas über die Gliederung zu sagen.

13 Eine Rede hat zwei Teile: Es ist notwendig, das Thema, um das es geht, darzulegen und dieses zu beweisen. Ohne Wirkung bleibt es, den Sachverhalt ohne folgende Beweisführung darzustellen oder eine Beweisführung vorzunehmen, ohne das Thema angegeben zu haben. Bei einer Beweisführung beweist man etwas und die Darlegung des Themas stellt man voran wegen der (folgenden) Beweisführung. Von diesen zwei Teilen ist der eine die Präzisierung des Sachverhalts (die Prothesis), der andere [35] die Beweisführung (die Pistis), wie man ebenso eine Unterscheidung zwischen Problem und Problembehandlung treffen könnte. Heutzutage macht man indes lächerliche Einteilungen: Die Erzählung des Tathergangs (*diḗgēsis*) gehört wohl nur zur Gerichtsrede, denn wie kann in einer Fest- oder Volksrede ein sog. »Tatbericht« in Betracht kommen, ebensowenig das Vorbringen der Argumente wider [1414b] den Prozessgegner oder ein Schlusswort der Beweisführenden. Vorwort aber, vergleichende Erwiderung und Rekapitulation können in Staatsreden dann vorkommen, wenn es sich um eine Erwiderung handelt, denn Anklage und Verteidigung kommen oft vor. Dies trifft jedoch nicht zu, wo es um die Erteilung eines Rates geht. Zudem hat aber auch nicht jede Gerichtsrede ein Schlusswort, [5] so etwa, wenn sie kurz ist oder der Inhalt sich leicht merken lässt. Durch das Schlusswort kommt es ja zu einer Entschärfung der Länge. Notwendige Bestandteile (einer Rede) sind also Prothesis und Pistis. Diese sind jeder Rede eigen, meist jedoch bestehen Reden aus Prolog, Prothesis, Pistis und Epilog. Eine Erwiderung auf die Vorwürfe des Prozessgegners gehört ja zur Beweisführung, und [10] die vergleichende Erwiderung (*antiparabolḗ*) ist eine Ausdehnung derselben, daher auch ein Teil des Beweisverfahrens. Wer nämlich dieses Mittel wählt, will dadurch etwas beweisen. Nicht diesen Zweck erfüllen Einleitung (Prolog) und Schlusswort (Epilog), Letzteres will lediglich in Erinnerung bringen. Wenn man aber hier weitere Unterteilungen trifft, wie die Schule um Theodoros[117] es tat, wird man eine zweite Schilderung des Hergangs (*diḗgēsis*), eine ergänzende Schilderung (*epidiḗgēsis*) und eine Vorschilderung (*prodiḗgēsis*), eine

Widerlegung (*élenchos*) [15] und eine Ergänzungswiderlegung (*epexélenchos*) erhalten. Man soll aber nur dann eine Bezeichnung dafür treffen, wenn man von einer eigenen Gattung und einem Unterschied spricht, andernfalls wird die Bezeichnung inhaltslos und bloßes Geschwätz, wie es Likymnios in seinem Lehrbuch tut, indem er von »Fahrt unter günstigem Wind«, »Abirren« und »Verzweigungen« spricht.

14 Das Prooimion bildet also den Anfang einer Rede, in der Poesie nennt man das [20] Prolog, im Flötenspiel Proaulion. All dies sind Anfänge und gleichsam ein Auftakt zu einer Reise. Das Proaulion nun ist dem Prooimion der Festreden ähnlich, denn die Flötenspieler bringen das, was sie gut können, im Proaulion vor und verknüpfen es dann mit dem Beginn des Hauptteils.[118] Und ebenso muss man beim Verfassen einer Festrede [25] vorgehen: zuerst geradewegs kundtun, worauf man hinauswill, dann alles Weitere dazufügen und mit dem Vorigen verknüpfen. Alle gehen so vor. Ein Beispiel ist das Prooimion der *Helena* des Isokrates, denn die Eristiker haben mit Helena nichts gemein.[119] Gleichzeitig ist es, auch wenn man sich vom eigentlichen Thema entfernt, doch insofern passend, als es die Rede als Ganzes nicht einförmig werden lässt. Die Prooimien zu den Festreden werden [30] aus Lob und Tadel gebildet: So sagt z. B. Gorgias in seiner olympischen Rede: »Würdig seid ihr, von vielen bewundert zu werden, ihr Männer Griechenlands«.[120] Er lobt ja diejenigen, die die Festversammlungen eingerichtet haben. Isokrates hingegen tadelt, dass sie die Vorzüge des Körpers mit Ehrengaben auszeichneten, denen jedoch, die Vernunft an den Tag legten, [35] keinen Kampfpreis stifteten.[121] Auch mit einem Rat kann man im Prooimion beginnen, z. B. die Tüchtigen müsse man ehren und daher preise er selbst Aristeides[122], oder: Man solle solche Männer loben, die weder angesehen noch unbedeutend sind, sondern in ihrer Vorzüglichkeit nicht in Erscheinung treten, wie Alexandros, der Sohn des Priamos[123]. Ein solcher Redner [1415a] erteilt einen Ratschlag. Weiters ist auch den Prooimien der Gerichtsreden zu entnehmen: ein Appell an den Zuhörer, wenn die Rede von etwas Ungewöhnlichem, Schwierigem oder so vielfach Durchgekautem handelt, dass man sich dafür entschuldigt, wie etwa Choirilos[124] vorgeht: »Jetzt nun, da alles verteilt ist«. Aus Folgendem also kann man die Prooimien der Festreden bilden: aus Lob, Tadel, Zuraten, Abraten und Appell an den Hörer. Die einleitenden Bemerkungen müssen also völlig anders sein als die Rede oder aber zu ihr passen. Für die Prooimien zu den Gerichtsreden gilt festzuhalten, dass sie dieselbe Bedeutung haben wie die Prologe der Dramen und die Prooimien der Epen. Die Prooimien der Dithyramben sind ja denen der Festreden ähnlich: »Durch dich und deine Gaben, seien sie auch Kriegsbeute[125]?« In den Reden und Epen gibt es einen Hinweis auf den folgenden Inhalt, damit die Hörer vorweg wissen, worum es sich handelt, und ihre Gedanken nicht in der Luft hängen, denn das Undefinierbare führt die Gedanken auf Irrwege. Wer nun den Anfang dem Hörer gleichsam fassbar in die Hand gibt, erreicht, dass er dem Thema folgen wird, daher auch: »Singe, o Göttin, den Zorn« und »Nenne den Mann mir, o Muse«[126] oder: »Sing jetzt ein anderes Lied, wie aus Asiens Erde gewalt'ger Krieg nach Europa kam«. Auch die Tragiker weisen darauf hin, wovon das Drama handelt, wenn auch nicht so schnell wie Euripides, so zumindest doch irgendwo im Prolog, wie auch Sophokles es tut [[es hieß mein Vater Polybos]][127]. Dasselbe gilt in der Komödie. Die wichtigste Funktion des Prooimions und sein eigentliches Wesen ist es, darauf hinzuweisen, welches Ziel die Rede verfolgt. Deshalb braucht man, ist das Ziel klar und die Angelegenheit unbedeutend, auch kein Prooimion. Die anderen verwendeten Formen des Prooimions sind rhetorische Tricks und allen Gattungen gemein. Sie ergeben sich aus der Person des Redners, dem Publikum, der Sache selbst und der Person des Gegners. Redner und Gegner betreffen alle Mittel, die eine Intrige abwehren oder spinnen.[128] Und doch gibt es einen Unterschied: Der Verteidigende kommt am Anfang schon auf das zu reden, was ihn in Verruf bringt, der Anklagende spricht dies im [30] Epilog an. Der Grund dafür ist völlig einsichtig: Der Verteidigende muss ja, wenn er daran geht, seine Position ins Treffen zu führen, das aus dem Weg räumen, was ihr hinderlich ist, so dass er zuerst einmal die Verleumdungen zu entkräften hat. Wer indes den Gegner in ein schlechtes Licht rücken will, muss dies im Epilog tun, damit es die Zuhörer besser im Gedächtnis behalten. Appelle an den Zuhörer entspringen der Absicht, ihn gewogen zu stimmen [35] [bzw. ihn aufzubringen], bisweilen auch nur seine Aufmerksamkeit zu erregen, oder aber das Gegenteil zu bewirken. Es ist ja keineswegs stets nützlich, wenn man den Zuhörer dazu veranlasst, bei der Sache zu sein, weshalb ihn auch viele Redner zum Lachen zu bringen versuchen. Zur Aufnahmebereitschaft wird man, sofern man dies beabsichtigt, jeden Zuhörer zwingen, wenn man selbst einen gehörigen Eindruck erweckt, [1415b] denn auf solche Leute achtet man lieber. Die Aufmerksamkeit der Zuhörer erregt vor allem alles, was bedeutend ist, sie selbst betrifft, bewunderungswürdig und erfreulich ist. Daher muss man so tun, als ob es gerade um solche Dinge ginge. Will man keine aufmerksamen Zuhörer, muss man die Sache geringfügig, belanglos für sie und unerfreulich erscheinen lassen. Es soll aber nicht [5] unbeachtet bleiben, dass all dies nicht zur Sache gehört. Auf einen niveaulosen Zuhörer wirkt auch, wenn er etwas hört, was nicht zum Thema gehört, denn gäbe es nicht auch solche Zuhörer, brauchte man kein Prooimion, sondern gerade so viel, um den Sachverhalt in den Hauptzügen zu umreißen, damit sozusagen der Körper der Rede einen Kopf bekomme. Sodann ist es, wenn nötig, gemeinsame Aufgabe aller

Redeteile, die Aufmerksamkeit der Zuhörer zu erhalten. Überall lässt sie ja eher nach als am Anfang. Daher ist es lächerlich, dieses Bemühen nur für den Redebeginn vorzuschreiben, wenn ohnedies alle noch mit höchster Aufmerksamkeit lauschen. Daher soll man überall, wo sich eine günstige Gelegenheit ergibt, etwa wie folgt sprechen: »Passt mir nur gut auf, keineswegs bin ich mehr als ihr davon betroffen!«, »Ich werde euch etwas so Entsetzliches, wie ihr es noch niemals gehört habt, mitteilen« oder »Etwas so Wunderbares!« Dies entspricht der Aussage des Prodikos, wonach er, wann immer die Zuhörer einnickten, ihnen eine Rede vorsetzte, die für nur 50 Drachmen zu haben sei.[129] Dass dies nicht auf den Zuhörer als solchen gemünzt ist, ist klar, denn alle verleumden oder winden sich im Prooimion heraus: [130]

> [[Herr, ich will nicht sagen, dass vor lauter Eile ich …[131];
> Wozu die Vorrede …? [132]]]

besonders aber die, welche eine schlechte Sache vertreten oder zu vertreten scheinen. In diesem Fall ist es nämlich besser, bei jedem anderen Thema zu verweilen, nur nicht beim Gegenstand der Rede. Daher beantworten Sklaven Fragen nicht sofort, sondern halten uns mit Vorreden hin. Wie man das Wohlwollen der Zuhörer gewinnen muss und andere derartige Dinge, ist schon Punkt für Punkt behandelt worden.[133] Zutreffend ist aber auch der Spruch: »Mach meine Ankunft mitleidswürdig und lieb den Phäaken«[134] – auf diese zwei Stimmungen soll man also besonders abzielen. In Festreden soll man den Zuhörer in der Gewissheit lassen, er habe entweder durch seine Person, durch seine Familie, durch seine Tätigkeit oder sonst irgendwie Anteil am Lob. Ganz richtig ist es ja, was Sokrates in der Grabrede[135] sagt, es sei nicht schwierig, Athener vor Athenern zu loben, wohl aber vor Spartanern. Was die

Prooimien der Volksrede betrifft, so gilt, was für die Prooimien der Gerichtsrede zutrifft, natürlicherweise ist hier aber für Prooimien wenig Platz. Die Zuhörer kennen das Thema einer Volksrede, und der Sachverhalt bedarf keines Prooimions, wohl aber die Person des Redners selbst, die Streitgegner oder wenn die Sache nicht so bewertet wird, wie man will, also entweder als wichtiger oder unwichtiger. Daraus ergibt sich die Notwendigkeit, entweder Belastungs- oder Entlastungsargumente vorzubringen und entweder einen Sachverhalt aufzubauschen oder abzuschwächen. Dazu also braucht man ein Prooimion, oder man braucht es auch nur um der Form willen, da [1416a] die Rede sorglos ausgearbeitet erscheint, wenn die Einleitung fehlt. Von dieser Art ist die Lobrede des Gorgias auf die Eleer, wo er, ohne sich vorher warmzureden und sich dem Thema anzunähern, sofort beginnt mit: »Elis, glückliche Stadt.«

15 Was die Verleumdung betrifft, so ist es einmal die Aufgabe eines Redners, Argumente zu finden, wodurch man eine üble Nachrede zunichtemacht. Ob diese ausgesprochen worden ist oder nicht, macht keinen Unterschied, so dass dies ganz allgemein gilt. Ein anderer Topos besteht darin, den Streitpunkten zu begegnen, z. B. dass eine Sachlage sich nicht so verhält, dass kein Schaden entsteht oder zumindest nicht dadurch, dass sie nicht so ist, wie behauptet, dass sie nicht rechtswidrig, nicht gewichtig, nicht schimpflich oder nicht bedeutsam ist, denn um solcherlei geht der Streit, wie in der Erwiderung des Iphikrates auf Nausikrates: Er räumte ein, er habe getan, was jener sagte, und (ihn) geschädigt, aber nicht gegen das Recht gehandelt. Ebenso wichtig ist es, als Verursacher von Unrecht eine Gegenrechnung aufzustellen, wie: Wenn es Schaden brachte, so war es doch edel, wenn schmerzlich, so doch nützlich und dergleichen mehr. Ein weiterer Topos ist, zu behaupten, es sei ein Versehen, ein böser Zufall[136] oder unvermeidliche Notwendigkeit gewesen, wie beispielsweise Sophokles[137] sagte, er zittere nicht, wie sein Verleumder meine, um als Greis zu erscheinen, sondern aus Zwang, denn es unterliege nicht seinem Willen, achtzig Jahre alt zu sein. Ferner ist es ein Topos, seine Handlung damit zu rechtfertigen, dass man keinen Schaden anrichten wollte, sondern nur dies oder das zu tun beabsichtigte und nicht das, was einem zur Last gelegt wurde, und der Schaden sich einfach ergeben habe: »Nur dann hat man ein Recht, mich zu hassen, wenn ich in solcher Absicht gehandelt hätte«. Ein weiterer Topos untersucht, ob der, der einen belastet, in die Sache verstrickt ist, entweder jetzt oder in früherer Zeit, entweder er selbst oder ein ihm Nahestehender. Ein anderer Topos ergibt sich, wenn andere mitbetroffen sind, denen niemand eine Verstrickung mit dem Vorwurf zutraut, z. B. wenn jemand mit gepflegtem Äußerem ein Ehebrecher ist, dann muss auch der und der einer sein. Ein weiterer Topos beruht darauf, (zu erweisen zu versuchen,)[138] dass irgend jemand oder der Gegner selbst schon einmal andere Personen verleumdet hat oder dass ohne Verleumdung andere bereits unter demselben Verdacht standen wie der Redner jetzt, es aber dann ans Licht kam, dass sie mit der Sache nichts zu tun hatten. Ein anderer Topos liegt darin, gegen den Intriganten mit einer Gegenintrige vorzugehen. Es wäre doch merkwürdig, wenn die Reden eines Menschen, der selbst unglaubwürdig ist, glaubwürdig wären. Ein anderer Topos stützt sich auf ein bereits gefasstes Urteil, was z. B. Euripides gegen Hygiainon anwandte, der ihn im Prozess um den Vermögenstausch der Gottlosigkeit beschuldigte, weil er den Meineid empfohlen habe mit dem Vers: »Die Zunge schwur, doch unbeeidet ist mein Herz«.[139] Euripides erwiderte, jener tue unrecht, indem er Urteile, die beim Wettstreit des Dionysosfestes getroffen worden sind, vor den Gerichtshof bringe, denn dort habe er sich dafür verantwortet oder werde es tun, wenn jener den Wunsch hege, ihn zu verklagen. Ein weiterer Topos besteht darin, die Verleumdung selbst zur Grundlage einer Anklage zu machen: Sie sei sehr schwerwiegend, bedinge obendrein noch Rechtsentscheidungen und habe mit dem Sachverhalt nichts zu tun. Ein beiden Seiten gemeinsamer Topos besteht darin, Wahrscheinlichkeitsbeweise anzuführen, [1416b] wie etwa im *Teukros* Odysseus behauptet, jener sei ein Verwandter des Priamos, denn Hesione sei dessen Schwester. Teukros aber brachte vor, dass sein Vater Telamon des Priamos Feind (gewesen) sei und (folglich) die Späher nicht verraten habe. Ein anderer Topos eignet sich für den, der anklagen will, und besteht darin, Unbedeutendes weitschweifig zu loben, Bedeutendes indes kurz und bündig zu tadeln, oder zuerst viel Gutes vorzubringen und dann das eine zu tadeln, das für die Streitsache von Bedeutung ist. In dieser Manier verfahren nur die größten Meister der rhetorischen Kunst und die, die Unrecht am wenigsten scheuen, denn durch Gutes versuchen sie, Schaden anzurichten, indem sie es mit Schlechtem vermengen. Ein weiterer Topos bietet sich Anklägern wie Verteidigern dadurch, dass eine Tat aus mehreren Motiven verübt werden kann. Der Kläger muss dann in seiner Anklage üblere Motive unterstellen, der Verteidiger edlere. Dass z. B. Diomedes Odysseus (zum Begleiter) wählte,[140] liegt für den einen darin begründet, dass er diese Wahl für das Beste hielt, für den anderen aber tat er das keineswegs aus diesem Grund, sondern weil nur dieser Feigling Odysseus ihm seinen Rang nicht streitig machen würde. So viel soll uns zur Verleumdung genügen.

16 Die Erzählung[141] erfolgt in den Festreden nicht in einem zusammenhängenden Ganzen, sondern stückweise, denn man muss diejenigen Handlungen besprechen, von denen die Rede handelt. Die Rede ist ja zusammengesetzt und weist sowohl Elemente auf, die mit der (rhetorischen)[142] Kunst nichts zu tun haben (der Sprecher ist nämlich für die Handlungen nicht verantwortlich), als auch Elemente, die der Kunst entwachsen. [20] Dies bedeutet, zu zeigen, dass ein Sachverhalt besteht, wenn er unglaubwürdig ist, oder dass er in einer besonderen Form, in einem bestimmten Ausmaß oder in all diesen Dimensionen besteht. Aus diesem Grund darf der Redner manchmal nicht alles der Reihe nach ausführen, weil diese Art der Beweisführung schwer im Gedächtnis zu behalten ist. Aus Letzterem nun geht jemandes Tüchtigkeit hervor, aus Ersterem dessen Weisheit oder Gerechtigkeit. So erscheint die Rede einfacher, [25] auf jene Weise aber bunt und nicht dürftig. Bekannte Begebenheiten braucht man nur in Erinnerung zu rufen, weshalb die meisten epideiktischen Reden gar keine Schilderung der Geschehnisse brauchen, z. B. wenn man eine Lobrede auf Achill halten wollte. Alle kennen doch seine Taten, man muss sie deshalb nur verwerten. Wohl aber (bedarf es einer Erzählung)[143], wenn man eine Lobrede auf Kritias halten wollte, denn nicht viele (kennen seine Taten)[144]. Neuerdings behauptet man lächerlicherweise, [30] dass die Schilderung der Geschehnisse rasch vor sich gehen sollte.[145] Darauf lässt sich gewiss nur antworten, wie es jemand einem Bäcker gegenüber tat auf dessen Frage, ob er den Teig hart oder weich kneten solle: »Wie? Und so wie es sich gehört, kannst du ihn nicht kneten?« So liegt die Sache auch hier: Man darf die Schilderung ebensowenig in die Länge ziehen wie die Einleitung oder die Beweisführung, denn auch hier ist das Richtige weder eine Frage [35] der Schnelligkeit noch der Kürze, sondern des Maßes. Das bedeutet aber, gerade so viel zu sagen, wie zur Erhellung eines Sachverhalts notwendig oder zur Erzeugung des Eindrucks erforderlich sein wird, [1417a] es sei etwas eingetreten, es habe jemand geschädigt, ein Unrecht begangen oder was immer der Redner auch will. Für den Kontrahenten gilt das Gegenteil. Mit in die Erzählung einfließen lassen sollst du, was für deine charakterlichen Qualitäten spricht, wie z. B.: »Mit

Worten der Gerechtigkeit ermahnte ich ihn ständig, die Kinder nicht im Stich zu lassen«, oder was die Schlechtigkeit des Gegners unter Beweis stellt: »Er antwortete mir, dass, wo immer er selbst sein werde, er dort wieder andere Kinder haben werde.« Eine derartige Antwort sollen nach Herodot auch die abgefallenen Ägypter gegeben haben.[146] Sagen muss man schließlich alles andere, was Richter gern hören. In der Verteidigungsrede ist die Erzählung kürzer, denn hier wird bestritten, dass etwas stattgefunden hat, etwas schädlich, rechtswidrig oder bedeutsam war. Folglich soll man sich damit, womit man übereinstimmt, gar nicht befassen, wenn es mit dem Problem in keinem Zusammenhang steht, z. B. wenn man eine Tat begangen hat, aber ohne das Recht zu verletzen. Ferner soll man Geschehnisse in der Vergangenheit schildern, außer sie erregen durch ihre Vergegenwärtigung Mitleid oder Entsetzen. Ein Beispiel ist die Darstellung des Alkinoos, weil sie Penelope gegenüber in sechzig Versen abgefasst worden ist.[147] Ein weiteres Beispiel ist, wie Phayllos den Kyklos erzählt, und der Prolog des *Oineus*.[148] Die Erzählung muss fähig sein, das Ethos des Redners widerzuspiegeln. Das wird umgesetzt, wenn wir wissen, was das Ethos bewirkt. Zum einen ist es das Mittel, das die Absicht des Redners verdeutlicht, denn wie das eine (das Ethos) beschaffen ist, so auch das andere (die Absicht). Die Absicht entspricht irgendwie dem Zweck (der Rede)[149]. Daher haben mathematische Vorträge kein Ethos, weil sie auch keine bestimmte Absicht offenbaren (sie haben nämlich kein »zu welchem Zweck«), wohl aber die Sokratischen Reden [denn sie handeln von derartigen Dingen]. Andere ethische Züge sind Verhaltensweisen, die aus jedem einzelnen Ethos hervorgehen, z. B. dass jemand während des Sprechens gleichzeitig hin- und hergeht, denn das verrät Draufgängertum und Wildheit des Charakters. Ferner soll man nicht aus Berechnung, wie es heute viele tun, sondern gleichsam aus einer klaren Absicht heraus sprechen, z. B.: »Ich wollte es so, denn dafür habe ich mich entschieden. Hat es mir auch nichts eingebracht, so war es doch das Bessere.« Ersteres zeugt nämlich von Klugheit, das Zweite von Edelmut, denn das Wesen des Klugen besteht darin, auf den Vorteil, das des Edelmuts, auf das Edle aus zu sein. Wenn etwas unglaubwürdig ist, gebe man den Grund dafür an, wie es Sophokles macht! Ein Beispiel ist die Stelle aus der *Antigone*, wo diese begründet, dass ihr der Bruder mehr am Herzen lag als Ehemann und Kinder. Letztere könne man ja wieder bekommen, wenn sie stürben:

> Sind Vater und Mutter in den Hades mir gegangen,
> so wird ein Bruder niemals mir geboren.[150]

Wenn du aber keinen Grund angeben kannst, so erkläre, dass du durchaus weißt, dass du Unglaubwürdiges sagst, du aber eben von Natur aus so bist. Die Leute glauben ja nicht, dass jemand willentlich etwas anderes tut als das, was ihm nützt. Sprich ferner von Emotionen geleitet und erzähle von den Folgen, von dem, was den Zuhörern bekannt ist, und von dem, was entweder dich oder so manchen Zuhörer persönlich angeht! »Er aber warf mir einen finstern Blick zu und ging fort.« [1417b] Ebenso wie Aischines über Kratylos sagte: »Er zischelte, mit den Händen schüttelnd.« Das wirkt überzeugend, weil das, was die Zuhörer schon kennen, ihnen zum Zeichen dafür wird, was sie noch nicht kennen. Zahlreiche Beispiele dafür kann man aus Homer nehmen:

> Sprach's; und die Alte bedeckte mit ihren Händen das Antlitz.[151]

Denn die, welche zu weinen anfangen, berühren mit den Händen die Augen. Und stelle auch dich selbst sofort als einen

Mann von einem bestimmten Charakter dar, damit die Hörer dich als solchen betrachten, und ebenso deinen Gegenspieler, gehe dabei aber so vor, dass man es nicht merkt! Dass dies leicht ist, kann man an denen sehen, die eine Botschaft überbringen. Obwohl wir ja von ihnen gar nichts wissen, machen wir uns doch sofort eine bestimmte Vorstellung von ihnen. Erzählungen soll man aber an verschiedenen Stellen der Rede einflechten und bisweilen nicht schon am Anfang. In der Volksrede gibt es am allerwenigsten eine Erzählung, weil man über die Zukunft eben nicht erzählt. Sollte es aber doch eine Erzählung geben, dann über vergangene Ereignisse, damit die Zuhörer, an diese erinnert, sich über Künftiges besser beraten können [[entweder in tadelndem oder lobendem Sinn]]. Dann aber fungiert der Redner nicht als Ratgeber. Wenn etwas unglaubhaft ist, so soll man Versprechungen abgeben, sogleich eine Begründung dafür liefern und es der Entscheidung derer, die sich die Hörer wünschen, anheimstellen. So erwidert z. B. die Iokaste des Karkinos in seinem *Ödipus* auf die Fragen dessen, der seinen Sohn sucht, mit ständigen Versprechungen.[152] Ähnlich der Haimon des Sophokles.[153]

17 Beweise müssen überzeugend sein. Überzeugen soll man, da der Streit vier Punkte betreffen kann, so, dass man den Nachweis über den jeweiligen Stein des Anstoßes führt. Wenn man z. B. vor Gericht bestreitet, dass etwas geschehen ist, so muss man genau das beweisen, bestreitet man einen entstandenen Schaden, dann ist eben dies nachzuweisen. Geht der Konflikt darum, dass etwas nicht die behauptete Bedeutsamkeit hat oder dass etwas rechtens geschehen ist, dann geht man ebenso vor. Und streitet man, ob etwas stattgefunden hat, so soll man nicht vergessen, dass nur bei einem solchen Streit notwendigerweise einer der Kontrahenten ein Schurke sein muss. Ursache für den Konflikt ist ja nicht Unwissenheit, wie wenn zwei über die Frage der Gerechtigkeit miteinander in

Streit geraten, daher soll man in diesem Fall jenen Kunstgriff verwenden, in anderen Fällen aber nicht. In den Festreden wird zumeist die Steigerung dessen, was gut und nützlich ist, zum Tragen kommen, denn den Tatsachen müssen die Zuhörer Vertrauen entgegenbringen. Nur selten nehmen die Redner dafür eine Beweisführung vor, nämlich dann, wenn die Tatsachen unglaubhaft sind oder ein anderer sie verursacht hat. In den Volksreden kann man nur in die Diskussion einbringen, dass etwas nicht [35] eintreten wird oder dass eine befohlene Maßnahme nicht gerecht, nicht nützlich oder nicht bedeutend sein wird. Man muss aber auch darauf achten, ob der Gegner in Belangen, die außerhalb der Streitangelegenheit liegen, lügt, denn das scheint ein Indiz dafür zu sein, dass er auch in den übrigen Fällen nicht die Wahrheit sagt. Beispiele [1418a] eignen sich am besten für die Volksrede, Enthymeme eher für die Gerichtsrede, denn Erstere befasst sich mit der Zukunft, so dass man Beispiele aus der Vergangenheit anführen muss, Letztere betrifft die Frage, ob etwas ist oder nicht ist, was eher in den Bereich von Beweis und Notwendigkeit gehört. [5] Dem Vergangenen wohnt ja eine Art Notwendigkeit inne. Enthymeme soll man aber nicht hintereinander vortragen, sondern über die ganze Rede verteilen, sonst stören sie einander nur. Es gibt auch für deren Anzahl eine Grenze:

> Freund, du hast so viel gesagt wie ein Mann von
> Verstande.[154]

Also »so viel«, nicht »Derartiges«! Man soll aber nicht für alles Enthymeme suchen. [10] Sonst wird es dir wie einigen Philosophen ergehen, deren Syllogismen bekannter und glaubwürdiger sind als die Prämissen. Wenn du Pathos heraufbeschwörst, verwende kein Enthymem! Entweder wird es jegliches Pathos ersticken oder du wirst es vergeblich vorbringen: Denn gleichzeitige Bewegungen hemmen einander und heben einander auf oder schwächen einander. Und wenn die Rede einen ethischen Gehalt hat, soll man nicht gleichzeitig nach einem Enthymem suchen! Die Beweisführung hat ja dann kein Ethos und keine Absicht. Gnomen hingegen soll man sowohl in der Erzählung als auch im Beweisverfahren einsetzen, denn sie haben Ethos: »Ich habe es hergegeben, obwohl ich wusste: Traue keinem Menschen!« Oder in einer pathetischen Rede: »Ist mir auch Unrecht geschehen, so reut es mich nicht, denn bei ihm liegt der Vorteil, bei mir aber das Recht.« Eine Rede vor der Volksversammlung ist schwieriger zu halten als eine vor Gericht, und das ist ganz natürlich, weil Erstere die Zukunft betrifft, Letztere bereits Geschehenes, worauf sich ja sogar die Wahrsager verstehen, um ein Wort des Kreters Epimenides[155] zu verwenden (jener pflegte nämlich nicht Weissagungen über die Zukunft zu treffen, sondern über Begebenheiten der Vergangenheit, die unbekannt geblieben waren). Und das Gesetz ist in den Gerichtsreden die Grundlage. Hat man aber einen Ausgangspunkt, so ist eine Beweisführung leichter zu finden. Ferner hat der Redner vor der Volksversammlung nicht so viele Möglichkeiten, in der Rede zu verweilen[156], wie etwa sich an die Person des Gegners zu wenden, über sich selbst zu reden oder die Rede pathetisch zu machen, sondern am allerwenigsten von allen Gattungen, wenn man nicht gerade von der Sache abweicht. Daher muss man, wenn man nicht mehr weiter weiß, dasselbe tun wie die Redner in Athen, besonders Isokrates. Er tritt nämlich auch in der Beratungsrede als Ankläger auf, z. B. gegen die Lakedaimonier im *Panegyrikos*, gegen Chares im *Symmachikos*. In der Epideiktik soll man die Rede mit lobenden Bemerkungen garnieren, wie das Isokrates macht, denn immer hebt er jemanden hervor. Auch der Ausspruch des Gorgias, dass er nie um eine Rede verlegen sei, besagt dasselbe, denn wenn er von Achill spricht, lobt er

Peleus, dann Aiakos, dann den Gott[157], in gleicher Weise auch die Tapferkeit, die dies und das vollbringt und so und so ausgeprägt ist. Hat man nun Beweise, so soll man zugleich ethisch und argumentierend sprechen, hat man dagegen keine Enthymeme, so soll man nur das Ethos betonen. Es passt auch zu einem rechtschaffenen Menschen [1418b] der Eindruck der Anständigkeit besser als eine ausgefeilte Rede. Unter den Enthymemen kommen die widerlegenden (beim Publikum) besser an als die beweisenden, weil alles, was eine Widerlegung schafft, deutlicher als Syllogismus hervortritt, denn Gegensätze erkennt man besser, wenn sie nebeneinanderstehen. Die Widerlegung des Gegners ist kein besonderer Abschnitt, sondern gehört zum Beweisverfahren,[158] [teils durch einen Einwand, teils durch einen Syllogismus zu widerlegen]. Man muss sowohl in der Beratungs- als auch in der Gerichtsrede, redet man als Erster, zuerst seine eigenen Beweise vorbringen, erst dann sich den gegnerischen Argumenten stellen und sie widerlegen und verächtlich machen. Wenn allerdings der gegnerische Standpunkt kompliziert ist, dann soll man sich mit den Argumenten des Gegners zuerst befassen, wie das auch Kallistratos in der Messenischen Volksversammlung[159] tat. Er nahm so das, was die Gegner sagen wollten, vorweg und brachte erst dann Eigenes vor. Spricht man aber als Zweiter, dann soll man zuerst auf die Rede des Gegners eingehen, ihre Argumente widerlegen und ihnen gegenüber mit Syllogismen antworten, besonders wenn sie Beifall gefunden haben. Wie wir ja in unserem Innersten einen Menschen, der vorher in Verruf gebracht worden ist, nicht akzeptieren, genauso tun wir es bei einer Rede, wenn der Vorredner gut gesprochen zu haben scheint. Also muss man im Inneren des Zuhörers erst Platz schaffen für die Rede, die folgen soll. Das wird gelingen, wenn man das, was der Vorredner gesagt hat, beim Zuhörer tilgt. Daher muss man gegen alles, das Bedeutendste, das Beeindruckendste oder das leicht Widerlegbare, kämpfen und so die eigenen Argumente glaubhaft [20] darstellen.

> So sei zuerst der Göttinnen gedacht;
> Denn Hera glaub' ich.[160]

In diesen Versen griff sie[161] zuerst das Einfältigste auf. So viel zum Beweisverfahren. Mit dem Ethos ist es so: Da man als Redner, spricht man über sich selbst, [25] Neid, eine lange Rede (des Gegners) oder Widerspruch zu erwarten hat, wenn man über einen anderen spricht, aber Schmähung und Grobheit, soll man einen anderen in der Rede sprechen lassen, wie dies Isokrates im *Philippos* und in der *Antidosis*[162] tut und wie auch Archilochos tadelt: Er lässt nämlich den Vater über die Tochter in dem bekannten Iambus sagen: »Alles lässt für Geld sich hoffen, [30] bricht für Geld Gelübd' und Schwur«, und Charon, den Baumeister, lässt er mit dem Jambus sprechen, dessen Anfang lautet: »Nicht kümmern Gyges' Schätze mich«. Auch Sophokles lässt Haimon über Antigone zu ihrem Vater so reden, als sprächen andere.[163] Bisweilen ist es aber auch notwendig, die Enthymeme umzuformen und Gnomen daraus zu machen, wie z. B. zu sagen: »Wer Verstand hat, söhnt sich aus, [35] solange er erfolgreich ist, da so am meisten er erreicht.« Als Enthymem lautet dies: »Wenn man sich aussöhnen soll, wenn der Augenblick den größten Nutzen und Vorteil bringt, dann soll man sich in der Stunde des Erfolgs aussöhnen.«

18 Was die Frage an den Gegner betrifft: Der beste Zeitpunkt, sie durchzuführen, ist, [1419a] wenn der Gegner schon einen Teil vorgebracht hat, so dass durch eine Zusatzfrage der Unsinn (seines Vorbringens) zutage tritt. So befragte z. B. Perikles Lampon über die Weihe der Mysterien der Soteira,[164] und als dieser sagte, man könne unmöglich als Uneingeweihter etwas darüber erfahren, fragte ihn Perikles, ob er selber etwas darüber wisse. Als Lampon bejahte, erwiderte Perikles: »Und wie, da du doch uneingeweiht bist!« Eine zweite Gelegenheit bietet sich, wenn etwas selbstverständlich ist und es dem Fragenden klar ist, dass der Gegner das auch zugeben wird, denn hat man die eine Prämisse erfahren, braucht man nicht mehr zusätzlich nach dem Selbstverständlichen zu fragen, sondern nur mehr die Schlussfolgerung daraus auszusprechen. So fragte auch Sokrates, als Meletos behauptete, Sokrates glaube nicht an Götter, [er hat gesagt, eine Art »Daimonion« spreche wohl], ob denn die »Daimones« nicht Kinder von Göttern oder doch etwas Göttliches seien. Als Meletos zustimmte, fuhr Sokrates fort: »Gibt es irgendeinen Menschen, der glaubt, dass es Kinder von Göttern gebe, Götter aber nicht?«[165] Die dritte Möglichkeit (eine Frage einzufügen,)[166] ist dann gegeben, wenn man darauf hinweisen will, dass der Gegner Widersprüchliches oder Widersinniges sagt. Eine vierte schließlich, wenn der Gegner sich nur mehr durch eine sophistische Antwort befreien kann. Wenn er nämlich nur mehr antwortet wie: »Einmal ja, dann wieder nein«, »teils ja, teils nein« oder »irgendwie doch, irgendwie aber doch wieder nicht«, da beginnen die Zuhörer sich zu empören, weil der Gegner keinen Ausweg mehr findet. In anderen Fällen soll man von einer Befragung absehen, denn wenn sie der Gegner besteht, steht man als Verlierer da. Viele Fragen zu stellen, ist ja wegen der begrenzten Auffassung des Zuhörers unmöglich. Daher muss man auch die Enthymeme besonders kurzhalten. Zweideutige Fragen soll man in Form einer logischen Unterscheidung (*diaíresis*) und keinesfalls nur kurz beantworten, Fragen, die (eigene) Widersprüche aufzudecken scheinen, dadurch, dass man sie sogleich in der Antwort auflöst, bevor die nächste Frage gestellt oder eine Schlussfolgerung gezogen werden kann. Es ist nicht schwierig, die Zielrichtung der gegnerischen Rede vorherzusehen. Dies und die Lösungsmöglichkeiten werden uns aber aus den *Topika* bekannt sein.[167] [25] Wird aber ein Schluss gezogen und dieser als Frage formuliert, so muss man ihn begründen. Sophokles z. B. bejahte die Frage Peisanders, ob auch er wie die anderen Probulen der Einsetzung der Vierhundert zugestimmt habe. Auch auf die Frage: »Aber warum? Schien dir dies nicht übel zu sein?« antwortete er zustimmend. – »Also hast du dieses [30] Übel mitverursacht?« – »Ja«, antwortete Sophokles, »denn es gab keine bessere Alternative.« Und auch der Lakedaimonier, der wegen seiner Verwaltung des Ephorenamtes zur Rechenschaft gezogen wurde, bejahte die Frage, ob seiner Ansicht nach die übrigen Kollegen zu Recht hingerichtet worden seien. Und wieder gefragt: »Und hast du nicht dasselbe wie sie angeordnet?«, zeigte er abermals Zustimmung. – »Also müsstest wohl auch du von Rechts wegen hingerichtet werden?« – Darauf der Lakedaimonier: »Nein, keinesfalls, jene [35] haben nämlich Geld für ihre Tat genommen, ich aber habe aus Überzeugung gehandelt.« Daher darf man weder an die Schlussfolgerung eine Frage anschließen [1419b] noch die Schlussfolgerung in eine Frage kleiden, wenn man nicht gerade die Wahrheit überwiegend auf seiner Seite hat. Was Scherze betrifft: Da sie in Debatten einigen Nutzen zu haben scheinen, soll man, so sagte Gorgias, den Ernst der Gegner durch Gelächter, ihr Gelächter durch Ernst zunichtemachen – [5] und er hat recht damit. Wie viele Arten von Scherzen es gibt, von denen einer sich für einen freien Mann schickt, ein anderer wieder nicht, darüber haben wir schon in der *Poetik* gesprochen. Jeder soll hier wählen, was zu ihm passt! Ironie allerdings entspricht eher einem freien Manne als Possenreißerei, Erstere treibt man zur eigenen Erheiterung, Letztere zur Belustigung anderer.[168]

19 [10] Der Epilog besteht aus vier Elementen: erstens den Zuhörer für sich zu gewinnen und gegen den Widersacher aufzubringen, zweitens zu steigern und abzuschwächen, drittens den Zuhörer in Stimmungen zu versetzen, und schließlich viertens, ihm noch einmal alles ins Gedächtnis zu rufen. Es ist ja nur natürlich, dass man, nachdem man sich selbst als aufrichtig, den Gegner als Lügner erwiesen hat, auf diese Art lobt, tadelt und dies gründlich untermauert. Dabei muss zweierlei Ziel sein: Zum einen, dass der Redner selbst vor dem Publikum in gewissen Punkten oder im Allgemeinen gut, zum anderen, dass der Gegner vor dem Publikum oder überhaupt schlecht dasteht. Die Topoi, mit denen man die Leute beeinflussen [muss], sind bereits besprochen,[169] [wodurch man sie zu Rechtschaffenen oder Verkommenen machen muss]. Danach kommt der Natur der Sache nach, Bewiesenes hervorzuheben oder zu schmälern. Es muss ja die Sachlage allgemein anerkannt werden, wenn man darangeht, über deren Ausmaß zu sprechen, denn auch die Hervorhebung von menschlichen Körpern geht von vorher schon vorhandenen (Körpern)[170] aus. Die Topoi, von denen man bei der Hervorhebung und Schmälerung auszugehen hat, sind schon weiter oben dargelegt worden.[171] Erst danach, wenn Art und Bedeutung der Fakten feststehen, schürt man die Emotionen des Hörers. Diese sind Mitleid, Entrüstung, Zorn, Hass, Neid, Eifersucht und Streitlust, auch hierfür wurden die Topoi schon zuvor angegeben,[172] so dass nur mehr bleibt, auf früher Gesagtes zu verweisen. Dabei empfiehlt es sich, so vorzugehen, wie es einige, freilich irrtümlich, für Prooimien verlangen. Sie befahlen nämlich, etwas oftmals zu sagen, damit der Zuhörer es sich gut einpräge. Gewiss muss man dort (im Prooimion) die Sachlage vorstellen, damit nicht im Ungewissen bleibt, worüber zu entscheiden ist, hier aber (im Epilog) soll man hauptsächlich anführen, wodurch etwas bewiesen ist. Der Anfang besteht darin, zu behaupten, man habe seine Versprechungen eingelöst. Er muss also auch sagen, was man erfüllt hat und wodurch. Man kann (im Epilog) aber auch einen Vergleich mit der gegnerischen Position vornehmen. [35] Man stelle, was beide Teile über dasselbe gesagt haben, hintereinander oder einander direkt gegenüber. »Mein Gegner hat dies und jenes darüber gesagt, ich aber das [1420a] aus diesen Gründen.« Oder man greift zur Ironie und sagt z. B.: »Dieser hat jenes gesagt, ich aber dieses. Was würde er aber machen, wenn er dies bewiesen hätte und nicht jenes?« Oder man stellt eine Frage: »Was ist da unbewiesen?« oder: »Was hat er bewiesen?« Entweder also so durch eine Gegenüberstellung oder so, wie gesprochen wurde, nach dem natürlichen Verlauf der Rede [1420b] soll man die eigenen Argumente und dann erst, davon abgesetzt, wenn man will, die der gegnerischen Rede vorbringen. Für den Schluss eignet sich stilistisch das Asyndeton, damit es als Schlusswort ersichtlich ist und nicht als Rede: »Ich habe gesprochen, ihr habt es gehört, ihr wisst Bescheid, entscheidet!«

Anhang

Zu dieser Ausgabe

Die Übersetzung folgt der Ausgabe Rudolf Kassels. Nur in wenigen Fällen wurde eine andere Lesart vorgezogen, dies ist jeweils in einer Anmerkung notiert. Die Übersetzung hält sich eng an den Text, solange dies nicht auf Kosten der Verständlichkeit geht. Der Stil des Aristoteles zwingt nicht selten dazu, als Verständnishilfe Ergänzungen vorzunehmen, die jeweils verzeichnet sind. Folgende Klammern werden – entsprechend der Textausgabe – verwendet: [ ] fremde Hinzufügungen; [[ ]] Hinzufügungen, die von Aristoteles stammen oder stammen könnten. Wenn man bedenkt, dass die zwei Kommentarbände Grimaldis zu etwa 140 Textseiten über 700 Seiten betragen, kann man ermessen, dass eine tiefgehende Kommentierung auf wenigen Seiten schwierig ist: Der Anmerkungspart ist bemüht, dem Leser durch Querverweise auf das philosophische und im weitesten Sinne rhetorische Schrifttum der Griechen und Römer den Weg zu weisen und ihm dadurch eine erste Hilfe in die Hand zu geben, je nach Zielrichtung in das Denken des Stagiriten oder in das weite Feld der antiken Redekunst tiefer einzudringen. Vgl. dazu das Abkürzungsverzeichnis S. 240 ff.

Überaus viel verdankt der Übersetzer den Kommentaren von Grimaldi zu den ersten beiden Büchern, Copes Anmerkungen zum dritten Buch und der trefflichen englischen Übersetzung Kennedys. Die von Aristoteles angeführten Dichterzitate habe ich zum Großteil selbst übersetzt, in einigen Fällen habe ich auch gelungene – meist in Versen gehaltene – Übersetzungen von bewährter Hand übernommen. Dazu zählen die Homer-Übersetzungen von Roland Hampe (Reclam), die Aischylos-Übertragung Oskar Werners (Sammlung Tusculum, Artemis), Alkaios und Archilochos in den Ausgaben von Max Treu (Sammlung Tusculum, Heimeran), bei Euripides wurde Ernst Buschors Ausgabe eingesehen (Sammlung Tusculum, Artemis).

Anmerkungen

Erstes Buch

1 Zur Definition der Rhetorik vgl. an. post. II,19, 100a 6–9; Aristoteles spielt im Folgenden deutlich auf Plat. Gorg. 463e–466a an, ausführlich dazu: Hellwig (1973) 43–63 mit umfassender Literatur.
2 Zu den einzelnen Redeteilen vgl. III,13, 1414a 30 ff.
3 I,1, 1354a 18–21.
4 Vor dem Volk.
5 Vgl. Ptassek (1994).
6 Zum Gedanken vgl. Plat. Phaidr. 273d 2–6.
7 Vgl. top. 101a 30–34.
8 Primäre Aufgabe der Rhetorik ist es nicht zu überreden, sondern das an einer Sache jeweils Glaubwürdige zu untersuchen, die Glaubhaftigkeit einer Sache wird durch den präzisen Ausdruck gefördert (III,7, 1408a 19–20); vgl. zur Wahrheitsorientierung der Rhetorik ferner I,1, 1355a 36–38.
9 Vgl. dazu auch met. 1004b 22–26; eth. Nic. 1127b 14; soph. el. 165a 30–31; top. 126a 30–126b 1.
10 Aristoteles unterscheidet also zwischen Beweisen, die der Redner durch seine Kunst selbst finden kann (*písteis éntechnoi*, »[rede]technische« oder »künstliche« Beweise), und solchen, die ihm schon von außen vorgegeben sind; zur aristotelischen Beweismethode vgl. ferner Klein (1992b).
11 Lesart abweichend von Kassel nach Grimaldi z. St.
12 II,1–11.
13 Unter einem Enthymem, einem der wichtigsten Überzeugungsmittel der Rhetorik, ist ein prägnant formuliertes Argument zu verstehen, das die Wahrheit oder Wahrscheinlichkeit einer Aussage über einen Sachverhalt durch deren Deduktion aus anderen allgemein anerkannten Aussagen zu belegen versucht. Im Kern der rhetorischen Theorie stehen die in der Gesellschaft verbreiteten Meinungen über Sachzusammenhänge, feststehende Urteile

über Personen oder soziale Gruppen und allgemein anerkannte Werturteile. Die politische Kommunikation verläuft nämlich nicht über streng logische Schluss- und Beweisformen, die auf sicherem Wissen beruhen, sondern über Schlussfolgerungen, die auf Plausibilitäten basieren, vgl. dazu eingehend Kraus (1994), Bachem (1992) 516 ff., Sprute (1982).

14 Das Beispiel ist neben dem Enthymem das wichtigste Beweismittel, vgl. dazu Klein (1992a) 1432 f.

15 an. pr. 68b 9–32; an. post. 81a 39–81b 42.

16 Bes. Kap. I,1 und I,12.

17 Lesart abweichend von Kassel nach Grimaldi z. St.

18 Zu Übersetzung und Text vgl. Grimaldi z. St.

19 Vgl. an. pr. 29b 32–35.

20 an. pr. 70a 3–70b 38.

21 Vgl. Plat. rep. 566b, Diod. 13,91–95.

22 Vgl. Plut. Solon 28–31, Hdt. 1,59–64.

23 Führer der Landbevölkerung gegen die Oligarchie der Grundbesitzer zwischen etwa 640 und 620 v. Chr., vgl. pol. 1305a 23–28, Thuk. 1,126, Hdt. 5,71.

24 Zu *téchnē* als Synonym der *epistḗmē* vgl. Grimaldi z. St.

25 Ich folge der Lesart und dem plausiblen Lösungsvorschlag Grimaldis z. St.

26 Unter *tópoi* versteht man Suchformeln für das Anlegen eines Vorrats an Gedanken zur Bildung von für die jeweiligen Redesituation geeigneten Argumenten, vgl. Lausberg, § 373, eingehende Erklärungen zur aristotelischen Topik bringen Grimaldi (1972) 129–135 und Sprute (1982) 148 f., 160 ff., 167 f.

27 Vgl. top. 105b 12–18, ferner Grimaldi z. St.

28 Zur Einteilung der Redegattungen nach den Adressaten vgl. auch Cic. part. or. 10, Quint. inst. 3,4,6.

29 Vgl. Plat. Phaidr. 261 ff., Cic. de orat. 2,10, Quint. inst. 3,4, grundlegend dazu Hellwig (1973) 120–141.

30 Zu diesem Begriffspaar der symbuleutischen Gattung vgl. Valozza (1992).

31 Also die Festredner.

32 Vgl. Hom. Il. 18,94–126, Plat. ap. 28c; symp. 179e, Xen. symp. 8,31.

33 Vgl. eth. Nic. 1094b 11, 1099b 25–32, 1102a 5–10, 1180b 28–31.

34 Zum Gedanken vgl. pol. 1286a 7–1287b 8, weiters Rhet. ad Alex. 1424a 9–1424b 27, Isokr. or. 15,79–83.

35 Vgl. dazu pol. 1304b 19–1305a 7.

36 Vgl. pol. 1309b 21–35.

37 Aristoteles sammelte insgesamt 158 Staatsverfassungen, von denen nicht nur Fragmente erhalten sind, sondern fast vollständig der Text seiner Schrift *Die Verfassung der Athener* (*Athēnaíōn politeía*).

38 Zur Glückseligkeit als Ziel der menschlichen Existenz vgl. eth. Nic. 1094a 1–3, 1176a 30–32; pol. 1252a 2–3; weiters Plat. Gorg. 499e.

39 Dazu vgl. Oliva (1971), David (1982/83), Dettenhofer (1994), Link (1994) 28–47, Baltrusch (1998) 80–87.

40 Vgl. zu den ehrenhalber eingeräumten Auszeichnungen besonders Hom. Il. 1,120; 12,310–321, Hdt. 1,34,1 f.; 1,54,2; 2,80, Aischyl. Pers. 584–599, Thuk. 2,34,1; 5,11,1, Plat. ap. 36d, Eur. Hipp. 1424–30, Aristoph. Ran. 764.

41 Berühmter Gymnastiker und Diätetiker, vgl. Plat. rep. 406a–c, Prot. 316e, Phaidr. 227d.

42 Zum besseren Verständnis vom Übers. ergänzt.

43 Hom. Il. 1,255.

44 Hom. Il. 2,176 und 2,298.

45 Herkunft und Bedeutung des Sprichworts sind unklar, vgl. Grimaldi z. St.

46 Zum Imperfekt vgl. Grimaldi z. St.

47 Vgl. beispielshalber Hom. Od. 1,44 ff.; 13,299 ff.; 20,45 ff.

48 Isokr. or. 10,18–22.

49 Darüber berichteten wahrscheinlich die verlorenen *Kyprien*, vgl. auch Isokr. or. 10,39–42.

50 Zum empirischen Aorist vgl. Kühner/Gerth II. 1,159.

51 Vgl. Grimaldi z. St.

52 Vgl. Grimaldi z. St.

53 Vom Übers. ergänzt.

54 Staatsmann und Redner, Schüler des Isokrates, vgl. Ps. Plut. mor. 837d, Aischin. 3,139, zum Inhalt der Klage vgl. Grimaldi z. St.

55 Pind. O. 1,1, vgl. auch Plat. Euthyd. 304b.
56 Zum Textverständnis zielführend und unverzichtbar sind hier die Ausführungen Grimaldis z. St.
57 Zur Textgestaltung vgl. Grimaldi z. St.
58 I,6, 1362a 21–29.
59 Hom. Il. 9,592–594, zum Verständnis vgl. top. 114a–b. Aristoteles zitiert seinen Homer wohl aus dem Gedächtnis, vgl. auch Il. 7,327.
60 Zur Klimax oder lat. *gradatio* vgl. Demetr. de eloc. 270, Cic. de orat. 3,54,207, Quint. inst. 9,3,54–57.
61 Zu dieser rhetorischen Technik Epicharms vgl. gen. an. 724a 28–30 und Athen. II, 36c–d.
62 Zum vielschichtigen und wichtigen Begriff *kairós* (eigtl. der rechte Zeitpunkt, die günstige Gelegenheit) vgl. auch eth. Nic. 1096a 26; top. 107a 5–12; 117a 25–b 2.
63 Vgl. I,9, 1367b 18.
64 Athenischer Feldherr, um 415–353 v. Chr.
65 Hom. Od. 22,347.
66 Das Zitat findet sich in der bei Thukydides überlieferten Leichenrede nicht; sie ist aber nicht authentisch, weshalb also Aristoteles keineswegs irren muss. Zu ähnlichen Formulierungen vgl. Eur. Suppl. 447–449 und Demosth. or. 60,24.
67 Anspielung auf den Werterelativismus der Sophisten, z. B. des Kallikles in Plat. Gorg. 481b–522e und des Thrasymachos in Plat. rep. 336b–354c.
68 Vgl. dazu Demosth. or. 24,140–141.
69 Dazu eingehend pol. 1289b 27–1290a 13.
70 Vgl. Grimaldi z. St.: »national characteristics«.
71 Vgl. dazu eth. Nic. 1160a 9–15.
72 Pol. 1279a 22–1288b 4, 1289a 26–1301a 15, 1304b 19–1316b 27.
73 Zum sog. emphatischen *kaí* vgl. LSJ 6.
74 Zu diesen Wertbegriffen eingehender vgl. eth. Nic. 1107a 28–1108a 6, 1115a 4–1126b 9, 1129a 1–1138b 13 und 1139b 14–1145a 11.
75 Vgl. eth. Nic. 1118b 15–1119b 18.
76 Zur Abgrenzung der verwandten Begriffe wie *eleutheriótēs* und *megaloprépeia* bzw. deren Gegenteile bei Aristoteles vgl. eth. Nic. 4,1–2.

77 Vgl. Sappho fr. 137 Lobel/Page.

78 Zum Gedanken vgl. Plat. Prot. 333e.

79 In der Bestimmung des *kalón* weicht die Rhetorik in wesentlichen Facetten von den Ethiken ab, vgl. Rogers (1993), ferner Wilke/Zinsmeister (1996).

80 Vgl. Xen. Lak. pol. 11,3 und Plut. Lykurgos 22,1, ferner Hdt. 1,82.

81 Vgl. met. 982b 26.

82 Vgl. Ail. var. 6,6.

83 Vgl. III,14, 1415b 30 und Plat. Menex. 235d.

84 Vgl. Thuk. 6,59.

85 Vgl. eth. Nic. 1101b 12–18.

86 Zum Begriff *spoudaîos* und dem hier angesprochenen Gedanken vgl. eth. Nic. 1105b 30, 1109a 24, 1145b 8.

87 Nämlich groß.

88 Vom Übers. ergänzt.

89 Zur Übersetzung vgl. Grimaldi z. St.

90 Der genannte Hippolochos ist uns unbekannt.

91 Die Übersetzung folgt der fundierten Lesart Grimaldis (vgl. Anm. z. St.).

92 Vgl. Ostwald (1973).

93 Vgl. eth. Nic. 1111a 20–25.

94 Vgl. eth. Nic. 1117b 23–1119b 18.

95 Vgl. eth. Nic. 1150a 9–1150b 28.

96 Vgl. eth. Nic. 1103b 17, 1104a 21–22, 1104b 7–8, 1108b 19–20, 1108b 23 ff., 1109a 2 ff., 1109a 7 ff., 1115b 33 ff., 1119a 21–23.

97 Vgl. eth. Nic. 1125b 1–25.

98 Vgl. II,3, 1380a 18–21; II,6, 1383b 12–18, eth. Nic. 1115a 12–14.

99 Es folgt die detaillierteste Motivationsanalyse menschlichen Handelns im Aristotelicum, vgl. weiters an. post. 94b 34–95a 9, phys. 198a 5–6, met. 1032a 12–13, 1070a 6–8, eth. Nic. 1099b 20–23, 1112a 32–33, 1140a 14–16, weiters Plat. nom. 888c–889c.

100 Vgl. eth. Nic. 1152a 36–1154b 20.

101 Vgl. bes. I,6.

102 Vgl. 1274b 33–1275a 2, Plat. Prot. 324a–c.

103 Zum *hēdý* als Handlungsansporn vgl. eth. Nic. 1104b 14–15, 1104b 4–1105a 17.

104 Vgl. top. 139b 8–18.
105 Eingehend dazu Grimaldi z. St.
106 Vgl. eth. Nic. 1174b 14–23.
107 Zur semantischen Abgrenzung von *éthos* und *ḗthos* vgl. Grimaldi z. St. mit zahlreichen Belegen.
108 Dieses Zitat wird dem Sophisten und Dichter Euenos von Paros zugeschrieben, vgl. auch eth. Eud. 1223a 30–33, met. 1015a 29–30, Plat. ap. 20a–c, Phaid. 60d.
109 Vgl. auch eth. Nic. 1147b 21–1148a 17.
110 Zum Text vgl. Grimaldi z. St.
111 Zum Begriff der *phantasía* bei Aristoteles vgl. an. 427b 27–429a 9.
112 Zum Gedanken vgl. eth. Nic. 1168a 13–14.
113 Eur. fr. 133 Nauck, vgl. Cic. fin. 2,32,105.
114 Hom. Od. 15,399 f.
115 Hom. Il. 18,109.
116 Vgl. eth. Nic. 1166a 24–26.
117 Zur grammatischen Struktur vgl. Grimaldi z. St.
118 Hom. Il. 23,108; Od. 4,183.
119 Zur Textgestaltung vgl. Grimaldi z. St.
120 Vgl. pol. 1337b 29–1338a 1.
121 Vgl. eth. Nic. 1159a 16–24, weiters II,6, 1284a 23–1284b 27.
122 *Thēría* als Bezeichnung für eine bestimmte Art von Menschen zu verstehen scheint plausibler zu sein, als es im wörtlichen Sinne als »Tiere« aufzufassen, vgl. Grimaldi z. St.
123 Zum Imperfekt vgl. Kühner/Gerth II.1,145 f.
124 Eur. Or. 234, vgl. eth. Nic. 1154b 21–31.
125 Zum Gedanken vgl. met. I,2,15.
126 Vgl. eth. Nic. 1161b 33–35, 1238a 34; Plat. Phaidr. 240c.
127 Vgl. Hom. Od. 17,217–218, ferner eth. Nic. 1155a 34, 1165b 17; eth. Eud. 1235a 6, Plat. Gorg. 510b; Lys. 214a; symp. 195b, Theophr. char. 29.
128 Ähnlich eth. Eud. 1235a 9, Theokr. 9,31–32, Epicharm. fr. 173 Kaibel.
129 Vgl. eth. Eud. 1235a; eth. Nic. 1155a 34–35.
130 Eur. fr. 183 Nauck.

131 Die betreffende Stelle aus der *Poetik* ist uns nicht erhalten. Zum Komischen allgemein vgl. III,18, 1419b 6–7; poet. 1449a 32–37, 1449b 21–22.

132 Dazu vgl. Plat. ap. 17a–18a, Isokr. or. 21,5.

133 Über den Vorfall ist uns nichts bekannt.

134 Vgl. eth. Nic. 1145a 15–1152a 36.

135 Vgl. I,10, 1368b 6–7; I,13, 1373b 24–1374a 18; I,13, 1374b 2–10; poet. 1453a 7 ff.

136 Es ist wohl an das Kapern von Schiffen der in sehr weiter Ferne beheimateten Karthager gedacht.

137 Mysische Beute im Sinne von einer leichten Beute. Zur gängigen Erklärung der Stelle mit Belegen zur gutmütigen Einfalt der Myser vgl. Cope z. St.

138 Abweichend von Kassels Text übernehme ich mit Grimaldi (vgl. Anm. z. St.) Vahlens Konjektur *epexiénai.*

139 Vgl. pol. 1311b 8–17.

140 Zum vielschichtigen Verbum *hybrízein* vgl. II,2, 1378b 22–26, zu *hýbris* als rechtlich relevantem Tatbestand vgl. Harrison (1968) I 168, 172[2], MacDowell (1995) 129–132, 195 f.

141 Dazu vgl. Plut. Dion 54–57 (981e–983b), ferner Meister (1997).

142 Mitglied der Leibwache des Hippokrates, des Tyrannen von Gela, vgl. Hdt. 7,154.165, Pind. O. 2,46; 3,9; I. 2,28.

143 Um 385–370 v. Chr. Tyrann von Pherai, vgl. auch Plut. mor. 817f–818a.

144 Vom Übers. ergänzt, vgl. Grimaldi z. St.

145 Hier ziehe ich die Lesart des Parisinus 1741 (*autoús*) vor, vgl. auch Grimaldi z. St.

146 Vgl. II,23, 1400a 19–20, Thuk. 1,77,2, Demosth. or. 56,14.

147 Zur Einordnung des Begriffs im Spannungsfeld zwischen Natur- und Gewohnheitsrecht vgl. Grimaldi z. St.

148 Soph. Ant. 456 f.

149 Fr. 31 B 135 DK.

150 Rhetor, Schüler des Gorgias und Zeitgenosse des Isokrates. Die genannte Rede zur Verteidigung der von Sparta abgefallenen Messenier ist verloren, vgl. Plat. Phaidr. 261d, Quint. inst. 3,1,10.

151 Vgl. eth. Nic 1135a 16–28, 1136a 31–32, 1113b 3–1114a 31.

152 Vgl. I,10, 1368b 6–12.
153 Zum Begriff der *proaíresis* vgl. eth. Nic. 1127b 14 f., 1112a 1–17, 1135b 25–1136a 1; top. 126a 30–126b 3.
154 Zum Impf. vgl. Kühner/Gerth II.1, 145 f.
155 Vgl. Grimaldi z. St.
156 Zum Begriff des *epieikés* vgl. eth. Nic. 1136a 31–1138a 3.
157 Vgl. eth. Nic. 1135b 16–20, zur semantischen Abgrenzung zu *atýchēma* und *adíkēma* vgl. Grimaldis Kommentar, Bd. 1, 302 ff.
158 Vgl. Lys. or. 32,2, Isokr. or. 18,13, Cic. Q. Rosc. 4,10–13.
159 Vgl. Grimaldi z. St.
160 Vgl. Anm. 54 zu I,7, 1364a 19.
161 Von diesem Rechtsstreit ist sonst nichts bekannt.
162 Vgl. Grimaldi z. St.
163 Vgl. auch II,5, 1382a 21–1383a 12; II,8, 1385b 13–15; eth. Nic. 1115a 7–10.
164 Vgl. Quint. inst. 5,1,1–4, Cic. de orat. 2,27,116, Lys. or. 19,494–496, ausführliche weiterführende Erläuterungen bei Grimaldi z. St.
165 Zum Grammatisch-Sprachlichen vgl. Kühner/Gerth II.1,448 Anm. 2.
166 Vgl. Grimaldi z. St.
167 Vgl. I,15, 1375b 16–17; I,15, 1376a 19; II,25, 1402b 34–35, weiters Demosth. or. 23,96–97; 39,40; 57,63; 70,118.
168 Soph. Ant. 456 und (nicht wörtlich) 458, vgl. auch I,13, 1373b 12–13.
169 Vom Übers. ergänzt.
170 Hier könnte man auch eine Protasis annehmen, vgl. Grimaldi z. St.
171 Zum Gedanken vgl. Auct. ad Her. 1,11,20; 2,11,16.
172 Vgl. eth. Nic. 1129a 11–1130a 8; pol. 1308a 11–13.
173 Vgl. Thuk. 3,37.
174 Vgl. Grimaldi z. St.
175 Tyrann von Korinth, um 627–585 v. Chr.
176 Athenischer Politiker und Demagoge im letzten Abschnitt des Peloponnesischen Krieges.
177 Fr. 22a West.
178 Vgl. III,5, 1407b 4, ferner Hdt. 7,141–143.

179 Vgl. Grimaldi z. St.
180 Text nach Grimaldi z. St.
181 Vgl. Diog. Laert. 6,61.
182 Vgl. auch II,21, 1395a 16–17, ferner Hdt. 1,155,1, Eur. Andr. 515–522; Tro. 709 ff.; Heraclid. 1005–1008; Herc. 165–169, Liv. 40,3,7, Dion. Hal. ant. 8,80.
183 Athenischer Staatsmann, um 405–330 v. Chr.
184 Athenischer Feldherr.
185 Vgl. dazu Gaiser (1979).
186 Vgl. Aischin. or. 1,91, Isokr. or. 21,4; 18,16, Cic. Cael. 9,22.
187 Vgl. dazu auch pol. 1280b 10 ff.
188 Vom Übers. ergänzt.
189 Interpretierende, etwas freie Übersetzung zugunsten der besseren Verständlichkeit des Textes, vgl. Grimaldi z. St.
190 Zu textkritischen Problemen vgl. Grimaldi z. St.
191 Vom Übers. sinngemäß ergänzt.
192 Vom Übers. ergänzt.
193 Vgl. fr. A 14 DK.
194 Das heißt: dem Streitgegner; zu dieser Lesart vgl. Grimaldi z. St.
195 Vom Übers. ergänzt.

Zweites Buch

1 Vgl. Thuk. 2,60,5–6, Plat. Phaidr. 269e–f, Aristot. pol. 1309a 33–39, Cic. off. 2,9,33–34, weitere Belege bei Grimaldi z. St.
2 Vgl. an. post. 89a 11–b 6.
3 I,9, 1366a 23–1368b 37.
4 Zu Geschichte und Bedeutung des Begriffs vgl. Grimaldi z. St.
5 Hom. Il. 18,109 f., vgl. auch I,11, 1370b 10–12.
6 Vgl. Plat. Euthyd. 273a.
7 Vgl. Plat. def. 416a.
8 Vgl. Hom. Il. 3,356; 9,367–369, ferner I,5, 1361a 37–38.
9 Vgl. Hom. Il. 9,648 und 16,59, ferner pol. 1278a 34–40.
10 Hom. Il. 2,196.
11 Hom. Il. 1,82.

12 Zur Bedeutung von *idéa* vgl. Grimaldi z. St.
13 Vgl. Diod. 4,34,1–6, Ov. met. 8,420–444, zur historischen Identität Antiphons vgl. Grimaldi z. St.
14 Vgl. Aischyl. Pers. 253, Soph. Ant. 277, Demosth. or. 3,21.
15 Vgl. Plat. Krat. 384a, eth. Nic. 1108a 19–23, 1124b 29–31, 1127a 18, eth. Eud. 1234a 1, Cic. Brut. 2,67,269–270.
16 Vgl. auch eth. Nic. 1110b 18–24.
17 Vgl. Thuk. 1,126,10, Soph. Oid. T. 2–3, Demosth. or. 18,117; zu Tieren als Vorbildern »natürlicher« Verhaltensweisen vgl. Plat. nom. 690b, Aristoph. Nub. 1427–29.
18 Athenischer Redner und Staatsmann, nach dem der Frieden zwischen Athen und Philipp II. im Jahre 346 v. Chr. benannt ist.
19 Zur von Kassel abweichenden Interpunktion und zum Verständnis des Textes vgl. Grimaldi z. St.
20 Hom. Od. 9,504.
21 Polyphem.
22 Hom. Il. 24,54.
23 Die semantischen Felder von *phileîn* bzw. *phílos* und dem dt. »lieben« und »Freund« liegen weit auseinander, so dass oft ein und derselbe griechische Begriff im Deutschen völlig unterschiedlich wiedergegeben werden muss; zum aristotelischen Freundschaftsbegriff vgl. Steinberger (1955), Price (1989) 103–205, 236–249.
24 Ich lese, entgegen Kassel, ὥστε, vgl. Grimaldi z. St.
25 Vgl. eth. Nic. 1155a 31–1155b 16, 1159b 24–1160a 30, 1171b 12–25.
26 Vom Übers. ergänzt.
27 Vgl. oec. 1343a 25–b 6, Thuk. 2,72,3, ferner Grimaldi z. St.
28 Zum Gedanken vgl. eth. Nic. 1157b 19–24.
29 Vgl. eth. Nic. 1127b 33–1128b 6.
30 Ich lese mit Grimaldi ἀμφότεροι anstatt Kassels ἀμφοτέρως.
31 Vgl. Hes. erg. 25–26, ferner eth. Nic. 1235a 18; pol. 1312b 5.
32 D. h. wie im genannten Sprichwort.
33 Vom Übers. ergänzt.
34 Weiterführende Belege bei Grimaldi z. St.
35 Vgl. eth. Eud. 1229b 10–12.
36 Das Menschenbild des Aristoteles ist nicht so pessimistisch, wie es diese Aussage vermuten lassen könnte, vgl. Grimaldi z. St.

37 Zum Verständnis vgl. Grimaldi z. St.
38 Zum seltenen und rätselhaften Begriff *apotympanizómenoi* vgl. Grimaldi z. St.
39 Zum Text vgl. Grimaldi z. St.
40 Der Konjektur Kassels kann ich nichts abgewinnen; vgl. zur Textgestaltung Grimaldi z. St.
41 Zum Text und dessen Verständnis vgl. Grimaldi z. St.
42 Vgl. Grimaldi z. St., vgl. ferner Stark, *Die Bedeutung der* AIDOS *in der aristotelischen Ethik*, in: Stark (1972) 119–133, zur Geschichte des Begriffs: Cairns (1993).
43 Vgl. eth. Nic. 1128b 11–13.
44 Vgl. Archil. fr. 6 Diehl, Alk. fr. Z 105 Lobel/Page, Hdt. 5,95, Anakr. fr. 381 b Page, Hor. c. 2,7,10.
45 Vgl. Grimaldi z. St.
46 Vgl. eth. Nic. 1150a 9–b 28.
47 Vgl. eth. Nic. 1150b 3.
48 Vgl. eth. Nic. 1127a 13–b 32.
49 Vgl. Hdt. 9,71, Plat. rep. 590c.
50 Zu den möglichen Deutungen vgl. Grimaldi z. St.
51 Interpretationsansätze bei Grimaldi z. St.
52 Nach einer Gelegenheit auf Rache, vgl. Grimaldi z. St.
53 Die Deutung dieser Anspielung ist höchst schwierig, vgl. Grimaldi z. St.
54 Vgl. top. 84a 16–20.
55 Vgl. Soph. Phil. 86–87; Oid. T. 1409, Isokr. or. 1,15.
56 Vgl. Anm. 122 zu I,11, 1371a 15.
57 Vgl. soph. el. 173a 29–30 und I,13, 1374a 26–1374b 23.
58 Über den athenischen Redner des 4. Jh.s ist über das hier Erwähnte hinaus wenig bekannt.
59 In Kassels Text steht Futur, vgl. Grimaldi z. St.
60 Vgl. Xen. hell. 6,4,16, Plat. rep. 558.
61 Vgl. II,2, 1379b 15, Plut. Antiphon 833b–c.
62 Ausführlich zum Begriff *cháris* im Aristotelicum vgl. Grimaldi z. St.
63 Die angesprochene Begebenheit ist historisch nicht fassbar.
64 Zum Kapitelanfang vgl. Grimaldi z. St.

65 Entgegen Kassels Text lese ich αὑτοῦ (anstatt αὐτοῦ).

66 Vgl. eth. Nic. 1094b 23–1095a 2.

67 Zur Person des Genannten vgl. Engels (1997).

68 Vgl. Hdt. 3,14.

69 Zum Verständnis dieser Passage vgl. Radt (1979) 297 f.

70 Ich halte die Lesart ἐσθῆσι für plausibler als αἰσθήσει, vgl. Grimaldi z. St.

71 Vgl. eth. Eud. 1233b 26.

72 Zu dieser schwierigen Stelle vgl. Grimaldi z. St.

73 Vgl. Cic. Tusc. 4,8,18.

74 Hom. Il. 11,542 f. und Plut. mor. 36a.

75 Vgl. eth. Nic. 1095b 19–20.

76 Weiterführende Belege zur Psychologie des Neids bei Grimaldi z. St.

77 Zum Begriff *doxósophos* vgl. Plat. Phaidr. 275b, ferner Grimaldi z. St.

78 Vgl. eth. Nic. 1125a 17–24.

79 Aischyl. fr. 305 Nauck/Snell.

80 Nach Grimaldi z. St.

81 Vgl. Anm. 31 zu II,4, 1381b 16–17.

82 Ich wähle diesen Doppelbegriff für *zēlos*, im Weiteren verwende ich je nach Kontext einmal »Rivalität«, ein andermal »Ehrgeiz«. Vgl. weiters eth. Nic. 1105b 23; m. mor. 1186a 13; eth. Eud. 1229a 38, Cic. Tusc. 4,8,17.

83 Zur Bedeutungsgeschichte von *logográphos* vgl. Grimaldi z. St.

84 Zur kausalen Bedeutung von *epí* vgl. LSJ 3,1.

85 Umfassend: Grimaldi (1988) 183–189, zur Bedeutung der Affekte in der Rhetorik vgl. Wisse (1992).

86 Ehre und Sieg.

87 Das angesprochene Zitat ist nicht erhalten, zu Pittakos vgl. Schachermeyer (1950).

88 Zu *megalopsychía* vgl. I,9, 1366b 17, eth. Nic. 1223a 34–1125a 16.

89 Chilon, um 556 v. Chr., erster Ephoros Spartas, wegen seiner Elegien und seiner Lebensklugheit zu den Sieben Weisen gezählt, vgl. Welwei/Furley (1997); zur bekannten Maxime vgl. Diog. Laert. 1,1,41, Eur. Hipp. 265, Ter. Andr. 61.

90 Vgl. eth. Nic. 1127b 33–1128b 3; eth. Eud. 1234a 4–23; m. mor. 1193a 11–19, Cic. orat. 26,87.
91 Zum Text vgl. Grimaldi z. St.
92 Vgl. Plat. ap. 21d.
93 Einer der Sieben Weisen, vgl. Plat. Prot. 343a, Diog. Laert. 1,40–42.82–88; zum gängigen Dictum vgl. Soph. Ai. 677–683; Oid. K. 614–615, Eur. Hipp. 253–257, Demosth. or. 23,122, Cic. Lael. 16,59.
94 Zum Begriff *philanthrōpía* vgl. Stark, *Die aristotelische Wertung der Philanthropie*, in: Stark (1972) 96–109.
95 Vgl. 1385b 13–19.
96 Vgl. zum Ideal der *mesótēs* pol. 1295b 3–5; eth. Nic. 1106a 13–1107a 24, Eur. Hipp. 253.
97 Belege in reicher Zahl bietet Grimaldi (1988) 214–216.
98 Zur Ausdrucksweise des Originals vgl. Grimaldi z. St.
99 Vgl. Xen. Kyr. 8,3,21, Diog. Laert. Solon 1,51, Strab. 14,663,28.
100 Die Übersetzung orientiert sich an den Erklärungen Grimaldis z. St.
101 Vgl. Plat. rep. 489b–c; Diog. Laert. 2,69 schreibt den Ausspruch Aristipp zu.
102 Vgl. Aischyl. Ag. 1042–45.
103 Vgl. eth. Eud. 1221a 8, 1233b 34–38; m. mor. 1192b 30–38.
104 Vgl. met. 1019a 15–1020a 6, ferner Scheuer (1992).
105 Vgl. met. 1018a 20–35, 1055a 3–1057b 34; top. 112b 27–114a 25; eth. Nic. 1129a 13–14.
106 Vgl. cat. 14a 26–14b 23; met. 1018b 9–1019a 14.
107 Vom Übers. ergänzt.
108 Agathon war ein attischer Tragiker (um 455 – 401 v. Chr.). Das vorliegende Zitat entstammt einem uns nicht erhaltenen Werk (fr. 8 Snell).
109 Die Bemerkung des Isokrates ist uns sonst nicht überliefert, vgl. Grimaldi z. St.
110 Vom Übers. ergänzt; zu Fragen der Textkritik vgl. Grimaldi z. St.
111 Vom Übers. ergänzt.
112 Die Klammerausdrücke sind vom Übers. gesetzt.
113 Vgl. I,2, 1356a 35–b 26; I,2, 1357a 7–33; I,2, 1357b 25–36.

114 Das Gleichnis als rhetorisches Phänomen wird bei Aristoteles erstmals eingehend behandelt, vgl. Auct. ad Her. 2,49,46; 4,45,59; 4,47,60–64; 4,48,61; 4,59,62, Cic. fin. 4,27,75; de orat. 2,66,265, Quint. inst. 5,11,1–6.

115 Die drei Klammerausdrücke sind vom Übers. ergänzt.

116 Vgl. Plat. symp. 221e; Gorg. 490d 11–491a 3, Xen. mem. 1,2,9.

117 Vgl. Plat. Phaidr. 243a–b, 244a, Quint. inst. 10,1,62.

118 Vgl. Aesopica fab. 269a Perry.

119 Vgl. Aesopica fab. 427 Perry, Plut. mor. 790c–d.

120 Zur Gnome als rhetorischem Begriff vgl. Hummel (1996).

121 Vgl. Anm. 64 zu I,7, 1365a 28.

122 Eur. Med. 294 f.

123 Eur. Med. 296 f.

124 Eur. fr. 661 Nauck.

125 Vgl. Eur. Hec. 864.

126 Eur. Hec. 866.

127 Vgl. Plat. Gorg. 451e 3–5; eth. Nic. 1099a 27–28; eth. Eud. 1214a 5–6.

128 Epicharm. fr. 263 Kaibel, vgl. eth. Nic. 1177b 31–34; Isokr. or. 1,32, Hor. c. 2,11,11–12.

129 Zum rhetorischen Terminus *strongylṓtata* vgl. Plat. Phaidr. 234e, Cic. fin. 4,3,7, Hor. ars 323.

130 Vgl. Plutarchs Sammlung der *Apophthegmata Laconica* (mor. 208b ff.), ferner Plut. Lykurgos 19–20, Plat. Prot. 342e.

131 Hom. Il. 12,243.

132 Hom. Il. 18,309.

133 Vgl. Liv. 40,3,7.

134 Vgl. Thuk. 1,68–71, Isokr. or. 15,299–300.

135 Vgl. Plat. Prot. 342d–343b; Charm. 164c–165b.

136 Damit ist wohl der genannte Iphikrates gemeint, vgl. I,7, 1365a 28 (mit Anm. 64), ferner Grimaldi z. St.

137 Vgl. Hes. erg. 346, Isokr. or. 14,17–19, Demosth. or. 45,1, Plat. nom. 843c, Thuk. 3,113,6.

138 Vgl. Menandr. 166 Edmonds.

139 I,1, 1355a 4–8; I,2, 1356a 35–b 5.

140 Vgl. Eur. Hipp. 988–989, Plut. mor. 6b–d.

141 Zur Übersetzung vgl. Grimaldi z. St.
142 Vom Übers. ergänzt.
143 Vgl. Übersetzung in I,2, 1356 a 22.
144 Vgl. Grimaldi z. St.
145 Vgl. Thuk. 2,27.
146 Vgl. Thuk. 2,70.
147 Vgl. Grimaldi z. St.
148 top. 105a 34–105b 3; 105b 12–18, ferner top. 101b 11–36.
149 In der Interpunktion weiche ich von Kassels Text ab.
150 Vgl. Pind. O. 2,81–83; I. 5,39–41, Eur. Iph. A. 49–65, Paus. 3,24,11, Ov. met. 12,64–168.
151 Zum vielschichtigen *stoicheîon*-Begriff vgl. Sprute (1982) 152 ff.
152 Eine Definition des *élenchos* als negativen Syllogismus bietet top. 165a 2, ferner vgl. 168a 35–37, vgl. ferner Schickert (1977).
153 Vgl. an. pr. 66b 11–17; soph. el. 165a 2–3, 170b 1–3, 175a 36 ff.
154 Vgl. Grimaldi z. St.
155 Vgl. II,19, 1392a 9–11.
156 Vgl. Anm. 150 zu I,13, 1373b 18.
157 Vgl. Quint. inst. 5,10,73, Cic. part. 2,7; de orat. 2,39,162–40,173.
158 Woher das Zitat stammt, ist ungewiss, vgl. Grimaldi z. St.
159 Vom Übers. ergänzt.
160 Eur. Thyest. fr. 396 Nauck/Snell, ich bevorzuge das überlieferte ψευδηγορεῖν anstatt ψευδῆ γέρον in Kassels Text.
161 Zum Begriff *ptō̂sis* vgl. poet. 1457a 18–23; top. 148a 10–13.
162 Eine uns nicht weiter bekannte Person, zum Gedanken vgl. auch Cic. inv. 1,30,47 und Quint. inst. 5,10,78.
163 Vgl. Anm. 76 zu III,9, 1410b 2.
164 Vgl. Grimaldi z. St.
165 Vgl. Xen. mem. 7,3,1–12.
166 Vgl. top. 114b 25–36, Isokr. or. 10,18–20, Plut. Theseus 31.
167 Vgl. Grimaldi z. St.
168 Ein verlorenes Sophokles-Stück.
169 Zu Aristophon vgl. Meier (1996); zum im Folgenden genannten Aristeides, Staatsmann zur Zeit der Perserkriege, mit dem Beinamen »der Gerechte«, vgl. Stein-Hölkeskamp (1996).
170 Vgl. dazu III,18, 1419a 8–12, Plat. ap. 27b–e.

171 Mit *Alexandros* ist wohl ein Enkomion auf Paris gemeint, vgl. auch II,23, 1397b 21.
172 Vgl. Plat. Gorg. 470c–471d, Xen. apol. 16–17, Diog. Laert. 2,25, Sen. ben. 5,6,2–7.
173 Text nach Grimaldi z. St.
174 Vom Übers. ergänzt.
175 Vgl. Hdt. 6,68–69.
176 Dazu vgl. Xen. hell. 5,2,25 ff.
177 Vgl. I,13, 1373b 18 (mit Anm. 150).
178 Vgl. Hor. ars 79.
179 Thuk. 3,104,5.
180 Vgl. Grimaldi z. St.
181 Fr. 201 Lobel/Page.
182 Vgl. Xen. hell. 4,7,2.
183 Vgl. Kühner/Gerth II.2,490 ff.
184 Erg.: wie der Vater.
185 Vgl. Isokr. or. 10,18–22; 9,51–52.
186 Vgl. Xen. hell. 2,1,28 f., Diod. 13,106,6; 14,39,1.
187 Der Klammerausdruck ist wohl sinngemäß zu ergänzen, vgl. top. 111a 33–111b 11, 121b 24–123a 19, 127a 20–128b 10.
188 Vom Übers. ergänzt.
189 Zu Theodektes vgl. Anm. 76 zu III,9,9, 1410b 2, vgl. auch Plat. ap. 11, Xen. mem. 1,1,2; 1,1,20.
190 Athener aus Lamptrai, Schüler des Isokrates, vgl. Isokr. or. 15,93 f., ferner vgl. Grimaldi z. St.
191 Zum Gedanken vgl. Eur. Phoen. 954–958, Auct. ad Her. 2,24,38.
192 Das Sprichwort kann wohl nur heißen: Wer etwas Angenehmes (Salz) haben will, muss auch unerwünschte Beigaben in Kauf nehmen, vgl. Grimaldi z. St., ferner Freese z. St.
193 Zum dunklen Begriff *blaísōsis* (LSJ: »retorting of a dilemma«) vgl. soph. el. 2,12, Grimaldi z. St.
194 Zum vielschichtigen Begriff *leitourgeîn* vgl. Grimaldi z. St.
195 Zum Futurum vgl. Kühner/Gerth II.1, 173 ff.
196 Fr. 21 A 12 DK.
197 Isokr. or. 15,173–175, Demosth. or. 47,229–233.
198 Vgl. Hdt. 5,17,18, Cope (1877) II 278 mit weiteren Belegen.

199 Gemeint ist: Befehle Philipps II. von Makedonien auszuführen. Das Zitat stammt also aus der antimakedonischen Rhetorik in Athen, eventuell von Hypereides, vgl. Grimaldi z. St.

200 Vgl. Cic. top. 13,55; 14,56.

201 Zum Argument vgl. Lys. or. 34,11.

202 Der Verfasser der Verse ist unbekannt; ich übernehme die Übersetzung Stahrs in seiner *Rhetorik*-Ausgabe.

203 Antiph. fr. 2 Nauck/Snell, S. 792 (fr. 55 F 2 Snell).

204 Von einem Pamphilos ist nichts weiter bekannt, zu Kallippos vgl. Anm. 190 zu II,23, 1399a 16.

205 Vgl. Grimaldi z. St.

206 Zu *stémphyla* vgl. Cope (1877) II 282.

207 Zum Gedanken vgl. Isokr. or. 18,47–48, Lys. or. 12,25–29.

208 Vgl. Lys. or. 10,2–3; 18,39–40.

209 Vgl. Demosth. or. 23,311–320.

210 Nach Grimaldi z. St.

211 Vgl. Cic. part. 2,7, de orat. 2,40,171; top. 14,58–67, Quint. inst. 5,10,80 ff.

212 Zu Leodamas vgl. Grimaldi z. St.

213 Nämlich: der Angeklagte.

214 Fr. 21 A 13 DK.

215 Nauck/Snell 798 (fr. 70 F 1 e Snell).

216 Zur Bedeutung des Theodoros aus Byzantion, einem Rhetor aus der zweiten Hälfte des 5. Jh.s v. Chr., vgl. soph. el. 183b 26–33, Plat. Phaidr. 266e; 261a–c, Cic. orat. 12,39; Brut. 12,48.

217 Soph. fr. 658 Radt, Nauck/Snell 597, zur Textgestaltung vgl. Grimaldi z. St.

218 Eur. Tro. 990.

219 Vgl. soph. el. 165b 24.

220 Vgl. soph. el. 174b 8–11; 176b 31–32.

221 Gewöhnlich wird »Homonymie« mit ›Mehrdeutigkeit‹ übersetzt; Schlüsselstellen zur Homonymie bei Aristoteles sind cat. 1, 1a–b; eth. Nic. 1096b 26, zur Geschichte und Bedeutung der Homonymie in der Rhetorik vgl. Kratschmer (1996).

222 Das Wortspiel lässt sich im Deutschen nicht nachvollziehen, Maus ist gr. *mŷs*; *mystḗrion* hat damit etymologisch wohl nichts

zu tun; zur dunklen Herkunft von *mystḗrion* vgl. Burkert (1994), 15 f.

223 Dazu vgl. Cornford (1909), ferner Grimaldi z. St.

224 Fr. 96 Snell.

225 Zum Text vgl. Grimaldi z. St., »Hund« ist hier als Bezeichnung für »kynischer Philosoph« gemeint.

226 Vgl. Grimaldi z. St.

227 Vgl. Diod. 1,1–2, Rhet. ad Alex. 1420a 6–1421a 2, Isokr. or. 4,47–49.

228 Vom Übers. ergänzt.

229 Vom Übers. ergänzt.

230 Vgl. Grimaldi z. St.

231 Vgl. Quint. inst. 6,2,24, Auct. ad. Her. 2,29,46.

232 Zum Gedanken vgl. Cic. Mil. 23,61.

233 Ich weiche von Kassels Lesart ab und bleibe bei der handschriftlichen Überlieferung: ἐρῶντες.

234 Vgl. Hdt. 2,141,5.

235 Dazu vgl. Plut. mor. 74a.

236 Vgl. Anm. 166 zu II,23, 1397b 21 und Anm. 171 zu II,23, 1398a 22.

237 Zur Ellipse als rhetorische Figur vgl. S. Matuschek (1994).

238 Athenischer Redner, 380–319 v. Chr., weiterführende Information bietet Weißenberger (1997).

239 Vgl. Eur. Iph. A. 49–79.

240 Vgl. Demosth. or. 23,50.

241 Eristik ist ein abschätziger Ausdruck für unsachliche Disputierkunst jeder Art mittels Fangfragen, Trugschlüssen und derlei Kunstgriffen, vgl. Dietz (1994).

242 Vgl. Anm. 108 zu II,19, 1392b 7.

243 Vgl. Nauck/Snell 765, fr. 9; poet. 1456a 23–25, Dion. Hal. Ep. ad Amm. I,8.

244 Gemeint ist die *Rhetorik*.

245 Vgl. hingegen Plat. Phaidr. 273a–b, der den folgenden Gedanken Teisias zuschreibt. Der aus Syrakus stammende Korax gilt als Begründer der politischen Rhetorik und soll als Erster um die Mitte des 5. Jh.s eine systematische Abhandlung darüber verfasst haben.

246 Vom Übers. ergänzt.

247 Vom Übers. ergänzt.

248 Zu diesem Leitgedanken der Sophisten vgl. Plat. ap. 18b, Aristoph. Nub. 889–1104, Cic. Brut. 8,30–31.

249 Gemeint ist wohl der bekannte »Homo-mensura«-Satz (Plat. Tht. 152 a), vgl. Grimaldi z. St.

250 Vgl. soph. el. I,16–33; top. 8,10, Cic. de orat. 2,53,215, vgl. auch III,17, 1418b 2–23.

251 Vgl. top. 160b 23–161a 15, ferner Grimaldi z. St.

252 Vgl. an. pr. 69b 1–3.

253 Zur unglücklichen Liebe der Zwillingsgeschwister Kaunus und Byblis vgl. Ov. met. 9,451–665.

254 Vgl. Anm. 87 zu II,11, 1389a 16.

255 Vgl. pol. 1274b 18–23; eth. Nic. 1113b 30–33, Diog. Laert. 1,76.

256 Zum Text vgl. Grimaldi z. St.

257 Vgl. I,15, 1375a 29 und dort Grimaldi z. St.

258 Zum Text vgl. Grimaldi z. St.

259 Vom Übers. ergänzt.

Drittes Buch

1 Zur sog. *pronuntiatio* vgl. Steinbrink (1992), ferner vgl. poet. 19, Quint. 11,3, Auct. ad Herenn. 3,19.

2 Wahrscheinlich der bei Plat. Ion 530b ff. erwähnte und von Aristot. poet. 1461b 1 zitierte Rhapsode.

3 Vgl. Cic. de orat. 3,57,215–58,219.

4 Zur Notwendigkeit, Verfassung und Erwartung des Rezipienten zu erfassen, vgl. auch Cic. Brut. 191 f.; de orat. 2,338, Quint. inst. 1,2,29; 10,7,16; Rhet. ad Alex. 32,3; 35,19; 37,3.

5 Thrasymachos aus Chalkedon war Sophist und Rhetor in der zweiten Hälfte des 5. Jh.s v. Chr. Er war für die Entwicklung der Rhetorik vor allem wegen seiner Gedanken zur Erregung von Emotionen und zur effizienten Vortragsweise bedeutsam, vgl. auch soph. el. 183b 29 ff., Plat. Phaidr. 267c, Dion. Hal. Demosth. 3.

6 Dichterische Prosa lehnt Aristoteles ebenso wie Platon (Phaidr. 261–267, Phaid. 238d, symp. 198c, Gorg. 450–456, Phileb. 58a–b) strikt ab, vgl. III,2, 1404b 1–5, übermäßiger Figurenschmuck ist nur Staffage (III,1, 1404a 7, ferner III,14, 1414b 38; poet. 1458a 33).

7 Vgl. poet. 4,14.

8 Aristoteles empfiehlt also eine »mittlere« Stillage, zur Entwicklung der theoretischen Stilbetrachtung vgl. Népote-Desmarres/Tröger (1996).

9 Vgl. poet. 21 f.

10 Anstatt des problematischen πολλῷ ἐλάττοσιν schlage ich ποιεῖ ἐλλάττωσιν vor, vgl. top. 141a 16.

11 Berühmter Schauspieler und Zeitgenosse des Aristoteles, vgl. pol. 7,15,10.

12 III,3, 1405b 34–1406b 19.

13 Zur Metapher vgl. auch poet. 21,7.

14 Vgl. poet. 22,17.

15 Vgl. Xen. hell. 6,3,3, ferner Cope z. St.

16 Zum Begriff »Fackelträger« vgl. Burkert (1994), 39 ff.

17 fr. 705 Nauck.

18 Athenischer Elegiker und Rhetor, seinen Beinamen erhielt er nach seinem Versuch, Bronzemünzen einzuführen, vgl. Athen. 669d.

19 Aristoteles sucht dadurch zu zeigen, dass Allegorie und Rätsel verwandt sind, zum Ainigma als stilistischem Fehler vgl. poet. 1458a, zur Bedeutung des Rätsels in der Rhetorik überhaupt vgl. den ausgezeichneten Artikel »Aenigma« von König (1992).

20 Ergänzt vom Übers.

21 Von der Insel Cheos stammender Lyriker und Rhetor um 400 v. Chr., zum poetischen Schwulst seiner Werke vgl. Plat. Phaidr. 267, ferner III,13, 1414b 17 f.

22 Sohn des Mythographen Herodoros aus Herakleia am Pontos, Megariker und Lehrer Pyrrhons, vgl. Döring (1997), zum Gedanken vgl. ferner Cic. fam. 9,22,1.

23 Vgl. Hom. Il. 1,477; Od. 2,1 u. ö.

24 Eur. Or. 1587 f.

25 Vgl. Sim. fr. 10 Page.
26 Dieses Werk ist nicht erhalten, vgl. PCG fr. 92 (fr. 90 Kock).
27 Gemeint ist: Epitheta und Deminutive.
28 Aristoteles bietet hiermit als Erster eine systematische Behandlung stilistischer Fehler in der *elocutio*, vgl. dazu Kraus (1992).
29 Ein uns nicht weiter bekannter Sophist.
30 Vom Übers. ergänzt.
31 Das Wortspiel, das sich durch die klangliche Ähnlichkeit der griechischen Begriffe ergibt (*hḗdysma – hḗdesma*), lässt sich im Deutschen nicht nachahmen.
32 Plat. symp. 196c.
33 Vom Übers. ergänzt.
34 Die Übersetzung stammt von Buchheim, der entgegen Kassel ἔναιμα liest: vgl. Buchheim (1989) 86 f. (fr. 16).
35 Fr. 14 Sauppe, S. 156.
36 Vgl. Hom. Il. 20,164.
37 Androtion lebte im 4. Jh. v. Chr. in Athen, seiner Vaterstadt, über die er eine Lokalgeschichte verfasste.
38 Vgl. Plat. rep. 469e; 488a; 601b.
39 Der bekannte Redner, vielleicht ist aber auch der General des 5. Jh.s gemeint.
40 Attischer Redner und Staatsmann, Zeitgenosse des Demosthenes.
41 Vom Übers. ergänzt.
42 Gemeint ist sprachliche Korrektheit.
43 Vgl. soph. el. 4, Rhet. ad Alex. 25–26, ferner Lausberg, § 222.
44 Vgl. Plat. symp. 206e.
45 Vgl. Plat. Phaidr. 267c.
46 Die Übersetzung versucht das Original insofern nachzuahmen, als auch im Deutschen »immer« auf »ist« oder auf »unverständlich bleibt« bezogen werden kann, vgl. 22 A 4, B 1 DK.
47 Eigentlich heißt das wahrscheinlich von fremder Hand hinzugefügte διαστίξαι ›interpungieren‹.
48 Vgl. Anm. 99 zu II,16, 1391a 4 f. und Lausberg, §§ 497–527.
49 Der Verständlichkeit halber vom Übers. ergänzt.
50 Eur. Iph. T. 727.

51 Antimachos aus Kolopon, Epiker und Elegiker um die Wende vom 5. zum 4. Jh. v. Chr.

52 Fr. 2 Wyss.

53 Vgl. Hoenen (1992).

54 Ein Dichter, von dem wir so gut wie nichts wissen.

55 Vgl. Thuk. 7,42.

56 Dem Sinn nach vom Übers. ergänzt.

57 Vgl. auch III,2, 1404b 31–37.

58 Vgl. Isokr. or. 4,186, ferner Kap. 96.

59 Plat. Phaidr. 231d; 241e.

60 Vgl. met. 999a 27.

61 Wie bereits in III,1, 1404a 31 f. festgestellt, vgl. weiters poet. 22,19, Cic. de orat. 3,47,182 ff.; orat. 56,189, Quint. inst. 9,4,76.

62 Vgl. poet. 4,19; Cic. orat. 57,193; Quint. inst. 9,4,88; ferner Demosth. or. 2,18.

63 Zur Definition und Geschichte der Gattung vgl. Käppel (1992), ferner Luppe (1987).

64 Vgl. E. Robbins (1996).

65 Fr. 515 Nauck. »Von Pelops' Erde« gehört zum nächsten Satz; wenn man dies nicht beachtet, kommt es zu dem im Folgenden geschilderten Irrtum.

66 Als Kolon wird gemeinhin ein Teil einer Periode bezeichnet, vgl. Lausberg, §§ 928–934.

67 Zur Deutung des Begriffs vgl. Cope z. St.

68 Hes. erg. 265 f.

69 Isokr. or. 4,1.

70 Vom Übers. ergänzt.

71 Zur Antithese als Kategorie der Rhetorik vgl. Villwock (1992).

72 Zu Parisosis und Paromoiosis vgl. Lausberg, §§ 719–754.

73 Hom. Il. 9,526.

74 Bei korrekter Übersetzung der hier vorgeführten Beispiele geht das Homoioteleuton des Originals verloren.

75 Als Homoioteleuton bezeichnet man die Gleichheit der Endungen aufeinanderfolgender Glieder; zur Geschichte dieser rhetorischen Klangfigur vgl. Chico-Rico (1996).

76 Theodektes war ein bedeutender Rhetor und Tragiker in Athen,

um 405–334 v. Chr. Die Autorschaft zu der nach dem Isokrates-Schüler Theodektes benannten Schrift *Theodekteia* ist heftig umstritten. Für die einen stammt sie vom Namensgeber selbst, für die anderen ist sie nur diesem gewidmet, in diesem Fall gilt Aristoteles selbst als der Verfasser, vgl. Solmsen (1932), Barwick (1966) und (1967).

77 Fr. 147 Kaibel, vgl. Demetr. de eloc. 24.

78 Das griechische Wort, das seine Wurzel in der rhetorischen Fachsprache hat, leitet sich von gr. *ásty*, das ›Stadt‹, häufig auch einfach ›Athen‹ bezeichnete und in übertragener Bedeutung den Gegensatz zu *agroikós* ›bäuerlich, unzivilisiert‹ darstellte: urban, zivilisiert, mit feinem Witz ausgestattet; vgl. auch Schenkeveld (1992).

79 Nämlich: neue Erkenntnis.

80 Vgl. Hom. Od. 4,213.

81 Zum Folgenden vgl. Ricœur (1977).

82 III,4, 1406b 20–25.

83 Vgl. Isokr. or. 5,73.

84 Vgl. auch poet. 21, 1457b 9–22.

85 Zu *enérgeia* vgl. Quint. inst. 8,3,89, zur Entwicklung des rhetorischen Begriffs vgl. Kemmann (1996).

86 Der griechische Begriff kommt eigentlich aus der Gerichtssphäre und bedeutet »über den festgesetzten Tag hinaus«, »zur Zahlung fällig«, eine Assoziation, die im Original sehr stark mitschwingt.

87 Vgl. Cope z. St.

88 Vgl. Isokr. or. 5,10.127.

89 Eur. Iph. A. 80.

90 Hom. Od. 11,598.

91 Hom. Il. 13,587.592 u. ö.

92 Hom. Il. 4,126.

93 Vgl. Hom. Il. 13,587; 4,126; 9,574; 15,541.

94 Homer.

95 Hom. Il. 13,799.

96 III,10, 1410b 32–33.

97 Bedeutender Pythagoreer und Freund Platons, vgl. pol. 8,6,1.

98 Zu Theodoros vgl. Anm. 216 zu II,23, 1400b 16.
99 Vgl. Hom. Od. 21,341.
100 Verständlich ist dies nur in Kenntnis der Tatsache, dass thrakische Abstammung einen Makel der Geburt bedeutete, vgl. Aristoph. Thesm. 279–293; Pax 1138; Vesp. 828, vgl. ferner Cope z. St.
101 *Pérsai* heißt einerseits »verderben«, andererseits auch »die Perser«, das Wortspiel verliert natürlich im Deutschen seinen Reiz.
102 Vgl. Isokr. or. 5,61; 8,101.
103 Der Reiz der Formulierungen, die in der Doppelbedeutung des griech. Ausdrucks (*archḗ*) liegen, lässt sich ins Deutsche nicht übertragen.
104 »Nicht erträglich« ist also die Bedeutung des Eigennamens Anaschetos.
105 *Xénos* bedeutet ebenso »Fremder« wie »Gastfreund«.
106 PCG fr. 65 (fr. 64 Kock), Anaxandrides war ein aus Kolophon stammender, in Athen tätiger Komödiendichter des 4. Jh.s v. Chr., vgl. Nesselrath (1990) 194 f., 212–215, 216–218.
107 III,3, 1406b 4–19.
108 Vgl. Anm. 5 zu III,1, 1404a 14.
109 Karpathos hatte ursprünglich keine Hasen; nachdem sie dort eingeführt wurden, entwickelten sie sich sehr rasch zu einer Landplage, so zumindest die gängige Erklärung der Stelle, vgl. Cope z. St., Erasm. Rott. Adag. II Cent. I,81, S. 1250.
110 Vgl. II,12, 1389b 2–7.
111 Hom. Il. 9,385 und 388–389.
112 Vgl. Cope z. St.
113 Hom. Il. 2,671–673.
114 Vgl. Plat. Tht. 208e; Parm. 165c.
115 Zum Text vgl. Kassel (1971) 147.
116 Vgl. Quint. inst. 4,2,63.
117 Vgl. Anm. 216 zu II,23, 1400b 16.
118 Vgl. Quint. inst. 4,1–3.
119 Vgl. Braun (1982).
120 Vgl. auch Plut. mor. 144b–c.
121 Isokr. or. 4,1.

122 Vgl. Anm. 169 zu Buch II.
123 Vgl. II,23, 1398a 22; II,24, 1401b 20 f.; II,24, 1401b 35.
124 Enkomiastischer Epiker im Dienste Alexanders des Großen.
125 Zu Problemen der Textüberlieferung vgl. Cope z. St.
126 Die Anfänge von *Ilias* und *Odyssee.*
127 Soph. Oid. T. 774.
128 Vgl. Auct. ad Her. 1,8.
129 Vgl. Plat. Krat. 384b.
130 Das überlieferte, aber zweifelhafte *phóbous* ergibt m. E. keinen Sinn.
131 Soph. Ant. 223.
132 Eur. Iph. T. 1162.
133 II,1,7, 1378a 16–19; 2, 1378b 15–22; 2, 1379a 6–9.
134 Hom. Od. 6,327.
135 Plat. Menex. 235d.
136 Zu diesem Topos vgl. Hohmann (1994).
137 Es lässt sich nicht eindeutig sagen, um welchen Sophokles es sich handelt.
138 Vom Übers. ergänzt.
139 Eur. Hipp. 612, zum Argument vgl. Cic. off. 3,29,107; zur sog. Antidosis vgl. Christ (1990).
140 Hom. Il. 10,242–246.
141 Oder in den rhetorischen Fachtermini: *diḗgēsis* oder *narratio.*
142 Vom Übers. ergänzt.
143 Vom Übers. ergänzt.
144 Hier ist der Text verderbt, vgl. Cope z. St.
145 Vgl. Quint. 4,2,31.
146 Hdt. 2,30.
147 Vgl. Hom. Od. 23,264–284.310–343, Aristoteles verzählt sich also beträchtlich.
148 Von Phayllos ist nichts weiter bekannt, *Oineus* ist der Titel einer verlorenen Tragödie des Euripides.
149 Die Klammerausdrücke sind Ergänzungen durch den Übers.
150 Vgl. Soph. Ant. 911 f.
151 Hom. Od. 19,361.
152 Zum Text vgl. MacKay (1953).

153 Soph. Ant. 683–723.
154 Hom. Od. 4,204.
155 Kretischer Wundertäter und Priester, um den sich viele Sagen ranken und der den Sieben Weisen nahestand, vgl. Diog. Laert. 1,109–115, Aristot. Ath. pol. 1, Plut. Solon 12.
156 Dies ist die eigentliche Bedeutung von *diatribḗ*, vgl. dazu die kurze Übersicht von Stowers (1994).
157 Zeus, Aiakos' Vater.
158 Vgl. II,26, 1403a 25–31.
159 Vgl. Nep. Epam. 6.
160 Eur. Tro. 969 und 971.
161 Hekabe, vgl. Cope z. St.
162 Isokr. or. 5,4–7; 15,132–139.141–149.
163 Soph. Ant. 688–700.
164 Kultischer Beiname der Kore.
165 Vgl. Plat. ap. 27d.
166 Vom Übers. ergänzt.
167 Vor allem das 8. Buch der *Topik*.
168 Vgl. eth. Nic. 1128a 4–b 1.
169 I,9, 1366a 23–1368a 37.
170 Vom Übers. ergänzt.
171 I,9, 1368a 10–26; II,19, 1393a 8–18; II,26, 1403a 17–24.
172 II,2–11, 1378a 31–1388b 30.

Abkürzungsverzeichnis

Antike Autoren

Aesopica fab.	Aesopica I, ed. Perry
Ail. var.	Ailianos, *varia historia*
Aischin. or.	Aischines, ed. Blass
Aischyl.	Aischylos
Ag.	*Agamemnon*
Pers.	*Persae*
Alk.	Alkaios
Anakr.	Anakreon
Antiph.	Antiphon, ed. Thalheim
Archil.	Archilochos
Aristoph.	Aristophanes
Nub.	*Nubes* (*nephélai*)
Pax	*Pax* (*eirḗnē*)
Ran.	*Ranae*
Thesm.	*Thesmophoriazusae*
Vesp.	*Vespae* (*sphēkes*)
Aristot.	Aristoteles
an.	*de anima*
an. post.	*analytica posteriora*
an. pr.	*analytica priora*
Ath. pol.	*Athenaion politeia*
cat.	*categoriae*
eth. Eud.	*ethica Eudemia*
eth. Nic.	*ethica Nicomachea*
gen. an.	*de generatione animalium* (*perì zṓōn genéseōs*)
m. mor.	*magna moralia*
met.	*metaphysica*
oec.	*oeconomica*
phys.	*physica*
poet.	*poetica*

pol.	*politica*
soph. el.	*sophistici elenchi*
top.	*topica*
Athen.	Athenaios
Auct. ad Her.	Auctor ad Herennium
Cic.	Cicero
Brut.	*Brutus*
Cael.	*pro M. Caelio*
de orat.	*de oratore*
fam.	*epistulae ad familiares*
fin.	*de finibus bonorum et malorum*
inv.	*de inventione*
Lael.	*Laelius de amicitia*
Mil.	*pro T. Annio Milone*
off.	*de officiis*
orat.	*orator*
part.	*partitiones*
part. or.	*partitiones oratoriae*
Q. Rosc.	*pro Q. Roscio comoedo*
Tusc.	*Tusculanae disputationes*
Demetr. de eloc.	Demetrius, *de elocutione*
Demosth. or.	Demosthenes, ed. Blass
Diod.	Diodorus Siculus
Diog. Laert.	Diogenes Laertios
Dion. Hal.	Dionysios Halikarnasseus
ant.	*antiquitates Romanae*
Demosth.	*Demosthenes*
Ep. ad Amm.	*Epistula ad Ammaeum I et II*
Epicharm.	Epicharmos
Erasm. Rott. Adag.	Erasmus von Rotterdam, *Adagia*
Eur.	Euripides
Andr.	*Andromache*
Hec.	*Hecuba*
Heraclid.	*Heraclidae*
Herc.	*Hercules*
Hipp.	*Hippolytus*

Iph. A.	*Iphigenia Aulidensis*
Iph. T.	*Iphigenia Taurica*
Med.	*Medea*
Or.	*Orestes*
Phoen.	*Phoenissae*
Suppl.	*Supplices* (*hikétides*)
Thyest.	*Thyestes*
Tro.	*Troades*
Hdt.	Herodotos
Hes. erg.	Hesiodos, *opera et dies* (*érga kaì hēmérai*)
Hom.	Homeros
Il.	*Ilias*
Od.	*Odyssee*
Hor.	Horatius
ars	*ars poetica*
c.	*carmina*
Isokr. or.	Isokrates, ed. Benseler/Blass
Liv.	Livius, *ab urbe condita*
Lys. or.	Lysias, ed. Thalheim
Menandr.	Menandros
Nep. Epam.	Cornelius Nepos, *Epaminondas*
Ov. met.	Ovidius, *metamorphoses*
Paus.	Pausanias
Pind.	Pindar
O.	*Olympien*
I.	*Isthmien*
Plat.	Platon
ap.	*apologia*
Charm.	*Charmides*
def.	*definitiones* (*hóroi*)
Euthyd.	*Euthydemos*
Gorg.	*Gorgias*
Krat.	*Kratylos*
Lys.	*Lysis*
Menex.	*Menexenos*
nom.	*nomoi*

Parm.	*Parmenides*
Phaid.	*Phaidon*
Phaidr.	*Phaidros*
Phileb.	*Philebos*
Prot.	*Protagoras*
rep.	*de re publica* (*politeía*)
symp.	*symposium*
Tht.	*Theaitetos*
(Ps.) Plut. mor.	(Pseudo-)Plutarchos, *moralia*
Quint. inst.	Quintilianus, *institutio oratoria*
Rhet. ad Alex.	Rhetorica ad Alexandrum
Sen. ben.	Seneca minor, *de beneficiis*
Sim.	Simonides
Soph.	Sophokles
Ai.	*Aias*
Ant.	*Antigone*
Oid. K.	*Oedipus Coloneus*
Oid. T.	*Oedipus Rex*
Phil.	*Philoctetes*
Strab.	Strabon
Tac. dial.	Tacitus, *dialogus de oratoribus*
Ter. Andr.	Terentius, *Andria*
Theokr.	Theokritos, ed. Gow
Theophr. char.	Theophrastos, *charakteres*
Thuk.	Thukydides
Xen.	Xenophon
apol.	*apologia*
hell.	*hellenica*
Kyr.	*Kyrupaideia*
Lak. pol.	*Lakedaimonion politeia*
mem.	*memorabilia* (*apomnēmoneúmata*)
symp.	*symposium*

Zeitschriften und Standardwerke

AC	L'Antiquité classique
AGPh	Archiv für Geschichte der Philosophie
AHAW	Abhandlungen der Heidelberger Akademie der Wissenschaften, Philos.-Hist. Klasse
AJPh	American Journal of Philology
AncPhil	Ancient Philosophy
AncSoc	Ancient Society
ANRW	Aufstieg und Niedergang der römischen Welt
CAF	Comicorum Atticorum Fragmenta, ed. Th. Kock
CJ	The Classical Journal
Cl&M	Classica et mediaevalia
CPh	Classical Philology
CQ	Classical Quarterly
DK	H. Diels: Fragmente der Vorsokratiker, Hrsg. von W. Kranz
GRBS	Greek, Roman and Byzantine Studies
HSPh	Harvard Studies in Classical Philology
HWR	Historisches Wörterbuch der Rhetorik. Hrsg. von G. Ueding
JHI	Journal of the History of Ideas
JPh	Journal of Philosophy
Kühner/Gerth	R. Kühner / B. Gerth: Ausführliche Grammatik der griechischen Sprache. 3 Bde.
Lausberg	H. Lausberg: Handbuch der literarischen Rhetorik. 2 Bde.
LSJ	A Greek-English Lexikon compiled by H. G. Liddel, R. Scott. Ed. H. St. Jones
MH	Museum Helveticum: revue suisse pour l'étude de l'Antiquité classique
NAWG	Nachrichten der Akademie der Wissenschaften in Göttingen. Philol.-Hist. Klasse
PCG	Poetae comici Graeci, ed. R. Kassel et C. Austin
Ph&Rh	Philosophy and Rhetoric
PhR	Philosophical Review

QJS	Quarterly Journal of Speech
QUCC	Quaderni urbinati di cultura classica
RE	Paulys Real-Encyclopädie der Classischen Altertumswissenschaft
REG	Revue des Études Grecques
RhM	Rheinisches Museum
SBAW	Sitzungsberichte der Bayrischen Akademie der Wissenschaften, Philos.-Hist. Klasse
SO	Symbolae Osloenses, auspiciis Societatis Graeco-Latine
TAPhA	Transactions and Proceedings of the American Philological Association
WJA	Würzburger Jahrbücher für die Altertumswissenschaft
ZPE	Zeitschrift für Papyrologie und Epigraphik

Literaturhinweise

Textausgaben

Aristotelis Ars rhetorica. Ed. R. Kassel. Berlin / New York 1976.
Aristote, Rhétorique. Ed. M. Dufour, A. Wartelle. 3 Bde. Paris 1960–73.
Aristotelis Ars rhetorica. Ed. W. D. Ross. Oxford 1959.
Aristotele. Retorica. Ed. F. Montanari / M. Donati. Mailand 1996.

Übersetzungen der *Rhetorik*

Aristoteles. Drei Bücher der Redekunst. Übers. von A. Stahr. Stuttgart 1862.
Aristotle. The Art of Rhetoric. By J.H. Freese. London/Cambridge (Mass.) 1926.
Aristoteles. Rhetorik. Übers. von P. Gohlke. Paderborn 1959.
Aristoteles. Rhetorik. Übers., mit einer Bibliogr., Erl. und einem Nachw. von Fr. G. Sieveke. München 1980.
Aristotle on Rhetoric. A Theory of Civic Discourse. Newly translated with Introduction, Notes and Appendixes by G. A. Kennedy. New York / Oxford 1991.
Aristoteles. Rhetorik. Übers. und erl. von C. Rapp. Berlin 2002.

Zu Aristoteles allgemein

Ackrill, J. L.: Aristoteles. Eine Einführung in sein Philosophieren. Übers. von E. R. Miller. Berlin / New York 1985.
Ax, A.: Aristoteles. In: Handbücher zur Sprach- und Kommunikationswissenschaft. Bd. 7,1: Sprachphilosophie. Hrsg. von M. Dascal [u. a.]. Berlin / New York 1992. S. 244–259.
Barnes, J.: Aristoteles. Eine Einführung. Aus dem Engl. übers. von Ch. Goldmann. Stuttgart 1992.
– (Ed.): The Cambridge Companion to Aristotle. Cambridge 1995.

Bonitz, H.: Index Aristotelicus. Berlin 1870. Repr. Darmstadt 1955.

Dow, J.: Passion and Persuasion in Aristotle's Rhetoric. Oxford 2015.

Düring, I.: Aristoteles. Darstellung und Interpretation seines Denkens. Heidelberg 1966.

– Aristoteles. In: RE Suppl.-Bd. 11 (1968) Sp. 159–336.

Flashar, H.: Aristoteles. In: Grundriß der Geschichte der Philosophie. Bd. 3: Philosophie der Antike. Begr. von F. Überweg. Hrsg. von H. F. Basel/Stuttgart 1983. S. 175–457.

Fritz, K. von: Die ἐπαγωγή bei Aristoteles. München 1964. (SBAW. 5.)

Gigon, O.: Cicero und Aristoteles. In: Hermes 87 (1959) S. 143–162.

Hager, F.-P. (Hrsg.): Logik und Erkenntnislehre des Aristoteles. Darmstadt 1972. (Wege der Forschung. 226.)

Jaeger, W.: Aristoteles. Grundlegung einer Geschichte seiner Entwicklung. Berlin 1923.

Kiernan, Th. P. (Ed.): Aristotle Dictionary. New York 1961.

Knape, J.: Image, Prestige, Reputation und das Ethos der aristotelischen Rhetorik. In: Ansehenssache. Formen von Prestige in Kulturen des Altertums. Hrsg. von B. Christiansen und U. Thaler. München 2012. S. 105–128.

Moraux, P. (Hrsg.): Der Aristotelismus bei den Griechen. Bd. 1: Die Renaissance des Aristotelismus im 1. Jh. v. Chr. Bd. 2: Der Aristotelismus im 1. und 2. Jh. n. Chr. Berlin / New York 1973/84.

Price, A. W.: Love and Friendship in Plato and Aristotle. Oxford 1989.

Ross, W. D.: Aristotle. A Complete Exposition of His Works and Thought. New York 1959.

Schickert, K.: Die Form der Widerlegung beim frühen Aristoteles. München 1977.

Stark, R.: Aristotelesstudien. Philologische Untersuchungen zur Entwicklung der aristotelischen Ethik. Aus dem Nachlaß hrsg. von P. Steinmetz. 2., überarb. und erw. Aufl. München 1972. (Zetemata. 8.)

Steinberger, J.: Begriff und Wesen der Freundschaft bei Aristoteles und Cicero. Diss. Erlangen 1955.

Tugendhat, E.: TI KATA TINOΣ. Eine Untersuchung zu Struktur und Ursprung aristotelischer Grundbegriffe. Freiburg i. Br./München 1958.

Wehrli, F. (Hrsg.): Die Schule des Aristoteles. Texte und Kommentare. 10 Hefte. Basel [2]1967–69. 2 Suppl. 1974. 1978.

Wiesner, J. (Hrsg.): Aristoteles. Werk und Wirkung. Paul Moraux gewidmet. Bd. 1: Aristoteles und seine Schule. Bd. 2: Kommentierung, Überlieferung, Nachleben. Berlin / New York 1985/87.

Zur aristotelischen *Rhetorik*

Adamik, T.: Aristotle's Theory of the Period. In: Philologus 128 (1984) S. 184–201.

Bachem, R.: Analyse, rhetorische. In: HWR 1 (1992) Sp. 516–542.

Baltrusch, E.: Sparta. Geschichte, Gesellschaft, Kultur. München 1998.

Barwick, K.: Die Gliederung der rhetorischen TEXNE und die horazische Epistula ad Pisones. In: Hermes 57 (1922) S. 1–62.

– Probleme der stoischen Sprachlehre und Rhetorik. Berlin 1957. (Abhandlungen der sächsischen Akademie der Wissenschaften. Leipzig. Philol.-hist. Kl. 49,3.)

– Die »Rhetorik ad Alexandrum« und Anaximenes, Alkidamas, Isokrates, Aristoteles und die Theodekteia. In: Philologus 110 (1966) S. 221–245 und 111 (1967) S. 47–55.

Benoit, W. L.: Aristotle's Example: The Rhetorical Induction. In: QJS 66 (1980) S. 182–192.

Bird, O.: The Tradition of Logical Topics: Aristotle to Ockham. In: JHI 23 (1962) S. 307–323.

Blumenthal, A. von: τύπος und παράδειγμα. In: Hermes 63 (1928) S. 391–424.

Brandes, P. D.: The Composition and Preservation of Aristotle's *Rhetoric*. In: Speech Monographs 35 (1968) S. 482–492.

Braun, L.: Die schöne Helena, wie Gorgias und Isokrates sie sehen. In: Hermes 110 (1982) S. 158–174.

Bremer, D.: Aristoteles, Empedokles und die Erkenntnisleistung der Metapher. In: Poetica 12 (1980) S. 350–376.

Buchheim, Th.: Gorgias von Leontinoi. Reden, Fragmente und Testimonien. Hrsg. mit Übers. und Komm. von Th. B. Hamburg 1989.

Burkert. W.: Aristoteles im Theater – Zur Datierung des 3. Buches der »Rhetorik« und der »Poetik«. In: MH 32 (1975) S. 67–72.
– Antike Mysterien. München 1994.
Burnyeart, M. F.: Enthymeme: Aristotle on the Logic of Persuasion, in: D. J. Furley / A. Nehamas (Hrsg.): Aristotle's *Rhetoric*. Philosophical Essays. Princeton 1994. S. 3–55.
Cairns, D. L.: Aidos. The Psychology and Ethics of Honour and Shame in Ancient Greek Literature. Oxford 1993.
Chico-Rico, F.: Homoioteleuton. In: HWR 3 (1996) Sp. 1531–1535.
Christ, M. R.: Liturgy Avoidance and Antidosis in Classical Athens. In: TAPhA 120 (1990) S. 147–169.
Chroust, A.-H.: Aristotle's Earliest Course of Lectures on Rhetoric. In: AC 33 (1964) S. 58–72.
– Aristotle's First Literary Effort: The Gryllus, a Lost Dialogue of the Nature of Rhetoric. In: REG 78 (1965) S. 576–591.
Conley, Th.: Πάθη and πίστεις: Aristotle Rhet. II 2–11. In: Hermes 110 (1982) S. 300–315.
Cooper, J. M.: Ethical-Political Theory in Aristotle's *Rhetoric*. In: D. J. Furley / A. Nehamas (Hrsg.): Aristotle's *Rhetoric*. Philosophical Essays. Princeton 1994. S. 193–210.
Cooper, L.: A Pun in the *Rhetoric* of Aristotle. In: AJPh 41 (1920) S. 48–56.
– Aristotle, *Rhetoric* 3. 16. 1417 b 16–20. In: AJPh 50 (1929) S. 170–180.
Cope, E. M.: An Introduction to Aristotle's »Rhetoric«. London 1867. Repr. Hildesheim 1970.
– The »Rhetoric« of Aristotle, with a Commentary. 3 Bde. Ed. J. E. Sandys. Cambridge 1877. Repr. Hildesheim 1970.
Cornford, F. M.: Hermes, Pan, Logos. In: CQ 3 (1909) S. 281–283.
David, E.: Aristotle and Sparta. In: AncSoc 13/14 (1982/83) S. 67–103.
Dettenhofer, M. H.: Die Frauen von Sparta. Ökonomische Kompetenz und politische Relevanz. In: M. H. D. (Hrsg.): Reine Männersache? Frauen in Männerdomänen der antiken Welt. Köln/Weimar/Wien 1994. S. 15–40.
Diels, H.: Über das dritte Buch der aristotelischen Rhetorik. Berlin 1886. (Abhandlungen der Berliner Akademie der Wissenschaften. Philos.-hist. Kl. Sonderdr. 1,16.)

Dietz, R.: Eristik. In: HWR 2 (1994) Sp. 1389–1414.
Döring, K.: Bryson. In: Der Neue Pauly II (1997) Sp. 807 f.
Douglas, A. E.: The Aristotelian συναγωγὴ τεχνῶν after Cicero, Brutus, 46–48. In: Latomus 14 (1955) S. 536–539.
Eggs, E.: Die »Rhetorik« des Aristoteles: Ein Beitrag zur Theorie der Alltagsargumentation und zur Syntax von Komplexen Sätzen. Frankfurt 1984.
Engels, J.: Diopeithes (3). In: Der Neue Pauly III (1997) Sp. 664 f.
Enos, L. R. / Lauer J. M.: The Meaning of *Heuristic* in Aristotle's *Rhetoric* and Its Implications for Contemporary Rhetorical Theory. In: S. P. Witte / N. Nakadate / R. D. Cherry (Ed.): A Rhetoric of Doing. Essays Honouring James L. Kinneavy. Carbondal 1992. S. 79–87.
Erickson, K. V.: The Lost Rhetorics of Aristotle. In: Communication Monographs 43 (1976) S. 229–237.
Fortenbaugh, W. W.: Aristotle's Rhetoric on Emotions. In: AGPh 52 (1970) S. 40–70.
– Aristotle on Emotion. London 1974.
Fowler, R. L.: Aristotle on the Period. In: CQ 32 (1982) S. 89–99.
Furley, D. J. / A. Nehamas (Hrsg.): Aristotle's *Rhetoric*. Philosophical Essays. Princeton 1994.
Gaines, R. N.: Aristotle's Rhetorical Rhetoric. In: Ph&Rh 19 (1986) S. 170–182.
Gaiser, K.: Plato Comicus or Plato Philosophus? (Aristotle, Ars rhetorica I 15, 1376a 7–11). In: Bulletin of the Institute of Classical Studies (Univ. of London) 26 (1979) S. 51–61.
Garver, E.: Aristotle's Rhetoric as a Work of Philosophy. In: Ph&Rh 19 (1986) S. 1–22.
Green, L. D.: Aristotelian Rhetoric, Dialectic, and the Tradition of *Antistrophos*. In: Rhetorica 8 (1990) S. 5–27.
Grimaldi, W. M. A.: A Note on the ΠΙΣΤΕΙΣ in Aristotle's Rhetoric. In: AJPh 78 (1957) S. 188–192.
– Rhetoric and Philosophy of Aristotle. In: CJ 53 (1958) S. 371–375.
– Studies in the Philosophy of Aristotle's Rhetoric. Wiesbaden 1972. (Hermes-Einzelschriften. 25.)
– Aristotle, »Rhetoric«: A Commentary. 2 Bde. New York 1980/88.
Halliwell, S.: Popular Morality, Philosophical Ethics, and the *Rhetoric*.

In: D. J. Furley / A. Nehamas (Hrsg.): Aristotle's *Rhetoric*. Philosophical Essays. Princeton 1994. S. 211–230.
Harrison, A. R. W.: The Law of Athens. 2 Bde. Oxford 1968.
Hellwig, A.: Untersuchungen zur Theorie der Rhetorik bei Platon und Aristoteles. Göttingen 1973. (Hypomnemata. 38.)
Hoenen, M. J. F. M.: Analogie. In: HWR 1 (1992) Sp. 498–514.
Hohmann, H.: Casus. In: HWR 2 (1994) Sp. 124–140.
Hummel, A.: Gnome, Gnomik. In: HWR 3 (1996) Sp. 1014–20.
Johnstone, C. L.: An Aristotelian Trilogy: Ethics, Rhetoric, and the Search for Moral Truth. In: Ph&Rh 13 (1980) S. 1–24.
Käppel, L.: Paian. Studien zur Geschichte einer Gattung. Berlin / New York 1992.
Kassel, R.: Der Text der aristotelischen Rhetorik. Prolegomena zu einer kritischen Ausgabe. Berlin / New York 1971.
Kemmann, A.: Evidentia, Evidenz. In: HWR 3 (1996) Sp. 33–47.
Kennedy, G. A.: Aristotle on Period. In: HSPh 63 (1958) S. 283–288.
Killeen, J. F.: Aristotle Rhetoric 1413b 3. In: CPh 66 (1971) S. 186 f.
Klein, J.: Beispiel. In: HWR 1 (1992) Sp. 1432–35. [Zit. als: 1992a.]
– Beweis, Beweismittel. In: HWR 1 (1992) Sp. 1528–48. [Zit. als: 1992b.]
Knape, J. / Th. Schirren (Hrsg.): Aristotelische Rhetoriktradition. Akten der 5. Tagung der Karl und Gertrud Abel-Stiftung vom 5. bis 6. Oktober 2001 in Tübingen. Stuttgart 2005.
König, J.: Aenigma. In: HWR 1 (1992) Sp. 187–195.
Kratschmer, A.: Homonymie. In: HWR 3 (1996) Sp. 1535–42.
Kraus, M.: Affectatio. In: HWR 1 (1992) Sp. 209–218.
– Enthymem. In: HWR 2 (1994) Sp. 1197–1222.
Leighton, St. R.: Aristotle and the Emotions. In: Phronesis 27 (1982) S. 144–174.
Levin, S. R.: Aristotle's Theory of Metaphor. In: Ph&Rh 15 (1982) S. 24–46.
Lienhard, J. T.: A Note on the Meaning of Pistis in Aristotle's Rhetoric. In: AJPh 87 (1966) S. 446–454.
Link, St.: Der Kosmos Sparta. Recht und Sitte in klassischer Zeit. Darmstadt 1994.
Lord, C.: The Intention of Aristotles' ›Rhetoric‹. In: Hermes 109 (1981) S. 326–339.

Lossau, M.: Zu Aristoteles' Rhetorik 3.1. 1403b 34 f. In: RhM 114 (1971) S. 146–158.
Luppe, W.: Dithyrambus oder Paian? Zu Bakchylides Carm. 23 SN./M. In: ZPE 69 (1987) S. 9–12.
MacDowell, D. M.: The Law in Classical Athens. Ithaca (New York) ⁴1995.
MacKay, L. A.: Aristotle, Rhetoric III 16.11 (1417b 12–20). In: AJPh 74 (1953) S. 281–286.
Mainberger, G. K.: Aristotelismus. In: HWR 1 (1992) Sp. 998–1009.
Manolidis, G.: Einige grundsätzliche Bemerkungen zum Begriff ›Ethos‹ bei Aristoteles. In: Platon 40 (1988) S. 52–60.
Marx, F.: Aristoteles' Rhetorik. In: Berichte über die Verhandlungen der königlich sächsischen Gesellschaft der Wissenschaften zu Leipzig. Phil.-hist. Kl. 52 (1900) S. 241–328. Nachdruck in: R. Stark (Hrsg.): Rhetorica. Schriften zur aristotelischen und hellenistischen Rhetorik. Hildesheim 1968. S. 36–123.
Matuschek, S.: Ellipse. In: HWR 2 (1994) Sp. 1017–22.
McCabe, M. M.: Arguments in Context: Aristotle's Defense of Rhetoric. In: D. J. Furley / A. Nehamas (Hrsg.): Aristotle's *Rhetoric.* Philosophical Essays. Princeton 1994. S. 129–165.
Meier, M.: Aristophon (2). In: Der Neue Pauly I (1996) Sp. 1133.
Meister, K.: Dion. In: Der Neue Pauly III (1997) Sp. 619 f.
Mills, M. J.: Φθονός and Its Related πάθη in Plato and Aristotle. In: Phronesis 30 (1985) S. 1–12.
Mirhady, D.: Non-Technical πίστεις in Aristotle and Anaximenes. In: AJPh 112 (1991) S. 5–28.
Most, G. W.: The Uses of Endoxa: Philosophy and Rhetoric in the *Rhetoric.* In: D. J. Furley / A. Nehamas (Hrsg.): Aristotle's *Rhetoric.* Philosophical Essays. Princeton 1994. S. 167–190.
Nehamas, A.: Pity and Fear in the *Rhetoric* and the *Poetics.* In: D. J. Furley / A. N. (Hrsg.): Aristotle's *Rhetoric.* Philosophical Essays. Princeton 1994. S. 257–282.
Népote-Desmarres, F. / T. Tröger: Dreistillehre. In: HWR 2 (1996) Sp. 921–974.
Nesselrath, H.-G.: Die attische Mittlere Komödie. Berlin / New York 1990.

Oliva, P.: Sparta and Her Social Problems. Amsterdam 1971.
Ostwald, M.: Was There a Conception of ἄγραφος νόμος in Classical Greece? In: Exegesis and Argument. Ed. E. N. Lee, A. P. D. Mourelatos, R. M. Rorty. Assen 1973. S. 70–104.
Patzig, G.: Die Aristotelische Syllogistik. Göttingen [3]1969.
Pohlenz, M.: Τὸ πρεπόν. Ein Beitrag zur Geschichte des griechischen Geistes. In: NAWG (1933) S. 53–92.
Porter, S. E. (Ed.): Classical Rhetoric in the Hellenistic Period 330 B. C. – A. D. 400. Leiden / New York / Köln 1997.
Primmer, A.: Schlichter Stil und eingliedrige Periode in Aristoteles' Rhetorik III 9. In: RhM 109 (1966) S. 73–77.
Ptassek, P.: Endoxa. In: HWR 2 (1994) Sp. 1134–38.
Radt, St. L.: Zu Aristoteles' *Rhetorik*. In: Mnemosyne 32 (1979) S. 284–306.
Rese, F.: Praxis und Logos bei Aristoteles. Handlung, Vernunft und Rede in *Nikomachischer Ethik, Rhetorik* und *Politik*. Tübingen 2003.
Richards, H.: Notes on the Rhetoric of Aristotle. In: JPh 33 (1914) S. 172–181.
Ricœur, P.: The Rule of Metaphor. Transl. R. Czerny, K. McLaughlin and J. Costello. Toronto 1977.
Robbins, E.: Anabole. Übers. von L. Strehl. In: Der Neue Pauly I (1996) Sp. 638 f.
Roberts, W. R.: Notes on Aristotle's Rhetoric. In: AJPh 45 (1924) S. 351–361.
Rogers, K.: Aristotle's Conception of τὸ καλόν. In: AncPhil 13 (1993) S. 355–371.
Russo, A.: La filosofia della retorica in Aristotele. Napoli 1962.
Ryan, E. E.: Aristotle's Theory of Rhetorical Argumentation. Montreal 1984.
Schachermeyr, F.: Pittakos. In: RE XX.2 (1950) Sp. 1862–73.
Schenkeveld, D. M.: Asteismus. In: HWR 1 (1992) Sp. 1129–34.
Scheuer, J.: Adynaton. In: HWR 1 (1992) Sp. 139–141.
Schneider, B.: Die mittelalterlichen griechisch-lateinischen Übersetzungen der aristotelischen Rhetorik. Berlin / New York 1971.
Schöpsdau, K.: Topik und Rhetorik. Zu Aristoteles rhet. B 22. In: WJA N. F. 7 (1981) S. 63–84.

Schröder, J.: Ar. Rhet. A2 1356a35–b10, 1357a22–b1. In: Hermes 113 (1985) S. 172–182.
Schütrumpf, E.: The Model for the Concept of *Ethos* in Aristotle's *Rhetoric*. In: Philologus 137 (1993) S. 12–17.
– Some Observations on the Introduction to Aristotle's *Rhetoric*. In: D. J. Furley / A. Nehamas (Hrsg.): Aristotle's *Rhetoric*. Philosophical Essays. Princeton 1994. S. 99–116.
Sichirollo, L.: Διαλέγεσθαι – Dialektik. Von Homer bis Aristoteles. Hildesheim 1966.
Solmsen, F.: Die Entwicklung der aristotelischen Logik und Rhetorik. Berlin 1929. (Neue philologische Untersuchungen. Hrsg. von W. Jaeger. 4.)
– Drei Rekonstruktionen zur antiken Rhetorik und Poetik. In: Hermes 67 (1932) S. 133–154.
– Aristotle and Cicero on the Orator's Playing upon the Feelings. In: CPh 33 (1938) S. 390–404.
– The Aristotelian Tradition in Ancient Rhetoric. In: AJPh 62 (1941) S. 35–50.169–190.
– Aristotle's syllogism and its Platonic background. In: PhR 60 (1951) S. 563–571.
Sprute, J.: Topos und Enthymem in der Aristotelischen Rhetorik. In: Hermes 103 (1975) S. 68–90.
– Die Enthymemtheorie der aristotelischen Rhetorik. Göttingen 1982. (Abhandlungen der Akademie der Wissenschaften in Göttingen. Philol.-hist. Kl. 124.)
– Philosophie und Rhetorik bei Platon und Aristoteles. In: Die Macht des Wortes. Aspekte gegenwärtiger Rhetorikforschung. Hrsg. von C. J. Classen und H. J. Müllenbrock. Marburg 1992. (Ars rhetorica. 4.) S. 29–45.
– Aristotle and the Legitimacy of Rhetoric. In: D. J. Furley / A. Nehamas (Hrsg.): Aristotle's *Rhetoric*. Philosophical Essays. Princeton 1994. S. 117–128.
Stark, R. (Hrsg.): Rhetorika. Schriften zur aristotelischen und hellenistischen Rhetorik. Hildesheim 1968.
Steinbrink, B.: Actio. In: HWR 1 (1992) Sp. 43–74.
Stein-Hölkeskamp, E.: Aristeides. In: Der Neue Pauly I (1996) Sp. 1394 f.

Stowers, S. K.: Diatribe. In: HWR 2 (1994) Sp. 627–633.
Straaten, M. van / G. de Vries: Some Notes on the Rhetoric of Aristotle. In: Mnemosyne 17 (1964) S. 140–147.
Teßmer, R.: Untersuchungen zur aristotelischen Rhetorik. Diss. Berlin 1957.
Vallozza, M.: Adhortatio. In: HWR 1 (1992) Sp. 100–104.
– Metafore agonistiche e terminologia retorica (Aristot. Rhet. 1416a2). In: QUCC n. s. 53,2 (1996) S. 123–130.
Villwock, J.: Antithese. In: HWR 1 (1992) Sp. 722–750.
Weißenberger, M.: Demades. In: Der Neue Pauly II (1997) Sp. 415 f.
Welwei, K.-W. / W. D. Furley: Chilon. In: Der Neue Pauly II (1997) Sp. 1121 f.
Wieland, W.: Aristoteles als Rhetoriker und die exotischen Schriften. In: Hermes 86 (1958) S. 323–346.
Wikramanayake, G. H.: A Note on the πίστεις in Aristotle's Rhetoric. In: AJPh 82 (1961) S. 193–196.
– Das Verhältnis von Philosophie und Rhetorik bei Platon und Aristoteles. Diss. Göttingen 1965.
Wilke, B. / T. Zinsmeister: Honestum. In: HWR 3 (1996) Sp. 1547 f.
Wisse, J.: Affektenlehre. In: HWR 1 (1992) Sp. 218–224.
Wörner, M. H.: Das Ethische in der Rhetorik des Aristoteles. Freiburg i. Br. / München 1990.

Zur Rhetorik allgemein

Adamietz, J.: Quintilians »institutio oratoria«. In: ANRW II 32,4. Berlin / New York 1986. S. 2226–71.
Andersen, Ž.: Im Garten der Rhetorik. Die Kunst der Rede in der Antike. Aus dem Norweg. von B. Mannsperger und I. Tveide. Darmstadt 2001.
Ax, W.: Laut, Stimme und Sprache. Studien zu drei Grundbegriffen der antiken Sprachtheorie. Göttingen 1986. (Hypomnemata. 84.)
Baird, A. C.: Rhetoric. A philosophical Inquiry. New York 1965.
Baumhauer, O. A.: Die sophistische Rhetorik. Eine Theorie sprachlicher Kommunikation. Stuttgart 1986.

Beck, I.: Untersuchungen zur Theorie des Genos symbuleutikon. Diss. Hamburg 1970.

Buchheit, V.: Untersuchungen zur Theorie des Genos Epideiktikon von Gorgias bis Aristoteles. München 1960.

Cahn, M.: Kunst der Überredung. Studien zur Wissenschaftsgeschichte der Rhetorik. München 1986.

Campbell, K. K.: The Ontological Foundations of Rhetorical Theory. In: Ph&Rh 3 (1970) S. 97–108.

Cole, Th.: The Origins of Rhetoric in Ancient Greece. Baltimore/London 1991.

Eisenhut, W.: Einführung in die antike Rhetorik und ihre Geschichte. Darmstadt 1977.

Fuhrmann, M.: Das systematische Lehrbuch. Ein Beitrag zur Geschichte der Wissenschaften in der Antike. Göttingen 1960.

– Untersuchungen zur Textgeschichte der pseudo-aristotelischen Alexander-Rhetorik. Mainz 1964. (Abhandlungen der Akademie der Wissenschaften und der Literatur Mainz, Geistes- und sozialwissenschaftliche Klasse. 7.)

– Die antike Rhetorik. München/Zürich 1984.

Gondos, E. A.: Auf dem Weg zur rhetorischen Theorie. Rhetorische Reflexionen im ausgehenden fünften Jahrhundert v. Chr. Tübingen 1996. (Rhetorik-Forschungen. 10.)

Kennedy, G.: The Art of Persuasion in Greece. Princeton 1963.

Kennedy, G. A.: Classical Rhetoric and its Christian and Secular Tradition from Ancient to Modern Times. London 1980.

Knape, J.: Was ist Rhetorik? Stuttgart 2000.

– Allgemeine Rhetorik. Stationen der Theoriegeschichte. Stuttgart 2000.

Kofler, W. / K. Töchterle (Hrsg.): Die antike Rhetorik in der europäischen Geistesgeschichte (Pontes III). Innsbruck/Wien/Bozen 2005.

Kristeller, P. O.: Studien zur Geschichte der Rhetorik und zum Begriff des Menschen in der Renaissance. Übers. von R. Jochum. Göttingen 1981.

Kroll, W.: Rhetorik. In: RE Suppl.-Bd. 7 (1940) Sp. 1039–1138.

Martin, J.: Antike Rhetorik. Technik und Methode. München 1974. (Handbuch der Altertumswissenschaft. 2. Abt. 3. Teil.)

Murphy, J. J.: Rhetoric in the Middle Ages. A History of Rhetorical Theory from Saint Augustine to the Renaissance. Berkeley / Los Angeles / London 1974.

Richards, I. A.: Philosophy of Rhetoric. Oxford 1936.

Süss, W.: Ethos. Studien zur älteren griechischen Rhetorik. Repr. Aalen 1975.

Ueding, G. (Hrsg.): Rhetorik zwischen den Wissenschaften. Geschichte, System, Praxis als Probleme des »Historischen Wörterbuchs der Rhetorik«. Tübingen 1991.

Volkmann, R.: Die Rhetorik der Griechen und Römer. Leipzig [2]1885. Repr. Hildesheim 1963.

Wehrli, F.: Der erhabene und der schlichte Stil in der poetisch-rhetorischen Theorie der Antike. In: Phyllobolia. Fs. P. von der Mühll. Basel 1946. S. 9–34.

Nachwort

Den Künstler gibt es vor der Kunst! Die griechische Literatur zeugt seit Homer vom Wissen um die machtvolle Wirkung der sich in Gedankenführung und Stileigentümlichkeit auszeichnenden Rede, lange bevor die Rhetorik als System gebildet und gelehrt wurde. Auch den engen Konnex zwischen Redevermögen und politischer Macht lehrt uns schon die *Ilias* (9,443). Zuverlässige Nachrichten weisen nach Sizilien und nennen Korax und seinen Schüler Teisias als die eigentlichen Begründer der Rhetorik als lehr- und lernbare *téchnē*. Anläßlich eines Rechtsstreits nach dem Sturz der sizilischen Tyrannis (467 v. Chr.) soll Teisias nach Vorarbeiten seines Lehrers eine auf Wahrscheinlichkeitsgründen basierende Argumentationslehre erstellt und ein siebengliedriges Dispositionsschema der Gerichtsrede eingeführt haben (*prooímion*, *prokataskeuḗ*, *prokatástasis*, *katástasis*, *agṓn*, *parékbasis*, *epílogos*). Ebenfalls aus Großgriechenland, aus Leontinoi, stammte Gorgias (um 480–380 v. Chr.), der in seiner zweiten Lebenshälfte das Leben eines wandernden Redners und Redelehrers führte und seine Profession nach Athen verpflanzte. Von dem neben Protagoras (um 480–410 v. Chr.), bekannt vor allem aus Platons gleichnamigem Dialog, wohl berühmtesten Sophisten sind uns eine *Lobschrift auf Helena* (*Helénēs engkṓmion*) und eine *Verteidigung des Palamedes* (*hypèr Palamḗdous apología*) erhalten. Er gilt als Meister in der Kunst, virtuos mit den Affekten des Zuhörers zu spielen, und hat die Wortfiguren in die Rhetorik eingeführt. Prodikos von Keos war durch seine Beobachtungen in der Synonymik, Hippias von Elis durch seine Wortbedeutungslehre von nachhaltiger Wirkung.

Der bedeutendste Gründer und Betreiber einer Rhetorikschule war der Gorgias-Schüler Isokrates (436–338 v. Chr.). Sein in zahlreichen Musterreden erwiesener vollendeter Stil, der viele Übertreibungen des Gorgias zurücknimmt, und sein vor allem in der Programmschrift *Gegen die Sophisten* dargelegtes pädagogisch-rhetorisches Konzept wirkten nicht nur zu seinen Lebzeiten immens auf die Politik und das Geistesleben Athens, sondern hielten auch über die Zweite Sophistik Einzug in den byzantinischen Bildungsbetrieb.

Die drei Gebiete, die Aristoteles der Rhetorik zuweist, nämlich Politik, Rechtsprechung und öffentliche Feiern, sind bereits bei Platon zu finden. Wenn Gorgias in dem nach ihm benannten platonischen Dialog die Rhetorik als die Kunst, über die anderen Menschen herrschen zu können (452d), und Prodikos den Vorzug der sophistischen Rhetorik mit seinem bekannten Diktum, sie mache die schwächere Sache zur stärkeren,[1] prägnant beschreibt, so kann das keinesfalls die Zustimmung Platons finden, denn der nach ihm wahrhaft philosophische Redner und Politiker wird nicht auf die Erwartungen der Hörer schielen, sondern sie als Wissender nur an dem Guten sich orientierend belehren und unterweisen. Sein Kampf gegen die sophistische Rhetorik und seine – verhalteneren – Einwände gegen das isokrateische Modell einer Verbindung von Philosophie und Rhetorik sind vor allem in den Dialogen *Gorgias* und *Phaidros* literarisch ausgestaltet.

Der fälschlichen Zuschreibung an den glänzenden Namen Aristoteles ist es wohl zu danken, dass die um das Jahr 340 v. Chr. entstandene, wahrscheinlich von Anaximenes von Lampsakos verfasste *Rhetorik an Alexander*, ein in der Tradition des sophistischen und isokrateischen Bildungsideals stehendes Handbuch für den rhetorischen Praktiker, auf uns gekommen ist.

Die *Rhetorik* des Aristoteles geht in gedanklichem Gehalt

1 Aristot. rhet. II,24, 1402a 24.

und in ihrer Intention weit über die Alexanderrhetorik hinaus. Man scheidet den exorbitanten Umfang der Werke des Stagiriten, die über 400 Bücher umfassen und von denen 143 Titel überliefert sind, in exoterische und akroamatische Schriften. Die *Rhetorik* gehört, wie alle erhaltenen Schriften, zu letzteren, d.h. zu den für den Schülerkreis bestimmten Lehrschriften, woraus sich, will man sie lesen, übersetzen und verstehen, oft schier unüberwindliche Schwierigkeiten ergeben. Zweifellos wurden einzelne Teile zu verschiedenen Zeiten in unterschiedlicher Absicht verfasst, durch aktuelle Beispiele erweitert, verändert und miteinander verwoben, ein Verfahren, das bei Vorlesungsmanuskripten nichts Außergewöhnliches ist.[2] Auch an Nachträge und Eingriffe von der Hand seiner Schüler ist zu denken, sogar eine von einer etappenhaften Entstehung ausgehende »Schichtentheorie«[3] wurde entwickelt. Aufgrund zahlreicher historischer Anspielungen ist die Abfassungszeit am ehesten in den Zeitraum, in dem Aristoteles in der platonischen Akademie wirkte (340–335 v. Chr.), zu datieren. Viele Fragestellungen stehen Themen nahe, die in der Akademie diskutiert wurden, und man weiß, dass Aristoteles in der Akademie Vorlesungen über Rhetorik hielt.[4] Dies erklärt auch die inhaltliche Nähe der Schrift zur *Topik* und die Nichtbeachtung des Demosthenes und seiner innovativen Rhetorik. Lediglich zwei Stellen (II,8, 1386a 14; II,23, 1399b 12) verweisen auf Ereignisse nach 350 v. Chr.

Unsere Schrift ist nicht das einzige aristotelische Werk zur Rhetorik. Der in der Antike vielgelesene Dialog *Gryllos*, benannt nach dem im Jahre 362 v. Chr. bei Mantineia gefallenen Sohn des Xenophon, war – anders als die *Theodekteia* und eine

2 Vgl. dazu Kroll (1940) 1062 f.

3 Vor allem von Solmsen (1929) und Teßmer (1957).

4 Chroust (1964).

Sammlung rhetorischen Lehrguts (*synagōgḗ technṓn*) – nicht dem Unterrichtsbetrieb gewidmet und wird zu den exoterischen Schriften gerechnet. Von allen dreien sind uns nur fragmentarische Reste erhalten.[5] Die Abfassung fällt wohl auch in die Akademiezeit, die Datierung ist aber in der Forschung umstritten.[6]

Es gilt ferner als gesichert, dass Aristoteles die Lehren der Schulrhetorik kannte, sie benutzte (z. B. III,9, 1410b 2) und bei seinen Hörern voraussetzte, vielleicht sie ihnen zuvor vorgetragen hatte. Doch bloß eine nützliche Anleitung des *eû légein* zu geben oder eine schematische, rein formal ausgerichtete Zergliederung des Redeaufbaus vorzunehmen,[7] das hatte der Stagirite keineswegs im Sinn. Er führte vielmehr nach Platons Angriffen auf die Redekunst als Wissenschaftsdisziplin die von Isokrates eingeleitete Aussöhnung zwischen Rhetorik und Philosophie zu Ende. Die Redekunst war seit dem Auftreten der Sophisten mit dem Makel behaftet, dem bloßen Schein anstatt der Wahrheit zu dienen, dem Recht des Stärkeren zu huldigen und viel mehr ein Instrument der Täuschung und Verführung als eine *téchnē* zu sein. Und so war doch wohl der ethisch-politische Aspekt der aristotelischen *Rhetorik*, der dem Redner Kenntnisse in Dialektik und Psychologie sowie moralische Integrität abverlangt, dafür verantwortlich, dass das Werk in seiner unmittelbaren Wirkung sich gegen technisch-formal angelegte Handbücher eines Demetrios von Phaleron (um 350–280 v. Chr., fr. 156–173 Wehrli) oder Hermagoras[8] (2. Jh. v. Chr.) nicht durchsetzen konnte. Die Schrift des

5 Fr. 68–69, 125–135, 136–141 Rose.

6 Vgl. Solmsen (1929) 205, Düring (1966) 49, ferner Chroust (1965).

7 Vgl. etwa I,1,9, 1354b 16–19.

8 Von der öden Langweiligkeit der *téchnai rhetorikaí* zeugen Cic. Brut. 263 und Tac. dial. 19,3.

Aristotelesschülers Eudemos *Perì léxeōs* (fr. 25–29 Wehrli) befasst sich mit Themen, die sein Lehrer nicht in der *Rhetorik*, sondern in der *Topik* und *Hermeneutik* behandelt, und auch Theophrastos, der Nachfolger des Aristoteles in der Leitung des Peripatos, widmete sich eingehend nur der Stillehre. Doch die Geschichte des Aristotelismus wird durch die Geschichte des aristotelischen Textbestands bestimmt. Nach dem Tod des Theophrastos setzte eine Zeit des Niedergangs ein, und die Lehrschriften gerieten in Vergessenheit. Die *Rhetorik* blieb davon nicht unberührt, sie ist nur noch bei Demetrios und Hieronymos von Rhodos (fr. 50–52 Wehrli) belegt. Auch Cicero scheint die aristotelische *Rhetorik* im Original überhaupt nicht, sondern wie viele Aristotelica nur in Form von Exzerptensammlungen, Resümees und Doxographien benutzt zu haben. Er war es auch, der für Quintilian (um 35–100 n. Chr.), den Verfasser der *institutio oratoria*, der ausführlichsten erhaltenen Darstellung der antiken Redekunst, in größerem Maße als Aristoteles maßgeblich war.[9] Zitate der aristotelischen Rhetorik in Quintilians Werk sind selten und ungenau, so dass man auch bei Quintilian von der Benutzung von Sekundärquellen ausgeht.[10]

Im 13. Jh. gab es drei lateinische Rhetorik-Übersetzungen, am bekanntesten war die des Wilhelm von Moerbeke (gest. um 1285).[11] Den ersten Kommentar verfasste der Schüler des

9 Auf Einzelheiten einzugehen ist hier nicht der Ort; vgl. Solmsen (1941) 177: »Generally speaking, post-Aristotelian theories of the rhetorical argumentation show a curious mixture of Aristotelian and un-Aristotelian features; and we have to admit that the latter have, on the whole, attained a dominating position.«

10 Vgl. Adamietz (1986) 2252 ff.

11 *Aristoteles Latinus* XXXI 1–2; *Rhetorica. Translatio anonyma sive vetus et translatio Guillelmi de Moerbeka*, ed. B. Schneider, Brügge 1978.

Thomas von Aquin, Aegidius Romanus.[12] Doch auch im Mittelalter blieb die Rezeption der *Rhetorik* weit hinter der der *Logik* zurück und beschränkte sich auf das Formal-Technische.[13]

Dennoch ist die *Rhetorik* des Aristoteles ohne jeden Zweifel das bedeutendste antike Fachbuch zur Redelehre. Der Redekunst kommt nach den programmatischen, an Platon anknüpfenden und diesen korrigierenden Präliminarien des ersten Buchs eine Mittelstellung zwischen Dialektik und praktischer Philosophie zu. Wie diese ist die Rhetorik nicht einer abgegrenzten Wissenschaft zugehörig, sondern in ihrem Nutzen und ihrer Anwendung unbegrenzt. Beide gehen vom Wahrscheinlichen aus und argumentieren mit einem Vorrat an allgemein anwendbaren Gedanken, die *Rhetorik* nennt sie Topoi. Die Rhetorik-Definition als die Aufgabe, »das Überzeugende des Einzelfalls zu erkennen« (I,2, 1355b 25 f.), weist schon darauf hin, dass Aristoteles nicht nur der formallogischen Argumentation und rhetorischen Kniffen, sondern auch der Zuhörerpsychologie große Aufmerksamkeit einräumen wird.[14] Vollendete Rhetorik ist über die Trias Sache-Redner-Hörer erreichbar; Sachverstand über das vom Redner jeweils behandelte Thema, moralische Vollkommenheit aufseiten des Redners und Wohlwollen des Hörers sind die zentralen Anforderungen der Redekunst. Zur Beeinflussung und Lenkung des Rezipienten wird dem Leser eine »Phänomenologie menschlicher Verhaltensweisen in typischen Situationen«[15] vorgeführt. Als Argumentationsform von großer Bedeutung gilt das Enthymem, ein rhetorischer Beweis und eine Art Syllogismus (I,1, 1355a

12 Ed. A. Achillinus, Venedig 1515, repr. 1968.

13 Bis ins 20. Jh. führt der prägnante und informative, zudem die Rhetorik im Visier haltende Artikel »Aristotelismus« von Mainberger (1992); vgl. weiters Murphy (1974).

14 Dazu vgl. Flashar (1983) 354 ff.

15 Flashar (1983) 370.

6–8). Für das deduktive Schlussverfahren des Enthymems vom Allgemeinen auf das Besondere wird dem Redner ein Arsenal an Topoi bereitgestellt, aus dem er den für den Einzelfall passenden auswählen kann. Dem Enthymem als der typischen Beweisform der Gerichtsrede entspricht das Beispiel (*parádeigma*) in der Beratungsrede.

Der die Lexis behandelnde Teil des ursprünglich selbständigen dritten Buches ist keine systematische Abhandlung über die Stilarten, wohl aber ist die Lehre des Theophrastos über die Stilqualitäten darin deutlich vorgezeichnet.[16] Aristoteles streift hier Fragen der Stimmlage und Sprachmelodie und vergleicht die Vortragsweisen von Dichtung, Rede und wissenschaftlicher Abhandlung. Auch Fragen der Sprachreinheit und -richtigkeit sowie des Satzbaus werden behandelt, ebenso Sprachwitz und Metapher. In der Taxis hält Aristoteles nicht viel vom Schematismus stereotyper Redeteile, er begnügt sich mit der Einteilung der Rede in Darstellung des Sachverhalts und Beweisführung.

Aristoteles will die Theorie der Redekunst in systematischer Ordnung darlegen und gliedert die Schrift nach den wichtigsten Aufgaben (*érga*, *officia*) eines Redners. Die ersten zwei Bücher, die von der Auffindung des Themas und den Argumentationsgründen (*heúrēsis*, *inventio*) handeln, werden durch die Gliederung der Beweise in technische und untechnische und durch die Einteilung der technischen Beweise in *ḗthē*, *páthē*, *písteis en autṓ tṓ lógō* (I,1, 1355b 35 ff.) strukturiert,[17] das dritte, das durch zwei miteinander nicht in Einklang zu bringende Überleitungen (1403a 34–b 2; 1403b 6–14) mit Buch II verbunden ist, erörtert Stil (*léxis*, *elocutio*) und Disposition (*táxis*, *dispositio*), Buch III stellt zudem auch so etwas wie eine »kleine

16 Solmsen (1941) 43 f.

17 Dazu scharfsichtig Fuhrmann (1960) 138–142.

Rhetorik für sich«[18] dar, in der manches, wiewohl schon an früherer Stelle abgehandelt, wieder gestreift wird. Die ganze Stoffmasse wird in den Rahmen der einzelnen Redeteile (*prooímion, diḗgēsis, pístis, epílogos*) eingebettet. In der Einleitung zum dritten Buch gibt Aristoteles übrigens einen Rückblick auf die schon vorliegende Schrift, der geistige Hintergrund ist derselbe wie in den Büchern I und II, auch die Anknüpfung an den platonischen *Phaidros*, die *Topik* und die *Poetik* lassen uns annehmen, dass das dritte Buch nicht viel später als die ersten beiden verfasst wurde.[19]

Die Gliederung der einzelnen Bücher stellt sich folgendermaßen dar, wobei sich die Ziffern in () auf die Kapitel beziehen:

Erstes Buch

Einleitung, Definition der Rhetorik, die Rhetorik als Gegenstück zur Dialektik, die Gemeinsamkeiten der beiden Disziplinen: die Unbegrenztheit ihres Anwendungsfeldes, die rhetorische Methode der Glaubhaftmachung (1)
Die drei Arten der Überzeugungsmittel: das Ethos des Redners, die Verfassung der Zuhörer, die Rede selbst; die beiden Arten des Schlusses: Enthymem und Beispiel (2)
Die drei Komponenten der Rhetorik: Redner, Sache, Hörer
Die drei Redegattungen (Beratungs-, Gerichts-, Festrede) und deren unterschiedliche Ziele (das Nützliche und Schädliche, das Rechte und Unrechte, das Schöne und Hässliche) (3)
Die beratende Rede (4–8)
Die Festrede (9)
Die Gerichtsrede (10–15)

18 Marx (1900) 245.
19 Vgl. Düring (1960) 122 ff.

Zweites Buch

Der Vortrag (1–26)
Einleitung (1)
Die Lehre von den Affekten und den zu ihrer Erregung erforderlichen Mittel: Entrüstung – Geringschätzung, Sanftmut – Besänftigung, Liebe – Hass, Furcht – Zuversicht, Schüchternheit – Frechheit, Dank – Undank, Mitleid, Entrüstung, Neid – Missgunst, Eifersucht (2–11)
Zuhörerpsychologie (12–17)
- Die charakteristischen ethischen Haltungen und Affekte der verschiedenen Lebensalter (Jugend, Mannesalter, Alter) (12–14)
- Der Einfluss zufälligen Glücks auf das Ethos (15–17)
  - Edle Geburt (15)
  - Reichtum (16)
  - Macht (17)

Allgemeine Gesichtspunkte, die in allen drei Redegattungen berücksichtigt werden können: das Mögliche und Unmögliche; Klärung der Frage, ob etwas geschehen ist oder nicht; Steigerung und Abschwächung der Bedeutung eines Sachverhalts (18–19)
Allgemeine Überzeugungsmittel (20–24)
- Das Beispiel (20–21)
- Das Enthymem (22–24)
- Die Widerlegung (25–26)

Drittes Buch

Die Stilmittel (1–12)
- Einleitung über den Stil der Kunstprosa (1)

Klarheit, Metapher, der richtige Einsatz von bildlichen Ausdrücken (2)
Stilfehler (3)
Der Vergleich (4)
Sprachrichtigkeit (5)
Fülle des Ausdrucks (6)
Angemessenheit in Ethos und Pathos (7)
Prosarhythmus (8)
Periode, der anreihende und periodisierende Stil (9)
Witzige und geistvolle Formulierungen (10–11)
Unterschiede von mündlicher und schriftlicher Sprache (12)

Die Disposition (13–19)
Kritik an formalen Einteilungen in rhetorischen Lehrbüchern
Hauptbestandteile einer Rede (13)
Prooimion (14)
Verleumdung (15)
Sachverhaltsdarstellung und ihre Funktion in den verschiedenen Redegattungen (16)
Beweisführung (17)
Fragen und Antworten (18)
Der Epilog und seine Bestandteile (19)

Die *Rhetorik* stand in der Wissenschaft lange Zeit im Schatten der übrigen Aristotelica, ein Umstand, der sich in den letzten Jahrzehnten etwas geändert hat. Die philologische Fachwelt befasste sich im 19. und am Anfang des 20. Jahrhunderts vorwiegend mit Fragen der Überlieferungsgeschichte, der Einheit der Schrift und der Echtheit all ihrer Teile.

Erst in den letzten Dezennien wurde das fachwissenschaftliche Interesse an der Aristotelischen *Rhetorik*, vielleicht begünstigt durch eine vielfach feststellbare Rhetorik-Renaissance, wieder stärker.

Inhalt